刑法的分配原则

——谁应受罚，如何量刑？

Distributive Principles of Criminal Law

Who Should Be Punished How Much?

保罗 H. 罗宾逊 著

Paul H. Robinson

沙丽金 译

中国人民公安大学出版社

·北 京·

著作权合同登记号　图字：01－2009－4764号
图书在版编目（CIP）数据

刑法的分配原则：谁应受罚，如何量刑？／（美）罗宾逊著；沙丽金译．—北京：中国人民公安大学出版社，2009.10
ISBN 978－7－81139－693－5
Ⅰ．刑…　Ⅱ．①罗…②沙…　Ⅲ．刑法—分配—研究—美国　Ⅳ．D971.24
中国版本图书馆CIP数据核字（2009）第163731号

刑法的分配原则——谁应受罚，如何量刑？
XINGFA DE FENPEIYUANZE——SHEIYING SHOUFA RUHE LIANGXING
保罗H. 罗宾逊　著　沙丽金　译

出版发行：中国人民公安大学出版社
地　　址：北京市西城区木樨地南里
邮政编码：100038
经　　销：新华书店
印　　刷：北京蓝空印刷厂

版　　次：2009年10月第1版
印　　次：2009年10月第1次
印　　张：9.125
开　　本：880毫米×1230毫米　1/32
字　　数：219千字
印　　数：1～3000册

书　　号：ISBN 978－7－81139－693－5/D·598
定　　价：26.00元

网　　址：www.cppsup.com.cn　www.porclub.com.cn
电子邮箱：cpep@public.bta.net.cn　zbs@cppsu.edu.cn

营销中心电话（批销）：（010）83903254
警官读者俱乐部电话（邮购）：（010）83903253
读者服务部电话（书店）：（010）83903257
教材分社电话：（010）83903259
公安图书分社电话：（010）83905672
法律图书分社电话：（010）83905637
公安文艺分社电话：（010）83903973
杂志分社电话：（010）83903239
电子音像分社电话：（010）83905727

献给莎拉·麦卡尔平·罗宾逊

我的爱人和最好的朋友

目　录

第一章　刑事责任与刑罚的分配

这不是一本关于刑罚制度合理性的书，而是一本关于刑罚制度建立后如何分配刑罚的书。对于刑罚制度的合理性，在道德哲学和刑法理论方面已经有大量而详细的著述。虽然刑罚制度的合理性问题是重要而有趣的，但同时它也是具有学术性的。每一个有组织的社会都拥有，或必须拥有某种制度，以此来惩罚那些违背其最重要禁令的人。

刑罚制度存在的理由可能是多种多样的。传统的理由将报复主义的合理性，即把应受刑罚作为目的本身，区别于功利主义的合理性，即进行惩罚以有利于未来，如减少未来的犯罪。但关键问题是每一个传统的理由都会得出同样的结论，那就是支持刑罚制度。拥有刑罚制度可以实现正义和避免未来犯罪（通过威慑潜在的犯罪人，通过提供机会改造危险的犯罪人或使危险的犯罪人丧失犯罪能力，通过利用社会影响力等）。

本书假定人们可以证明刑罚制度是正当的，并分析了怎样将一个个刑罚制度正当化，而后者更加具有哲学影响。如何在刑罚制度中分配刑事责任和刑罚？谁应该受到惩罚？惩罚的程度是什么？每一个刑事法律制度设计者都必须回答的问题是：应该对刑法典的起草者、量刑指南起草者进行指导，还是对在解释刑法典或对犯罪人量刑时行使自由裁量权的每一个法官进行指导？

可以设想，把任何一个理由或“刑罚的目的”用作分配原则。也就是说，可以设置责任和刑罚分配规则，使有效的威慑最大化，最大化地改造或使危险之人丧失犯罪能力，或最大化地实现正义（doing justice）。这一点在后面的论述中会更加清晰，因为作为分配原则使用的每一个刑罚目的所做出的惩罚分配差异很大（相反，当用于证明刑罚制度的合理性时，其他“目的”却会一起发挥作用得出一致结论来支持刑罚）。由于每一个目的都会导致不同的分配责任和刑罚，我们就必须决定，在互竞的分配原则之间发生冲突时，哪一个应该优先。

人们最初可能会怀疑，刑事责任和刑罚的分配问题与刑罚制度的合理性问题都是学术性研究，因为这两个问题的争论一般都会被合二为一。而实际上，确立刑事司法体系中的分配原则是非常重要的实践问题。这甚至是在刑事司法体系建设中所作出的唯一的、最为重要的决定。这是一种途径，它可以使立法机关，即最民主的政府部门，能够为刑法典和量刑指南起草委员会就基本原则提供必需的指导。而且一个表达清楚的原则对于指导每一个法官行使裁量权是必不可少的。[①] 调查显示，每个法官都对责任和刑罚有自己的个人观点。一个针对联邦量刑法官的调查显示，1/4的法官认为，改造是量刑的一个极其重要的目标，19% 的法官认为不那么重要，相反 25% 的法官认为“应得的惩罚”是非常或极其重要的量刑目的，而 45% 的法官认为“略微重要或根本不重要”。[②] 调查也证实了观点上的不同确实会转化为不同的

---

① 参见 Paul H. Robinson 和 Barbara Spellman 著:《量刑决定:使决定者与决定的性质相适应》[Sentencing Decisions: Matching the Decisionmaker to the Decision Nature, 105 Col. L. Rev. 1124 - 1161(2005)]。

② S. Rep. No. 98225, at 41 n. 18 (1983), 1984 年参议院的量刑法报告(Senate Report for Sentencing Act of 1984) [citing INSLAW/Yankelovich, Skelly & White, Inc., Federal Sentencing at III - 4 (1981)]。

量刑。[③] 一个分级的、表达清楚的分配原则使这种可能性增加，即对犯罪人的惩罚是其行为和由其个人特征产生的结果而不是法官偶然量刑而导致的结果。

很多文件旨在为量刑的决定者提供原则指导。例如，原来的《示范刑法典》1.02 节为法官提供了一系列目的以指导对刑法典的解释和行使量刑裁量权：

（1）规定犯罪定义条款的一般目的如下：

①禁止和预防不正当、不可原谅地对个人和公众利益造成或预示着重大危害的行为；

②控制那些其行为预示他们有实施犯罪倾向的人；

③保护没有过错的行为不受与犯罪行为同样的谴责；

④对于表明具有犯罪性质的行为要提出明确的警告；

⑤基于合理的理由区分严重的和轻微的犯罪。

（2）规定量刑和对待犯罪人条款的一般目的如下：

①预防犯罪的实施；

②促进对犯罪人的矫正和改造；

③保护犯罪人不受过度的、不成比例的或任意的惩罚；

---

③ 法院做了一项研究，让 50 名法官对 20 起案件进行量刑。量刑的差异令人惊愕。以一个敲诈案为例，量刑幅度从 20 年监禁和 65000 美元的罚款到 3 年监禁并无罚款。参见 44 n. 23 和 42 – 43，引用了 Anthony Partridge and William Butler Eldridge 著：《第二巡回法院量刑研究》[The Second Circuit Sentencing Study (1974)]。这种量刑的不一致反映了在每天审理的真实案件中的量刑情况。有一个研究对比了不同联邦巡回法院所科量刑。以伪造罪为例，平均量刑幅度从第三巡回法院的 30 个月到哥伦比亚特区巡回法院的 82 个月。对于盗窃机动车辆的州际运输，是第一巡回法院的 22 个月和第十巡回法院的 42 个月，参见 41 和 n. 21，引用 Whitney North Seymour 著：《1972 年量刑研究：纽约南部地区法院》[1972 Sentencing Study：Southern District of New York, 45 N. Y. S. Bar J. 163 (1973)]。参见 Marvin Frankel 著：《刑事量刑：没有命令的法律》[Criminal Sentences：Law Without Order (1973)]。

④对犯罪行为定罪可能进行的量刑的种类提出明确的警告；

⑤本着公正的、个性化处理的态度区别对待犯罪人；

……

同样，1984 年的《量刑改革法案》设立了美国量刑委员会，该法案规定：法院应该量刑充分，但不能过度，以遵守本部分第 2 款规定的目的。在决定某个量刑时，法院应该考虑：

（1）犯罪的性质和情节以及被告人的过去和特点；

（2）量刑需要；

①反映犯罪的严重性，增进对法律的尊重，做出对犯罪公正的惩罚；

②对犯罪行为给予足够的威慑；

③保护公众不受该被告人进一步犯罪的侵犯；

④以最有效的方式为被告人提供必要的教育和职业培训、医疗或其他矫正治疗；④

……

但是，正如第二章第三节所阐明的，这种目的的陈述比指导原则更加直接。以上所列举的每一个可选择目的比其他部分列出的目的更有可能导致不同的责任和惩罚的分配。现在年事已高的前纳粹集中营的拷打者已不再是危险的，因此也不再需要使其丧失犯罪能力，但他确实应受到切实的惩罚。患有精神疾病的犯罪人会因病而没有能力辨别其行为的性质而不受谴责，因此而得到完全的谅解，但不管怎样他们还是非常危险的并且需要使其丧失犯罪能力，如果可能，需要对他们进行改造。

可选择原则之间的矛盾不限于判决或对特殊案件的量刑，考量刑法典设计中的决定，如刑法典是否应该重视损害结果，也就

---

④ 18 U. S. C. 3553(a).

是说对犯罪未遂应该像对犯罪既遂一样进行惩罚还是比犯罪既遂惩罚程度轻。使丧失犯罪能力分配原则会给予犯罪未遂和犯罪既遂同样的惩罚，其理论依据是：如果未遂与侵犯者缺乏危险性无关或全靠警察的能力或运气，那么完成实施犯罪的企图与成功地完成犯罪所表现出的危险性是相同的。另外，当犯罪人的行为构成犯罪未遂，如果没有其他原因，而是要确保某种惩罚继续保持威慑力，以威慑为基础的刑事司法体系肯定要对既遂罪进行更重的惩罚。相反，对于损害结果是否应该对犯罪责任有重要影响，道德哲学家之间没有达成共识。他们认为，作为分配原则的道义惩罚来解决这个问题是有困难的。而非专业人士却几乎普遍认为在确定应得的惩罚时所导致的损害是重要的，进而认为，正义明确要求，应有一个规则，即对既遂罪的惩罚要重于对犯罪未遂的惩罚。因此，基于非专业人士的正义直觉（如第七章所称“经验主义惩罚”），分配原则会非常重视损害结果。

可选择分配原则之间的内在矛盾意味着，《示范刑法典》的“洗衣店账单”方法（laundry list approach）、《1984 量刑改革法案》和大多数指导原则中的类似阐述都严重不足。如果一个分配原则优于其他分配原则，那么起草者和法官就必须被告知哪一个优先、什么时间优先。如果要依据一个以上的原则作为分配原则，那么这种混合原则必须清晰地阐明不同目的之间的相互关系。如果没有对相互关系进行清晰的阐明，那么“洗衣店账单”就会造成比“指南”更多的错觉。允许量刑的决定者专门地、私下地对问题作出不一致的量刑，却将该量刑的作出描述成是在原则的限制下作出的。有人会提出意见，认为没有这些“指导原则”刑事司法体系会更好，因为不基于原则而作出的量刑会更加明显，进而更有可能促进改革。第二章对没有清晰阐述混合分配原则的危险作了进一步的论述。第十一章论述了如何构建界定不同原则的相互联系的混合原则。第十二章提出了一个特殊混合分配原则。

有理由希望人们日益重视非阐明化的“洗衣店账单”方法的危险性。《示范刑法典》（以下简称《法典》）颁布45年以来，第一次改变是对以上所引用的《法典》第1.02节的重新设计。修订版试图更清晰地阐述可选择目的之间的相互联系。虽然所提议部分有缺点（在第十一章第二节有讨论），但是它在目前《法典》的语言的清晰性和连贯性方面有了重大改进。人们希望《美国量刑指南》的目的之间也会同样具有确定的相关性。事实上，人们希望在所有司法管辖区都有这种立法指导，其形式是清晰地阐述分配原则，在起草刑法典和量刑指南时，以及在解释成文法和作出特殊量刑、行使司法裁量权时，该原则可以确保合理性和内在连贯性。

本书的目标是朝着这个目标前进，帮助人们更清楚地思考如何实现这个目标。本书的总体安排是：第二章进行初步讨论，明确每一个可选择的分配原则的指导标准，论证可选择分配原则之间的内在矛盾。从第三章到第九章对每个可选择分配原则逐个进行分析并了解其优点和缺点。第十章对可选择分配原则的优缺点进行总结和对比。第十一章论述如何构建混合分配原则。第十二章对如何构建混合分配原则进行诠释。

即使读者没有被第十二章提出的特殊建议所打动，也希望得出该建议的过程可以帮助读者从对每一个可选择分配原则的优缺点的讨论中得到启发。确定分配原则的很多方面取决于人们的价值判断。

第二章 清晰阐述分配原则的需要

惩罚的每一个理由或所谓的“目的”都可以作为刑事责任和刑罚的分配原则来使用。为了对每一个可选择的分配原则进行分析，本章第一节描述了它们的含义。因为每个原则所遵循的分配标准不同，所以第二节阐明了不同的原则预示着不同的结果。第三节解释了原则之间的矛盾对于为起草者和法官提供真正的指导是一个严峻的挑战。

第一节 每个可选择分配原则的标准

考量分配刑事责任和刑罚过程中的每一个原则所使用的特殊标准。以下内容大多只是确定在人们谈起一个或另一个原则时，其含义是什么，更多的是术语层面的，而非实质性的含义。通过对这些含义的描述，为那些不熟悉刑罚理论的人做出对每个原则基本运作的简单的介绍。表明实际上对于每一个分配原则标准的含义是什么，即哪些要素会有影响，哪些没有影响。这些构成了第二节的讨论内容，论证了在惩罚什么人、惩罚的力度是什么等方面，不同的分配原则会相互矛盾。在这个概述之外，本书后面几章对每个分配原则进行了更为详细的论述。

一、一般威慑和特殊威慑

人们设立刑罚分配以便有效地对未来犯罪形成威慑。如果目标是威慑其他的潜在犯罪人，是指“一般威慑”，如果目标是威慑已抓获的犯罪人，则是指“特殊威慑”。

这两个分配原则都使刑罚与犯罪的严重程度相对应，其他都是平等的。损害或具有威胁的罪恶越大，对惩罚的投入就越正当。故意杀人比故意伤害会招致更严厉的惩罚，而故意伤害则比故意损害财产会受到更严厉的惩罚，所有其他都是平等的。

威慑优先选择对于刑罚与犯罪损害或罪恶相对应，同时也得到其有效质疑的支持。人们可能一开始认为威慑经常会施加最苛刻的刑罚，以使犯罪行为的潜在成本最大化。但是，如果在犯罪过程中，行为人认为不会受到额外的惩罚，那么威慑作用就丧失了。如果谋杀未遂即被判死刑，那么谋杀未遂的行为人很可能会再试一次，因为对于杀人既遂的惩罚与犯罪人已经面临的惩罚是一样的。

一般威慑和特殊威慑也是相似的，因为两者都会增加刑罚以弥补低抓获率的犯罪，即如果一个犯罪的惩罚可能性低于平均，可能发生的惩罚数量就会相应地比较高，以便保持整体威慑(可能性乘以数量)。

然而，在其他方面，一般威慑和特殊威慑会取决于不同的因素。一般威慑会在更多媒体报道的情况下，施以更加严厉的惩罚，如有些案件会用更大的一般威慑来支付惩罚的投入成本。相反，特殊威慑没有什么理由在意媒体报道。目标受众就是已抓获的犯罪人，即使没有媒体报道他也会知道责任和惩罚。

另外，一般威慑不支持像精神病辩护这样的免责原则，而特殊的威慑则会支持。制裁的威胁阻止不了那些不考虑或不能考虑违法结果的人。这样，如果目标是阻止已抓获的犯罪人，而该犯罪人的精神疾病妨碍了威慑作用，那么惩罚就是多余的。但是对有精神疾病的人进行惩罚对威慑其他人是十分有效的。实际上，如果一个不能判断其行为性质的人受到了惩罚，那么这就向其他人（正常人）传达了一个信息，即人们是无法逃脱责任的。而根据一般威慑原则进行的精神病辩护的不受重视说明了一个更大的问题：对违反禁令的人不进行惩罚会破坏禁令的有效性，因为这让潜在的犯罪人看到他们可以犯罪，即使被抓住也还有逃避惩罚的可能。

二、使危险者丧失犯罪能力

预防未来犯罪的最直接手段就是通过监禁、处死等方式使犯罪人丧失犯罪能力，或用其他方式使他们不能实施其他犯罪。人们可以想象出一些惊人的办法，如阉割潜在的强奸犯或切断潜在扒手的手以阻止其再次犯罪。自由民主往往不允许这样的惩罚，因为这有悖于其他重要价值，也因某些重要的例外，如死刑，而倾向于限制使用使丧失犯罪能力的手段来监禁。

如果两个人的危险性相同，即可预期的相同危害有相同的可能性并持续相同的时间，根据纯粹的使丧失犯罪能力理念的合理性，那么使丧失犯罪能力的程度也会是相同的。这样，使用第一章所举的例子，根据使丧失犯罪能力的分配原则，许多人会受到与既遂犯同样的惩罚，因为他们一般都显示了犯罪人的危险性，其方式与既遂犯相同。

根据使丧失犯罪能力分配原则，在逻辑上，惩罚没有必要等到实施犯罪之后，对未来犯罪行为的可靠预期会提供正当性（当然，在犯罪控制之外，社会上可能有其他利益会与该做法相矛盾）。相反，无论犯罪多么严重，如果不存在重复犯罪的风险，使丧失犯罪能力分配原则仍会拒绝惩罚。例如，如果一个丈夫杀死了他50岁的妻子，是因为他认为妻子因患癌症而奄奄一息，希望两个人一起死去，那么如果能够清楚地表明致使他杀人的情况不会再发生，就没有理由惩罚他。根据纯粹的使丧失犯罪能力分配原则，他就不会受到任何惩罚。

三、改造

改造或感化犯罪人是另一个能够避免未来犯罪的手段。改造带走了犯罪人从事犯罪行为的欲望和需要。医疗、心理咨询、戒毒治疗、教育和训练项目是最普通的改造形式。但是，任何旨在降低行为人进行犯罪的欲望的行为（官方惩罚恐吓除外）都包括在改造的范畴之内。

基于该分配原则的责任和惩罚分配将取决于一个人所预期的未来犯罪行为，现有改造项目对这类犯罪人进行改造的能力以及能够确定何时接受治疗的人实际上已经被改造成功的能力。由于使用使丧失犯罪能力手段，此机制的有效性并不要求改造要等到潜在的犯罪人实施犯罪之后。这个犯罪预防机制根本不要求潜在的犯罪人认同或证明发生在其身上的变化（对某些人来说，至少在改造涉及改变犯罪人的本性的情况下，出现了其他分配原则中所没有的伦理问题，因为这可能涉及对个人自治的严重侵犯，而不止是强加的痛苦）。

四、道义的惩罚

作为减少犯罪的工具主义分配原则的选择之一是“应得的惩罚”，其目的只是实现正义。

根据“道义的惩罚”分配原则（用该术语区分以下将要讨论的“经验主义惩罚”），惩罚的唯一标准是行为人的道德谴责价值，属于道德哲学范畴。只要一个人是具有谴责价值的，他就会受到惩罚，而且是严格依据其谴责价值的程度受到惩罚。犯罪人的谴责价值的程度取决于危害的严重性和其道德责任的程度。

五、经验主义惩罚

依赖道德哲学家的选择可以在社会科学研究中发现，该研究表明：无论培训或教育程度如何，普通人对犯罪人犯罪行为的谴责价值具有强烈的直觉。实际上，研究表明：在涉及与不同犯罪人有关的谴责价值的人口学统计中，至少在核心犯罪方面（如身体侵犯、财产的取得和交换中的欺诈），存在着惊人的一致。这样，人们可以采用建立在公众共有的正义直觉之上的“惩罚”分配原则，而不是基于哲学理念的惩罚分配原则。

尽管两者都关注犯罪人的谴责价值，但这种“经验主义惩罚”分配可能会不同于“道义的惩罚”分配。例如，尽管哲学家严肃地区分谴责价值是否应该考虑损害结果，如谋杀未遂是否应和杀人受到同样的惩罚，非法律专业人士几乎都把损害结果视为评估谴责价值的核心，并且会把对谋杀未遂的惩罚设置得低于对杀人行为的惩罚。

人们并非对某一个犯罪所应受到的惩罚的绝对数量具有相同的判断力，在惩罚的判断力方面，一些人会比另外一些人更加苛刻，实际上，人们在对不同的案件的相对谴责价值上具有相同的判断力。这意味着，如果大量的可辨别的谴责价值案件被置于一个有限的惩罚连续统一体之中，一旦社会确定其惩罚连续统一体的终结点，正如所有社会所必须做的，无论是死刑、终身监禁还是 15 年监禁，那么每一个犯罪人相对于其他犯罪人的谴责价值将把该犯罪人置于惩罚连续统一体中的一个特殊点上，因此而导致特定的量刑（如果连续统一体的终结点被改变，那么连续统一体中的每一个犯罪人的惩罚数量也会改变）。如果经验主义惩罚是唯一的分配原则，它将根据公众共有的正义直觉所确立的规则来分配责任和惩罚。社会科学研究会测定普通人如何评价基于所实施犯罪的犯罪人的相对谴责价值，基于犯罪在惩罚连续统一体中的位置，犯罪人会受到适当程度的惩罚。

第二节　分配原则之间的矛盾

如第一章所提出的，在这些可选择的分配原则中，每一个都取决于不同的分配标准，因此不可避免的是，在如何对刑事责任和惩罚进行分配上，存在着矛盾。但是，这个观点的重要性以及被普遍否认的事实⑤表明需要有更加具体的说明。责任和刑罚在决定一个分配原则中可能是非常重要的因素，而在另一个分配原则中可能就是不相关的因素。依赖一个原则的因素可以破坏另一个原则。由一个分配原则提出的责任或量刑规则不同于其他分配原则提出的责任或量刑规则。参考以下几个说明。

一、一般威慑和特殊威慑

如果威慑是分配原则，那么与潜在的犯罪人对逮捕的可能性忧惧的感觉就十分相关。⑥ 为保持有效的威慑性威胁，那些忧惧

⑤ 参见 Gordon Bazemore 著：《刑罚的扩展与正义的限制：报应政策执行中限制的缺失》[The Expansion of Punishment and the Restriction of Justice: Loss of Limits in the Implementation of Retributive Policy, 74 Social Research 651 (2007)]。

⑥ 参见 Steven Shavell 著：《刑法和最佳使用作为威慑的非货币制裁》[Criminal Law and the Optimal Use of Nonmonetary Sanctions as a Deterrent, 85 Colum. L. Rev. 1232, 1235 - 1236 (1985)]。

可能性低的犯罪所处的等级应该更高，并且应该受到更加严厉的惩罚。另外，威慑原则会把责任建立在个案中刑罚所受到公众关注的程度之上。就像广告公司的经理会为受众面多的广告付更多的钱一样，如果刑罚会被广泛传达，那么建立在威慑之上的刑事司法体系会投入更多（即以更大的代价施以更加严厉的制裁）。这样，新闻覆盖面扩大会加重对犯罪的刑罚或量刑。诸如，考虑媒体覆盖面或忧惧可能性等因素明显地会与处罚分配原则相矛盾，就像与使丧失犯罪能力原则或改造原则相矛盾一样，媒体覆盖面和忧惧可能性这两个因素都与谴责价值或危险性不相关。

威慑计划也会产生一套不同的刑法典责任规则。任何使定罪更加困难，进而使刑罚可能减轻的责任规则都不会受欢迎，因为这会削弱威慑性威胁的可靠性。这样，在一般威慑计划中，可责性和直接原因的要件就很可能被废除。只要被禁止的损害发生，而且被告人的行为是“要不是”原因，那么对犯罪人的惩罚就可能对造成该结果的未来行为起到有效的威慑性作用。

同样，一般威慑也倾向于忽视被告人的外在辩解条件，如胁迫或威胁，依据应得惩罚、使丧失犯罪能力和改造等原则，这些都可能是非常相关的。应得惩罚、使丧失犯罪能力和改造等原则会免去行为人的责任，因为行为人是无可责备的，是无危险性的，但是一般威慑会把这些条件视为增加而非减少威慑性威胁的信号，以抵消一个人在这种情况下实施犯罪的倾向性的增加。如果实施犯罪所承受的压力大到了实际上不可抗拒的程度，那么特殊威慑会接受免责或减轻责任，因为这种惩罚是没有效果的，也是无效率的支出。不管怎样，所进行的惩罚中还存在着一般威慑的价值。例如，在 Regina v. Dudley & Stephens⑦一案中，那些

⑦ 14 Q. B. D. 273 (1884).

水手们把一个生了病的船舱服务员杀死并靠喝他的血维持生命直至获救（如果这些水手们不是在那只在海上漂泊了几周的船上），几乎看不出这些水手们是危险的，而且他们的谴责价值因生命受到威胁的条件而大幅度下降。但是，法院的结论却是，惩罚犯罪人会在重申禁止杀害无辜方面发挥功效，并因此判处那些水手们死刑。迫于公众的压力，（英国）巡回刑事法院后来减轻了对那些水手们的刑罚。

在适用减轻原则时也会发生矛盾，如发怒、被激怒以及被殴打的配偶所进行的自卫。在这些案件中，在危急的情况下，一个正常人就会有不良举动。这种行为人虽然不如那些没有减刑条件的杀人犯危险，也不如他们具有谴责价值，但是因胁迫、威胁以及非正当的必要，就需要在这些情况下增强威慑性威胁来平衡所增加的犯罪倾向性。

在极端的情况下，一般威慑会使惩罚无辜者正当化。只要公众认为“犯罪人”是有罪的，威慑目标就能得以实现。显然，这和前面提到的许多其他以威慑为基础的体系的结论与惩罚原则相矛盾，有时和其他原则也相矛盾。

二、使丧失犯罪能力和改造

作为分配原则，使丧失犯罪能力和改造同样会依赖于那些与惩罚或威胁手段分配原则不相关或不一致的因素。例如，前者会把重点放在累犯的可能性上。这样，对犯罪人的量刑会建立在与其犯罪关系甚微或毫无关系的经历和特征之上。如果以前的受雇用经历在预期累犯中有很大的关联性，那么以前那些没有受雇用的年代会加重犯罪级别或增加刑期。如果性别、年龄或家庭情况是未来犯罪行为的预示，那么它们也会成为增加或减少责任和惩罚的基础。

实际上，与所实施犯罪的本质可能没有关联性。自从1962年以来，在很大程度上依赖使丧失犯罪能力原则和改造原则的《示范量刑法案》（以下简称《法案》）骄傲地指出："该《法案》减少了（量刑）不一致的主要来源，即根据个别犯罪进行量刑。按照该《法案》的规定，危险的犯罪人会被判处长期监禁，而不危险的犯罪人却不会。这是第一次使一个计划成为可能，该计划允许用被告人的性格、被告人未来的潜在威胁和其他类似因素来决定刑期。"⑧

相关因素和分配标准的三个差异不可避免地导致了不同的责任和量刑规则。例如，如前所述，在犯罪未遂是因为犯罪人的选择或能力之外的因素所造成的情况下，以危险性为中心会使犯罪未遂受到与犯罪既遂相同的惩罚。同样，使丧失犯罪能力和改造分配原则没有什么理由保持传统的因果关系规则，该传统规则谨慎地确保在被告人的行为和所禁止的结果之间有充分的因果关系。相关的不是犯罪人对现在的损害有因果关系的责任，而只是其目前的行为表明其未来的危险性。

考量不同的分配原则如何产生不同的惩罚程序，就是在促进使丧失犯罪能力和改造的目标实现过程中，近期作出了完全不定期刑的量刑。⑨ 刑期的长短由犯罪人所具有的危险性的时间长短来决定，而不能在定罪时决定，因为它不由犯罪事实决定。犯罪人要在监狱中一直待到被改造成功为止。相反，威慑分配原则却认为可以对不定期刑提出异议，因其有破坏威慑性威胁清晰度的倾向。惩罚分配原则也会青睐定期刑，几乎无一例外，所有与应

⑧ 《示范量刑法案》第1条第1部分：评价（《全国委员会论犯罪与违法》第1版，1962年）。

⑨ 《犯罪与违法》第337页，第346页（1963）。

得惩罚相关的因素在量刑时都是完全清楚的。如果量刑受到量刑之后才了解到的因素的影响，该影响可能是与应得惩罚不一致的（尽管有些应得惩罚理论者认为，诚恳的自责是该规则的例外）。

在极端情况下，作为分配原则，使丧失犯罪能力和改造没有理由等待犯罪的实施。更为有效的是在普通大众中筛选危险的人，为他们定“危险罪”，进而对他们进行改造，如果改造失败就使其丧失犯罪能力。

作为分配原则，使丧失犯罪能力和改造之间有重合之处，因为它们都以调查一个人是否具有危险作为分析的开始。但二者也互相矛盾。从最根本上看，如果改造是唯一的分配原则，那么它只对那些有改造可能性的案件有刑事司法管辖权，对没有改造可能性的案件中的犯罪人则予以释放，即使他们是危险的（因为这个特点，第十一章的结论是改造不适合作为唯一的分配原则，它与另外一个原则一起使用才是最好的，如与使丧失犯罪能力原则一起使用）。

三、道义的和经验主义惩罚

有的研究已经显示，惩罚会与威慑、使丧失犯罪能力和改造相矛盾。惩罚原则会坚持精神病辩护和故意行为要求等免责原则，即使无可责性的犯罪人是危险的，而且对他们的惩罚起到一般威慑作用，也要宣告他们无罪。举一个反面的例子，即使可能有道德谴责价值，但因为缺乏危险性，《示范刑法典》中规定的根本不可能发生的企图的辩护免去了犯罪人的责任。[10]

显然，道义的惩罚与工具主义犯罪控制分配原则之间矛盾的主要来源是他们各自具有明显不同的关注点。工具主义分配原则适合有效地减少未来犯罪，而经验主义惩罚则不关心减少犯罪或有效地减少犯罪，它所关心的只是过去的犯罪所应受到的惩罚。这种惩罚分配原则可能会作出没有预防作用的惩罚或者成本高于其所要预防犯罪的惩罚。

相反，如第七章和第八章所做的解释，经验主义惩罚不具有道义的惩罚与这些工具主义分配原则之间的基本矛盾。其分配规则基本上与工具主义犯罪控制目标相一致。通过追踪公众对正义的看法，建立了刑事司法体系的道德可靠性，道德可靠性使得该体系可以利用社会的犯罪控制力量和规范影响。但是，如前所示，尽管经验主义惩罚在本质上是工具主义的，其焦点在犯罪人的谴责价值上，这意味着它与焦点不在犯罪人谴责价值上的工具主义原则相矛盾。

道德哲学派生了与公众的正义直觉相矛盾的分配原则，如前面提到的在重视损害结果的语境下，道义的惩罚和经验主义惩罚也互相矛盾。道德哲学家对于损害结果是否加重谴责价值意见不一致，但是公众的观点几乎普遍支持这种作用。前一个原则寻求实现正义的规则，而后一个原则只寻求实现被认知为正义的

---

[10] 一个不可能实现的企图的例子是，一个行为人在一个伏都教玩偶的身上扎了很多针，这个玩偶是受害人的替身，他诚心地认为这样做会使受害人致死或受伤。《示范刑法典》规定："如果一个被指控的行为构成犯罪未遂，无论是诱惑还是阴谋从本质上是不可能导致犯罪的实施或使犯罪的实施达到更高的程度，那么这种行为和行为人都不具有社会危害性，不属于根据本部分所规定的犯罪等级。法院应当作出判决并科以较低级别犯罪的刑罚，在某些极端的案子中，可以驳回起诉。"《示范刑法典》[Model Penal Code §5.05(2)(1985)]。

规则。

第三节　不清晰阐述分配原则合并的问题

大部分刑法典和刑法课程都以传统的可选择的分配原则的“熟悉的冗长论述”作为开头，如应得的惩罚、威慑、使危险者丧失犯罪能力以及改造。我们经常培训和指导律师、法官和立法者去把它们当作分配刑事责任和刑罚的指导原则，去引导起草和解释刑事法律、量刑指南和个案中裁量权的行使。

从第二节中可以看出，这些原则经常相互矛盾。矛盾的原因是每一个原则都要求考虑不同的标准。对于一个事实，根据一个原则，可以作出一个法定的陈述或量刑，而根据另一个原则就是不同的陈述或量刑。起草者或量刑者则一定要采纳一个或另一个可选择的陈述或量刑，在面对这种矛盾时，法官、立法者和量刑指南的起草者却得不到引导，来帮助他们决定应该遵循哪个原则、牺牲哪个原则或怎样解决矛盾。

在对那些互竞原则进行选择时，由于缺乏指导原则，所作出的选择大多是不可预期的，一般是内在不一致的。例如，大部分州的刑法典保留了精神病辩护，因为它申明无可责性的人是无罪的（这样，尽管牺牲了一般威慑和使丧失犯罪能力，但促进了应得的惩罚）。但是，在没有遵循该应得的惩罚原则的情况下，为了有利于增加威慑，同样的法典常常通过采纳加重责任犯罪来牺牲应得的惩罚，如对于与未成年人发生性行为的施以加重责任。同样，也许在最需要通过承认犯罪人减轻了的谴责价值来增加惩罚之时，这些法典却常常放弃威慑。在激怒案件中存在这种情况，在这类案件中，威慑建议使用更苛刻的惩罚来对抗实施该犯罪更大的倾向性。换句话说，法典的起草者选择在不同语境中遵循不同的原则，但关于用什么指导选择却没有作出解释。

最糟糕的是，没有指导原则造成了任意性，并隐藏了偏见。这种现象最容易发生在对一个人的判决中。为避免未来犯罪，改造可能是最佳的办法，如一个有毒瘾的非洲裔美国年轻人为了维持其吸毒需要而出售毒品，结果被抓获，但法官也可能放弃对其进行改造而判处其长期监禁以便更好地促进一般威慑。在另外一起案件中，一个年轻的银行出纳盗走了现金抽屉中的钱，同一个法官可能会决定牺牲长期监禁的一般威慑价值而对其处以缓刑。根据使丧失犯罪能力的理论，由于她再也不会被安排到需要信任的职位，所以她不再具有危险性。但是我们无法知道法官对于分配责任的选择是否是某个理性的、但阐述不清晰的原则的产物，或者是否是有意识或无意识的偏见的产物，也许法官个人或家庭使其对女性犯罪人有好感或对有毒瘾的黑人无好感。在这两起案件中，无论是短刑期还是长刑期，如果没有遵循一个阐述清晰的分配原则，那么该选择就容易是任意和偏见的产物。

我们为什么不为法典和量刑指南的起草者以及量刑法官们界定可选择的分配原则之间的相互关系来指导他们在相互矛盾的原则中进行选择呢？愤世嫉俗者的结论是，使用阐述不清晰的合并了的原则是一种方便手段，它可使其他基于没有被披露的理由的量刑结果合理化。这个怀疑得到了没有清晰阐述的指导原则的推动，原则的“冗长陈述”是一种流行的指导方法，因为它们提供了隐藏的灵活性。

例如，第一章所引用的《示范刑法典》给出的传统的原则的“冗长陈述”，并指导法官去使用它们解释《法典》中的规定。根据《法典》形成量刑，在出现矛盾的情况下，它没有提供更多的指导，在《法典》的解释中也只是强调要“公正地协调”这些原则[11]。其他人则强烈要求对等的利益应该得到“平衡”、[12]“混合”、[13]“调整”、[14]“考虑”、[15]或“以为满足公共利益而进行处理”,[16]却没有指出如何做到这些。

这些强烈要求是愤世嫉俗的困惑还是理论家的失败？是决策者喜欢拥有一个阐述清晰的管理原则，却想不清楚如何适当地制定一个阐述清晰的管理原则吗？持这种观点的人在第十一章会受到极大的鼓励，第十一章论证了几个机制以构建一个有效的、清晰的、混合的分配原则。

---

⑪ 《示范刑法典》[Model Penal Code §1.02 commentary at 4 (Tent. Draft No. 2, 1954)]。当（阻止监禁刑和给被告人缓刑的标准 7.01）的起草者解释道：“监禁的理由是明显的”，显而易见的是还是缺乏严厉性。参见 §7.01 commentary at 34。

⑫ Stanley A. Cohen 著:《刑罚的理论、合理性和现代体现》[An Introduction to the Theory, Justifications and Modern Manifestations of Criminal Punishment, 27 McGill L. J. 73, 81 (1981)]。

⑬ 副检察长，《加拿大委员会关于矫正的报告——走向统一：刑事司法和矫正》[Report of the Canadian Committee on Corrections—Toward Unity: Criminal Justice and Corrections 188 (1969)]。

⑭ Cohen 著,见注释 12,第 73 页。

⑮ Herbert Wechsler 著:《量刑、矫正和示范刑法典》[Sentencing, Corrections, and the Model Penal Code, 109 U. Pa. L. Rev. 465, 468 (1961)]。

⑯ State v. Ivan, 33 N. J. 197, 201, 162 A. 2d 851, 853 (1960) (Weintraub, C. J.),在该案中，首席大法官 Weintraub 的结论是：“应该做出综合判决，即对所有事实进行评估并对每一个（犯罪预防方法）都予以考虑。”

第三章 刑法具有威慑力吗?

威慑会构成一个好的分配原则吗?威慑的吸引力在于阻止未来犯罪的巨大潜力。通过惩罚已抓获的犯罪人,能够劝阻许多其他人不去实施那个犯罪和其他犯罪。另外,有理由怀疑,分配刑事责任和惩罚是否使威慑最优化,并在事实上对潜在的犯罪人有影响。本章分析刑法是否有威慑这个基本问题。[17] 以此为背景,下一章会回到威慑是否会构成一个良好的分配原则这个问题上。

拥有一个对违法行为施以责任和刑罚的刑事司法体系确实有威慑作用。警察资源的配置或使用能够明显提高抓获率的执行方法可以起到威慑作用。但是,与法律和政策的制定者们几十年来所设想的相反,利用刑法这个规范刑事责任和刑罚的实体规则一般不会在本质上实现威慑。这里要强调的不是刑法的制定永远不能影响行为人,而是刑法的制定能够影响行为人的条件没有特点。相反,如下一章所证明的,刑法制定者制定了刑法规则,假设其制定具有预期的威慑作用,那么这个初步的假设是非常令人烦恼和危险的。

刑法威慑作用的怀疑论,大部分来源于对从原则操作到行为反应的所谓影响路径进行的行为科学研究批评。该批评认为,影响的传播面临很多障碍,而且不太可能将之全部清除,以至于发生这种不正常的情况,即原则操作可以最终影响行为。这是个惊

⑰ 本章大部分内容摘自 Robinson 和 Darley 著:《刑法具有威慑吗?行为科学调查》, 24 Oxford Journal of Legal Studies 173 - 205 (2004)。

人的结论，因为它与共同智慧以及法律制定者和学者的标准做法相抵触。如果原则的设计不影响行为属实的话，那么过去 40 年的大部分犯罪分析都被误导了。当原则的设计使威慑最优化而超越其他目标时，如实现正义，那么其他目标的受挫不会带来任何威慑益处。

简单地勾勒分析的线条，即明确地设计法律规则以影响行为，但潜在的犯罪人无论直接还是间接的一般都不知道这些规则。即使他们知道这些法律规则，犯罪人一般也不能或不会用这些知识来引导自己实施对自己最有利的行为，潜在的犯罪人认识到的成本利益分析，即起作用的唯一的成本利益分析，一般导致的结论是：违法而不是服从。这既因为所认识到的惩罚可能性很小，也因为惩罚太遥远而打了折扣，或其他种种原因。即使这三个障碍中的每一个对法律行为的影响都不是至关重要的，但是他们的累积作用却是致命的。

有人会争辩说，尽管对刑法的行为路径进行的行为科学分析认为，原则的设计几乎不能影响行为，但实际上，原则设计却可以以某种超越人类理解力的神秘方式影响行为。我们可以通过审视为降低犯罪率而专门设计的原则的效果来检验这个观点。

一种所谓的“组合作用”的研究不关心如何带来威慑作用，而是严格考虑原则对犯罪率是否起作用，这种研究与上述结论一致。这些研究大部分都没有发现原则设计具有可辨别的威慑作用。其他研究声称对这类作用和这些结果需要进行解释。即使从原则设计到行为影响的传播机制还不为人知，但是这种联系的发现可能是与这里的某些主张不一致的，而且必须进行处理，特别是因为很多威慑倡导者会推测，在“黑匣子”里的因果关系机制是威慑。

有些组合作用研究做得不好，不能可靠地支持原则影响犯罪率这个结论。看上去其他研究已经不可否认地发现了对犯罪率产生作用的东西，但如果该结果主要是使丧失犯罪能力作用的结果而不是威慑作用的结果，人们会对其持非常怀疑的态度。例如，增加监禁时间可以被视为是一种提供更多威慑的手段，犯罪减少的结果却可能是更长的使丧失犯罪能力单独起作用的结果而不是更大威慑起作用的结果。但是，即使人们的结论是，部分研究证明了来自原则设计的威慑作用，那么这些研究的特殊情况一般用于支持有关威慑先决条件的观点。也就是说，这些研究涉及的规则和目标观众是来满足威慑的先决条件的，这种情况很少发生。这些研究中的情况只用于阐明这种先决条件的存在不常发生。第二节评论了这些组合作用研究。

在对组合作用有了清楚的认识之后，第三节所考虑的是，改革是否能产生更大的威慑作用。改革的存在增加了威慑有效的情况，但是也存在着严重的限制，在很大程度上是因为这种改革所要求的牺牲，即更大的财政成本、侵犯隐私利益和不受政府侵扰的自由、程序公平的基本理念的妥协、实施非正义和不实现正义。在看似可接受的改革框架内，人们可以增加有条件使原则操作可以产生威慑作用的情况，但是这种条件只是例外而非规则。

第一节 威慑的先决条件

原则的设计能影响行为吗？由于刑法对潜在的犯罪人的行为选择起着作用，以下是对所有三个问题的肯定回答：

（1）潜在的犯罪人直接或间接地知道并明白旨在影响他的法律的含义吗？

（2）如果他确实知道该法律，在进行选择的时候他会把这种理解带到他的行为选择中吗?

(3) 如果他确实知道该规则并能够也愿意其影响自己的选择,他对其选择的理解就是他可能去选择服从法律而不是实施犯罪吗?也就是说,对不服从的成本的理解超过了对犯罪行为的好处的理解,以导致其选择放弃犯罪行为吗?

一、法律知识障碍

潜在的犯罪人直接或间接地知道并明白旨在影响他的法律的含义吗?有一项研究在五个州进行,该研究对居民测试了四个法律规则,每一个规则涉及一个普通人可以发现自己所处的境遇:规则涉及他们帮助处于危险之中的陌生人、在受害人可以安全撤退的情况中使用致命的防御武力、报告已知重罪的责任、用致命武力保护财产。⑱ 写出这些规则以期在现有情况下引导人们的行为。各州对这些规则持不同态度,而且参与研究的每个州至少对这些规则中某一个持不支持态度。该研究还发现对一个规则持否定态度的州的居民与对同一规则持肯定态度的州的居民,对于法律规则有着基本相同的认识。很明显,实际的法律规则对他们的认识没有影响。

有趣的是,人们对法律规则的看法并不总是与大多数人的观点相一致,而是与其自己对法律应该是什么的判断相一致,这表明他们是在用自己的道德直觉去预测法律规则,而不是用任何有

⑱ John M. Darley, Kevin M. Carlsmith 和 Paul H. Robinson 著:《刑法的事前功能》(The Ex Ante Function of the Criminal Law), 35 Law 和 Soc. Rev. 165 (2001)。

关法典规则的知识去预测。⑲

有人可能会认为，大众的刑法知识提供了不清晰的证据，这种证据证明，在大众中，有实施犯罪倾向的人、威慑的“目标人群”和潜在的犯罪人可能会更准确地掌握刑法规则的知识。近期研究测试了现有罪犯对刑法典有关制裁方面的知识，发现他们对这些知识的了解并不确切。对因重罪而被监禁的男性进行测试，考虑他们在监狱的时间和他们对问题的兴趣，他们被假定为既有动机又有机会学习大量的刑罚制度。但是，只有22%的犯人认为，他们确实知道针对他们所实施的犯罪会有“什么样的刑罚”（尽管他们可能是错的）。18%的犯人认为，他们对制裁没有概念。对于所实施的犯罪的刑罚，另外35%的犯人说：“我甚至都没有想到刑罚。”⑳ 对于那些认为知道对其实施的犯罪的确切刑罚是什么的人，有充分的理由相信他们中的大部分人对法

⑲ 同上注释，第181页，并参见 John M. Darley, Catherine Sanderson 和 Peter LaMantia 著：《界定企图的社会标准：与示范刑法典的不一致性》[Community Standards for Defining Attempt: Inconsistencies With the Model Penal Code American Penal Code, 39 Amer. Behav. Sci. 405 (1996)]（对于企图的研究表明，他们用自己的道德直觉来预测惩罚量而不具有任何真正的法律知识）。

⑳ David Anderson 著：《威慑假设与扒手的中止》[The Deterrence Hypothesis and Picking Pockets at the Pickpocket's Hanging, 4 Amer. L. 和 Econ. Rev. 295 (2002)]。并参见 Andrew Hochstetler 著：《与一个不良群体在一起：小群体中的刑事判决分析》(In With a Bad Crowd: An Analysis of Criminal Decision - making in Small Groups 23 - 29)（1999年12月提交给位于诺克维斯大尔的田纳西大学的社会学系的博士论文，UMI Microform 9962267）。

典规定的制裁的了解实际上是错误的。[21]

总而言之，即使是根据一个明确的假设，即刑法规则会影响行为而设计那些刑法规则，人们依然对那些刑法规则知之甚少。人们似乎普遍把法律当成自己所想象的样子，所以他们接受与其正义直觉相符合的刑法规则。这样，当法律规则偏离公众对正义的共识时，那么该体系就要承担让大众了解该法律的义务，没有做出特殊努力去通告违反直觉的规则会增加潜在的犯罪人不了解规则的可能性。如上所述，潜在的犯罪人比其他人更有积极性去了解法律规则和政策的详细情况，但事实上，他们的知识相对贫乏。

这并不意味着法律全方位的普及，而可能只是某些法律规则被广泛了解。众所周知的是，一旦少年达到成年人的年龄，就属于成年刑事司法体系管辖而不再属于以改造为主的少年司法体系管辖，因而对于所有犯罪都会判处明显苛刻得多的制裁。所以，人们在看到少年达到成年人的年龄时犯罪率下降时，尽管是临时下降，也就不会感到吃惊了。[22] 这种众所周知的规则是例外而不是规则。

㉑ Daniel Bailis 等著：《刑事责任与精神病辩护的社会标准》[Community Standards of Criminal Liability and the Insanity Defense, 19 Law 和 Human Behavior 425 (1995)]。并参见 Robert MacCoun 等著：《市民是否知道他们州已经废除对大麻的刑事处罚？威慑理论中认知假设的测试》(Do Citizens Know Whether Their State Has Decriminalized Marijuana? A Test of the Perceptual Assumption in Deterrence Theory)(2003年4月15日)(未发表的手稿，可在以下网站查到：http://papers.ssrn.com/sol3/papers.cfm?abstract_id=1120930)(在对大麻进行刑事处罚和不进行刑事处罚的州，认为会因拥有大麻而被监禁的人数差不多)。

㉒ Steven Levitt 著：《青少年犯罪与刑罚》(Juvenile Crime and Punishment), 106 J. Pol. Econ. 1156 (abstract) (1998)["青少年犯罪人至少像成年人一样对刑事惩罚有反映，未成年人犯罪急剧下降表明威慑（不只是关押）都起了非常重要的作用"]。

当然，一个潜在的犯罪人不需要理性地“懂法”而受其影响。连老鼠都会被感觉到的威胁而吓住，它们对所经历的条件做出反应，如当它们拉动曾经有食物的杠杆时，遭到电击，它们就会做出反应。以同样的方式，一个潜在的犯罪人可能对法律本身一无所知，但却可能通过其经历或听到的其他人的经历，间接地、甚至可能是下意识地了解了刑法规定的刑事犯罪或刑罚的条件。

这种情况经常发生在警察的实际工作中。当潜在的犯罪人三次看到巡逻车经过，尽管警察人数与以往相同，但他也会察觉到因偷包而被抓的风险。与此同样的教育方法会有效地传递有关法律制定者以威慑为基础而合理化了的实体刑法规则吗?答案是不会。处以刑事责任不会像过往的警察巡逻车那样，马上对潜在的犯罪人产生影响。

也许更为重要的是，既便有这种可能性，对于潜在的犯罪人，运用刑法规则来辨别对案件判决起作用的大量可变因素也是困难的。在侦查资源、警察效率、起诉政策和自由裁量权的行使以及其他因素的无限变化和结合中，所存在的变量会影响任何一起案件的判决。当老鼠在拉动食物杠杆时遭到电击，对它来说不难辨别出原因和结果。但是在抓获率和起诉率（参见下文）都低的情况下，认为潜在的犯罪人可以进行直觉的多元回归分析来推测所适用的责任规则及对他本人的意义，看起来是非常不现实的。

实际上，经验和流言的“间接传递”常常导致有关刑法规则信息的不准确。例如，人们一般会认为在大量的案件中可以提供精神病辩护，而且这种辩护一般都会成功。研究发现，人们认为被指控犯罪的人中，有38%的以精神病为由做无罪答辩。[23] 实际上，精神病辩护是非常罕见的，即使在重罪案件中提起的也不到1%。[24] 另外，公众感觉精神病辩护是被普遍承认的，[25] 但现实情况是，即使在很少的案件中提出精神病辩护，也常常得不到批准。[26] 关键是，如果公民对于非常公开化的刑法规则的运作的不了解程度这样高，那么认为他们可以准确地通过“间接”手段推测出每一起案件中所运用的一个又一个刑法设计之间的区别是非常不现实的。

二、理性选择的障碍

假设潜在的犯罪人明白法律对他的意义，他能够或者会带着这种理解去影响他的行为选择吗？研究人们作决定方式的行为科学家现在意识到，能够证明一个人了解与其决定相关的各种事实，并不意味着决定者想起那些事实或把它们适当地调动起来。起作用的是需要作决定那一瞬间的环境或者决定者对与自己相关

㉓ Valerie P. Hans 著:《对精神病辩护的公众态度分析》(An Analysis of Public Attitudes Toward the Insanity Defense), 24 Criminology 393, 406 (1986)；并参见 Eric Silver 等著:《去掉精神病辩护的不准确理解的神话》(Demythologizing Inaccurate Perceptions of the Insanity Defense), 18 Law & Hum. Behav. 63, 67 - 68 (1994)。

㉔ 参见 Lisa A. Callahan 等著:《精神病辩护答辩的量和特点:对八个州的研究》(The Volume and Characteristics of Insanity Defense Pleas: An EightState Study), 19 Bull. Am. Acad. Psychiatry & L. 331, 334 (1991)。

㉕ 参见 Hans 著，见注释23，第406页（报告的一个研究表明，公众认为所有NGRI主张中36%以上的导致NGRI裁决，这将转化为14%的刑事指控）。

㉖ 一个研究报告，对于做精神病答辩的平均无罪率是26%。参见 Callahan 等著:见注释24，第334页。Pasewark 和 McGinley 报告答辩的成功率是15%。参见 Richard A. Pasewark 和 Hugh McGinley 著:《精神病答辩：频率与成功的全国调查》(Insanity Plea: National Survey of Frequency and Success), 13 J. Psychiatry 和 L. 101, 106 (1985)。

的事实的解读。有犯罪倾向的人的特殊个性以及决定产生的环境让犯罪者作出理性的决定是困难的。

可利用的证据表明，作为一个群体，潜在的犯罪人更加倾向于根本不考虑他们的行为后果或不指导他们的行为。[27] 他们常常是寻求冒险的人，而不是回避风险的人。[28] 作为一个群体，他们比一般人更容易冲动。[29] 另外，行为的决定一般会被酒和吸食的毒品所改变。在一个研究样本中，一个令人惊骇的数字，即66%的采访对象都报告说，“近期吸毒”促成了犯罪的实施。[30]

一些暂时的思想状态容易赶走理性的惩罚考虑，如报复或复仇的愿望、突然引起的情绪激动或愤怒，这些思想状态可以持续几分钟甚至几天。其他思想状态可以更加长时间地存在并引起有瑕疵的推理。例如，偏执狂，即感觉他人有迅速而不可抗拒的威胁。人们知道这种感觉会持续数个月。如果是急性的，所认知的

㉗ Anderson 著，见注释20，摘要。

㉘ Marianne Junger, Robert West 和 Reinier Timman 著：《交通中的犯罪和冒险行为：以相反情况的一致性为例》（Crime and Risky Behavior in Traffic: An Example of Cross Situational Consistency），38 J. Res. in Crime 和 Delinq. 439（2001）。成为冒高风险者的第二个方式是把各种风险视为低于其实际风险。下列研究发现罪犯也容易犯这种错误。参见 Eleanora Gullone, Jacqueline Paul 和 Susan M. Moore 著：《青少年冒险调查表的确认研究》（A Validation Study of the Adolescent Risktaking Questionnaire），17 Behavior Change 143（2000）。

㉙ David P. Farrington 著：《人类发展和犯罪生涯》（Human Development and Criminal Careers），Oxford Handbook of Criminology 361，384（Mike Maguire，Rod Morgan 和 Robert Reiner 等编著，第二版，1997）。

㉚ Anderson 著，见注释20，表二。在全国犯罪受害情况调查中，让暴力受害人来描述他们是否把犯罪人视为饮酒或吸食毒品。25%的暴力受害人认为犯罪人是受毒品影响或毒品加酒精的影响。（另外42%的受害人报告说，他们不能分辨犯罪时犯罪人是否受毒品或酒精影响。）美国司法部司法局关于毒品使用和犯罪的统计可以在以下网站查到：http://www.ojp.usdoj.gov/bjs/dcf/duc.htm（最后更新日为2002年5月9日）。

威胁程度会使其不考虑可能遭到惩罚的威慑分量。[31] 当躁狂抑郁病患者循环地进入躁狂阶段，躁狂压抑的夸大成分可以使人体验一种难以置信的显赫的感觉，这种感觉会使他认为法律的效力没那么辉煌，没有能够擒住他并给他定罪的可能性。[32]

这些例子中的行为人是有躁狂精神障碍的。虽然有暗示反映某人在企图犯罪之时考虑了威慑的程度，但很多性格差异的存在还没有使我们把该人视为"精神上有病"。这些特征只有在具有永久性并不断地显示的程度时，才会不断地影响一个人的行为。例如，有些人的特征是推迟使自己满足的事物时间的能力相对较低，他们极其容易在当下禁不住诱惑。[33] 事实上，由 Gottfredson 和 Hirschi 提出的有关动物的个性特征的著名理论使缺乏自控成为该理论的核心。[34]

即使没有扭曲推理的精神异常，进行统计所要求的能力和动机也都可以受到各种语境作用的影响。也许其中最重要的来自于一个事实，即犯罪常常是由群体来实施的。例如，如果犯罪人是在街上结伙实施犯罪，以下几个作用可以临时减少预期来临的监禁期，对目前的违法行为有影响："激励作用"导致行为放纵而

---

[31] Timothy Fjordbak 著:《Clinical Correlates of High Lie Scale Elevations Among Forensic Patients》49 J. Person. Assess. 252 (1985)。

[32] 对躁狂情况的一般描述，参见 Ronald Comer 著：《变态心理学》(Abnormal Psychology) 262 -26 (3rd ed. 1988)。

[33] Janet Metcalfe 和 Walter Mischel 著:《满足延迟的感性和理性系统分析:意志力的动态发展》(A Hot/Cool System Analysis of Delay of Gratification: Dynamics of Willpower), 106 Psych. Rev. 3 (1999)。

[34] Michael R. Gottfredson 和 Travis Hirschi 著:《犯罪总论》(A General Theory of Crime) (1990)。

降低对风险的敏感性,[35] 立即奖赏来自于团体尊重的增加，在这个团体中有大胆违反法律的成员。

“恶化作用”是差异联合的事实，如Gottfredson和Hirschi所指出的，那些先倾向于犯罪的人“以互相陪伴而告终……在这类群体中的个人是容易违法的，就像这个群体本身容易违法一样”。[36] 这意味着有犯罪倾向的人，已经有不重视长期惩罚后果的倾向，周围聚集着同样忽视那些后果的人，这样就加强了犯罪的决心。与罪犯的会谈总是表明，个人是被其他群体成员所说的“他们不会被抓获”引导而实施犯罪的。[37] 很多人报告“他们卷入的主要原因是其伙伴”。[38] 行为科学家会视之为众所周知的“风险转移”现象的实例，其中一个经过讨论作出决定的群体所作出的决定比个人在讨论前所作出的决定一般都更加冒险。这意味着该群体会严重地低估被抓获和受惩罚的风险。

另一个可能致使群体实施犯罪的过程是一种被称为“去个性化”的现象。在这种现象中，个体“在群体中消失”，即如果和一群人或乌合之众一起实施这些行为，个人所感受到的是他不用为其个人行为负责，因此而参加更多的反社会行为。[39] 一群十

㉟ Paul F. Cromwell, James N. Olson 和 D'Aunn Wester Avary 著:《强行入侵他人住宅：入室行窃的人种学分析》(Breaking and Entering: An Ethnographic Analysis of Burglary), 8 St. in Crime, Law 和 Just. 69 - 70 (1991)。

㊱ Gottfredson 和 Hirschi 著，见注释34，第158页。

㊲ Cromwell 著:《强行入侵他人住宅》(Breaking and Entering)，见注释35。

㊳ Floyd Feeny 和 Robbers 在《理性的罪犯：对于犯罪的理性选择》一书中是决策者，(The Reasoning Criminal: Rational Choice Perspectives on Offending) 58 (David Cornish 和 Ronald Clarke 编，1986)。

㊴ Leon Mann, James W. Newton 和 J. M. Innes 著:《非个性化和群体侵犯的临时标准理论的检验》(A Test Between Deindividuation and Emergent Norm Theories of Crowd Aggression), 42 J. Person. & Soc. Psych. 260 (1982)。

几岁的少年或足球队穿过居民小区，砸玻璃、袭击那些妨碍他们破坏行为的人，可以生动地说明这种作用，并且在大部分潜在犯罪人的群体中，这种作用都是存在的。

现有数据表明，有很大比例的犯罪是由群体中的犯罪人实施的。[40] 除了无盗窃的谋杀和强奸案，在这些犯罪中，犯罪人通常认识受害人，“大部分犯罪人是作为同谋实施犯罪的”。[41]

总之，实施犯罪的个人容易具有某种个人的冲动和追求冒险行为特征的思维模式，并且在决定实施犯罪时处在酒精或毒品的影响之下。由于实施犯罪常常不是个人的决定而是群体的决定，而且这个群体致使其成员实施更多的冒险行为，使其个性减弱，为他们实施破坏性的行为提供便利，这些事实很容易使他们个人的反常状态扩大和增强，很难将之与受到复杂理性威慑统计引导的个人形象相匹配。

法律规则对行为影响的现实与假设之间的另一个差距是法律制定者认为，他们可以微观管理行为所达到的程度是不切实际的。例如，一个人已经意识到他正要遭到袭击，却还在考虑用何种武力进行自卫。如果认为一个人甚至是一个讲授刑法几十年的教授，在这种情况下还能够按照详细的法律规则来指导自己的行

---

[40] 独立犯罪人暴力犯罪的受害情况分配的统计比例（1999），《2001 年刑事司法统计的原始资料》（Sourcebook of Criminal Justice Statistics）表 3. 29，http://www. albany. edu/sourcebook/1995/pdf/t329. pdf；群体犯罪人暴力犯罪的受害情况的统计比例，《2001 年刑事司法统计的原始资料》表 3. 31，http://www. albany. edu/sourcebook/1995/pdf/t331. pdf（2003 年 5 月 16 日最后访问）（1999 个暴力犯罪中将近 20% 是群体犯罪人）。

[41] Andrew Hochstetler 著：《与一个不良群体在一起：小群体中的刑事判决分析》（In With a Bad Crowd：An Analysis of Criminal Decision – making in Small Groups 3）（1999 年 12 月提交给位于诺克维斯大尔的田纳西大学的社会学系的博士论文，UMI Microform 9962267）。

为，这种想法看起来几乎是愚蠢的。例如，一个人在遭到袭击时，还能够运用两页纸的《示范刑法典》3.04 的条款去自卫吗？显然，这种做法不太现实，即使一个人很了解这些详细的规则，但运用这些规则还依赖于行为人对可能是困难的事实问题的解决。如果可能的话，行为人不得不在半秒钟之内对于使用防御武力行为作出决定。退却是可能的吗？袭击者是否跨越了不再需要退却的极限？袭击者险恶地将手移向口袋所传达的威胁或力量的程度是什么？例如，下一章所阐明的是，尽管一个人能够运用法律规则是难以置信的，但法律制定者为之辩论并设计这些规则，好像他们的设计确实会引导行为。

三、纯成本障碍认知

假定潜在的犯罪人在犯罪时明白法律对他的意义，并且能够用这个意识去管理其行为，那么他所认识到的不服从成本超过了所认识到的预期得到的好处吗？这个威慑作用的前提有两个组成部分，下文将分别论述：认识到的“成本”，即预示的刑罚和潜在犯罪人赋予它的重要性；认识到的“好处”，即他期待从犯罪中所获得的东西。

（一）成本认知：可能性、数量、延迟。Jeremy Bentham 提出在统计制裁的影响时，需要考虑制裁的三个方面，用现代术语表述，即招致制裁的可能性、预期惩罚的总数、犯罪之后制裁的迟延，最后这一点常在统计中被忽略。[42]

对于 Bentham 来说，惩罚在这几个方面的重要性是显而易见的，看来他的直觉是正确的。以下的证据证明，惩罚在这些方面

---

[42] Jeremy Bentham 著：《刑罚原理》（The Rationale of Punishment），（R. Heward, ed. 1830）at ch. Ⅵ。

中的变量是如何影响用于威慑的惩罚的。虽然目前对这些问题的理解已经超出了标准的威慑思想，但是一切会变得清晰。现有的实证研究表明：首先，这些问题比标准威慑分析设想要复杂。其次，运转中的动态与设置责任与惩罚框架中所使用的传统威慑分析原则相互矛盾。

那些容易意识到的原因是，研究者一直处于给参与研究的人处以与监禁刑相关量值的惩罚伦理上的犹豫状态（但是，经过研究参与人的同意，对他们处以中等程度的惩罚并且那些研究将要受到审查）。但是，人们在很多实验文献中发现，对动物惩罚的程度较高，典型的如老鼠、鸽子或狗。以下分析的一部分利用了这个文献，该分析值得特别关注。显然，人们想把通过使用低于人类的受试验者所揭示的模式非常谨慎地向人类推广。但是，一个动物行为数据评论者提出的问题是："对人类强烈惩罚的作用与对动物惩罚的作用一样吗?"他的回答是："显然，有关这个问题的数据是有限的，但我们所掌握的证据表明，它们之间确实具有一定的相似性。"㊸

1. 可能性。条件作用资料使我们关注目前刑事司法体系中威慑性威胁的有效性。对于惩罚可能性的研究，研究范围从惩罚来看是确定的，即每一个犯罪之后的惩罚，只有0.1%惩罚率的可能性。对于惩罚率在50%的受试验者，对他们的惩罚大量地减少了后来的反应率，减少幅度几乎是30%。但在受试验者的惩罚率是10%时，却几乎观察不到反应的抑制。㊹ 这表明反应率会对惩罚率的下降非常敏感。当然，将之与刑事司法过程进行比

㊸ David Lieberman 著:《学习、行为和认知》(Learning, Behavior, and Cognition) 257 (2nd ed. 1993)。

㊹ Nathan Azran 等著:《固定比例刑罚》(Fixed Ratio Punishment), 6 J. Exper. Anal. Behav. 141 (1963)。

较，人们不会对这些固定比例研究感兴趣，而会对变量比例研究更加感兴趣。在变量比例研究中，惩罚平均在每十个行为中发生一次，但在应对这十个行为时，具有随机的十个行为中就有一次惩罚的可能性。惊人的发现是，在行为文献中，这种研究相对较少，但已有的研究却支持同样的结论。在对它们进行评价时，Lande 的结论是，由于惩罚可能性比例的趋势是减少的，它们在抑制反应方面作用也较小。[45] 当一个震惊强度在反应之后被切实地释放时，它就是有效的抑制因素，但因为震惊强度变得不太可能产生时，其抑制作用降低。当震惊的可能性降低到几乎与各种犯罪的逮捕率相当的程度时，它们的行为抑制作用就会相当低。[46]

在 Lande 的研究中人们发现了一个有趣的额外作用，该作用表明，通过惩罚对行为进行控制是不利的。如果变量比例表中有惩罚，即动物正在做出一个下降的反应比例，但仍然呈现反应比例，那么该动物马上就显示出受到惩罚后做出所谓的“反应爆发”。就好像这个动物在进行推理，认为第二次惩罚马上出现的可能性低，这样它就在受到惩罚之后立即做出一个高比例的反应。人们可以想象一个罪犯，刚刚从监狱中释放出来，他的推理是他不太有可能会因再实施第一个犯罪而被抓获。这里的关键问题是，动态威慑实际上是非常复杂的，比现在的威慑分析所证实的更加复杂。

根据已知的各种犯罪的逮捕和定罪比例来考虑惩罚可能性减

㊺ Stephen Lande 著:《可变比例刑罚的相互反应时间分析》(An Interresponse Time Analysis of Variable Ratio Punishment), 35 J. Exper. Anal. Behav. 55 (1981)。

㊻ 2000 年逮捕的统计数字，见《2001 年刑事司法统计的原始资料》(Sourcebook of Criminal Justice Statistics 2001)，表 4.1，http://www. albany. edu/sourebook/1995/pdf/t41. pdf (列出全部被指控主要犯罪的逮捕数量)。

少的作用情况，对于所实施的刑事犯罪的总平均定罪数是1.3%，[47] 对大多数犯罪来讲，判监禁刑的可能性是100:1。[48] 除杀人以外，即使最严重的犯罪的定罪率也是个位数。尽管对于惩罚清单上的动物研究不能做出非常精确的对比，但可以预料的是，这些低定罪率和惩罚率对预示的惩罚威慑具有严重的破坏作用。

有人怀疑，大部分居民吃惊地发现惩罚率是如此之低，这表明其所认识到的侦查比例比实际的侦查比例高。幸运的是，对于威慑，人们容易过高地估计罕见事件的发生。[49] 这个错误估计是有用的，因为这是所感受到的惩罚比例而不是对威慑作用有价值的实际比例。也许最好的概括是，一般人对惩罚比例的认知虽然

---

[47] 对比美国司法部、司法局统计、美国刑事受害情况、2000年统计表、表91，见 http://www.ojp.usdoj.gov/bjs/pub/pdf/cvus00.pdf，和2000年联邦地区法院终审案件的处理进行比较，见《2001年刑事司法统计的原始资料》(Sourcebook of Criminal Justice Statistics 2001)，表5.17，http://www.albany.edu/sourcebook/1995/pdf/t517.pdf，(列出联邦犯罪的定罪情况)；以及1998年州法院重罪定罪情况，见《2001年刑事司法统计的原始资料》(Sourcebook of Criminal Justice Statistics 2001)，表5.42，http://www.law.upenn.edu/fac/phrobins/OxfordDeterrenceAppendix.pdf，(提供各种犯罪的犯罪行为、报告、定罪和判决，并包括联邦和州系统中所科刑罚的平均时间以及服刑的平均时间)。

[48] 对比美国司法部、司法局统计、美国刑事受害情况、2000年统计表，见注释47和2001年在联邦地区法院所判被告人，表5.25，见《2001年刑事司法统计的原始资料》(Sourcebook of Criminal Justice Statistics 2001)，http://www.albany.edu/sourcebook/1995/pdf/t525.pdf (列出联邦法院被判刑的被告人)；和1998年州法院所判重罪，见表5.43，http://www.albany.edu/sourcebook/1995/pdf/t545.pdf (提供州法院所判被告人的百分比)，见表1，http://www.law.upenn.edu/faculty/phr/OxfordDeterrenceAppendix，见注释47。

[49] Richard J. Zeckhauser 和 W. Kip Viscusi 著：《判决中的理智冒险：一个跨学科的读者》(Risk Within Reason, in Judgment and Decision Making: An Interdisciplinary Reader)，465 (第二版，T. Connolly，H. R. Arkes 和 K. R. Hammond 编，2000)。

是低的，但至少比实际情况要高。[50]

最有可能成为犯罪人的一群人，即那些已经实施犯罪的人，他们所实施的犯罪占未来犯罪的大部分，[51] 这些人比其他人更愿意了解实际惩罚比例。这样，职业罪犯，仅指那些希望惩罚的威慑性威胁所指向的人，他们最可能意识到惩罚比例实际上是多么的低，因而他们所感受到的惩罚可能性比无犯罪倾向的人要低。

也有证据证明，很多犯罪人倾向于过高估计他们自身的能力去避免那些致使他人被抓获的错误。这可能是一个大部分人所容易表现出的夸张形式，即感觉他们比实际情况中的自己更加聪明和更有能力。最近的研究表明，对于特性鉴定级别低的人，这种情况特别真实。例如，在一项研究中，一个有关逻辑测试的四分位值（quartile）底部的受试者都过高估计自己的逻辑技能，对自己的平均评估值都在第 62 个百分点，而实际上他们的评估值是在第 12 个百分点。[52] 纯粹的影响使大部分罪犯认为他们不会被抓获并受惩罚。在上述 Anderson 的研究中，当罪犯被问及被抓获的风险时，研究发现“76% 的积极罪犯和 89% 的暴力的罪

---

[50] Lance Lochner 著:《对刑事司法体系个人认识的理论和实证研究》(A Theoretical and Empirical Study of Individual Perceptions of the Criminal Justice System)，图5:对逮捕可能性的一般认识和官方逮捕的比率，Rochester Ctr. for Econ. Research Working Paper No. 483（June 2001）。

[51] Mortimer Zuckerman 著:《通过数字看犯罪的战争》(War on Crime, By the Numbers)，116 U. S. News & World Rpt. 68（Jan. 17，1994）（报道 7% 的罪犯实施了全部暴力犯罪的 2/3）；注释:《有选择地关押:通过预测累犯减少犯罪》(Selective Incapacitation: Reducing Crime Through Predictions of Recidivism)，96 Harv. L. Rev. 511（1982）（“职业罪犯对于每年大部分的犯罪是承担责任的”）。

[52] Justin Kruger 和 David Dunning 著:《不熟练并意识不到这一点:不能认识自己无能力导致膨胀的自我评价》(Unskilled and Unaware of It: How Difficulties in Recognizing One's Own Incompetence Lead to Inflated SelfAssessments)，77 J. Pers. & Soc. Psych. 1121（1999）。

犯，不是认识不到被拘捕的风险，就是没有想到对他们所犯罪行的惩罚”。[53] 这也许就解释了为什么提高量刑力度对提高威慑作用的效果是有限的。

2. 惩罚量。一个有效的威慑体系必须能够施加一些将被理解成具有惩罚“力”的惩罚，这本身并不困难。人们会把一段时间的监禁理解为惩罚。但是，一个有效的威慑体系不会对每一个其所希望威慑的违反规则的行为都强制实行监禁，同时也肯定不会施以相同的监禁期。首先，这种行为在成本上是不会有效率的，除非某些犯罪的社会危害可以使这种惩罚的高成本合理化。更重要的是，一个有效的威慑体系必须调整其惩罚以完成其计划。例如，威慑体系要把惩罚量与犯罪的严重程度联系起来，提供一个连续的措施阻止犯罪人实施更加严重的犯罪，即如果强奸会自动导致最严厉的惩罚，那么每一个强奸者都会杀死受害人来除掉主要证人，而他们却不会失去什么，也不会得到什么。其次，从侦查的困难到公开的程度来看，一个有效率的威慑体系在设置惩罚的最佳程度时，会考虑一系列其他因素。换句话说，对于一个有效的威慑体系来说，其挑战不仅仅是威胁要用可感觉到的“力”进行惩罚，而且要调整惩罚量，使其具有足够准确的威胁和足够独立的单元来实施其威慑计划。随着可能性研究的进展，有关惩罚量的研究提出了比目前威慑分析更复杂的情况和体现出与现代威慑实践不一致的动态特征。

相关动物研究的第一个发现并不引人注目，即惩罚管理部门对未来行为的抑制作用在很大程度上取决于惩罚量。在一项研究中，惩罚表现在动物按压一个棍棒之后就会马上遭到电击（这个行为在此之前是能够导致奖励的）。如果点击的力度轻，那么

---

[53] Anderson 著，见注释 20，第 1 页（摘要）；参见表 1。

这个惩罚就几乎根本不能对后来的按压棍棒产生抑制作用，如果电击强度大，就会产生很大的行为抑制作用，接近完全的抑制[54]（重要的是，我们要记住惩罚要在每一个“违法”反应之后立即实施，这一系列条件在人类刑事犯罪中是不可能存在的）。该研究的第二个发现更为重要，即存在一个有趣的“强度适应”效应。在一项研究中，一只鸽子在啄一把钥匙之后受到电击，在此之前因啄钥匙受到奖励，并连续获得奖励。[55] 如果对动物的第一次反应进行惩罚，80 伏的电击产生完全的反应抑制。如果电击稍微低一些，如 60 伏，就没有任何行为抑制作用。但是，如果电击始于 60 伏，然后逐渐增加，鸽子会伴随着惩罚继续，甚至达到 300 伏，远远超过 80 伏的“完全威慑”水平！

这个试验在刑事司法体系中的惩罚的应用还没有定论。因为会经常发生这样的情况，对于初次犯罪的惩罚较轻，经常是短刑期、缓刑或暂缓监禁。这表明，我们可能无意间使得犯罪人像鸽子一样学会了忍受不同程度的惩罚，而如果早些使用这些惩罚，其惩罚就会对犯罪人的行为产生威慑作用。

有关初犯，特别是年轻犯罪人的量刑数据显示，这确实是个问题。在无先前定罪的所有重罪犯人中，45% 的人不会被判监禁刑。[56] 20 岁以下的重罪犯人有 66% 获缓刑。[57] 人们偶然会看到报纸上有关实施暴力犯罪的年轻犯罪人被判监禁的文章，但是报纸的有关报道数量证明，判处年轻犯罪人监禁的情况极少。

---

[54] E. Boe 和 Russell Church 著:《废止过程中惩罚的永久影响》(Permanent Effects of Punishment During Extinction), 63 J. Comp. & Physiol. Psych. 486 (1967)。

[55] Azran 著:《固定比例惩罚》(Fixed Ratio Punishment), 见注释 44, 第 141 页。

[56] 美国司法部司法局统计，大城市的重罪被告人 - 1998，表 35 (2001)。

[57] 美国司法部司法局统计，被定罪的重罪人的州法院判决 - 1998，表 3.11 (2002)。

从几个方面看，这都是可以接受的，甚至可以认为是不错的。结果，法官经常不会判年轻的犯罪人监禁，因为监狱经历会增加其未来实施犯罪的可能性。[58] 他们也可能会经历来自老犯人的骇人听闻的遭遇。[59] 但是，从威慑的角度看，这会导致从动物试验中观察到的“越来越严重的惩罚”效果。在那些试验中，如果一开始所受到的惩罚是处于无效控制其初始违法行为的程度，那么一系列的升级惩罚就会为其忍受升级的惩罚提供条件，却不能降低犯罪率。

最近试验中的另一个发现可能是更加不确定。将威慑分析传统上使用监禁期的变化作为衡量标准，而惩罚的严重程度通过它来得到调整。对于更多的轻罪，会被判处缓刑或社区服务，对于某些犯罪，则可判死刑，以上情况当然不完全是事实。但是，对于各种不同程度的犯罪，监禁期的长短是我们将刑罚适用于犯罪的手段。

监禁期长短等于犯罪严重程度的最简单的假设就是，惩罚的严重程度与量刑的期限相关。所以，10 年刑期所产生的惩罚力是 5 年刑期的两倍。假设持续强度是 1，该强度保持 100 天不变，惩罚总量，即总的惩罚力是处于横线以下那个区域的。称之为 100 惩罚单元。

---

[58] Dennis Stevens 著:《关押与监禁化的详细情况:安全和囚犯对未来暴力预期的水平》(The Depth of Imprisonment and Prisonization: Levels of Security and Prisoners'Anticipation of Future Violence), 33 How. J. Crim. Just. 137 - 157 (1994); Dennis Stevens 著:《服刑时间和制度对囚犯犯罪预期的影响:女性监狱化影响》(The Impact of Time Served and Regime on Prisoners' Anticipation of Crime: Female Prisonization Effects),37 How. J. Crim. Just. 188 - 205 (1998)。

[59] Zvi Eisikovits 和 Michael Baizerman 著:《实施时间:青少年关押所中的暴力青年和成年人监狱中的暴力青年》(“Doin' Time”: Violent Youth in a Juvenile Facility and in an Adult Prison), 6 J. of Off. Counsel. Serv. & Rehab. 5 (1982)。

条线图1
"简单计算"

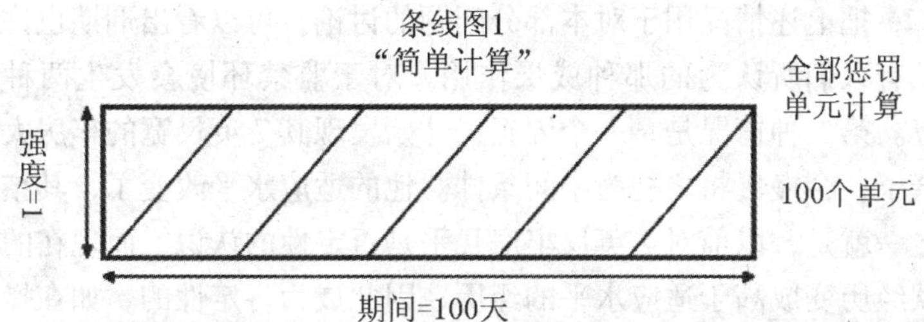

在一篇著名的文章中，Brickman 和 Campbell 介绍了"享乐主义者的踏车"的观点。[60] 该观点的核心是，随着时间的推移，一个人无论是朝着明显更好的情况前进，从中他一开始就得到了巨大的快乐；还是朝着更差的情况前进，从中一开始就得到了巨大的痛苦，他将会适应新的环境并将其视为一种中间状态。他们基本上都要调整自己的基线来评价其自身情况的好坏。以一个人为例，他赢得了彩票或从一个天气恶劣的地方向加利福尼亚前进，一开始是愉快的，但是随着时间的推移，又回到其以前状态的中间程度。同样的适应作用在反方向也有体现。正如赢得彩票的人做调整一样，那些因故截瘫的人也会调整以适应新环境，视之为影响的新的中间程度。[61]

---

[60] P. Brickman 和 D. Campbell 著:《适应水平理论中的享乐主义相对论和良好社会的计划:专题论文集》(Hedonic Relativism and Planning the Good Society, in Adaptation－level Theory: A Symposium) 287 - 302 (M. H. Appley, ed. ,1971)。这个评论吸收了 Shane Frederick 和 George Loewenstein 所著的《在安康中享乐主义的适应:享乐主义心理状态的基础》(Hedonic Adaptation, in Well－Being: The Foundations of Hedonic Psychology)中的一章,302 - 329 (Daniel Kahneman, Ed Deiner 和 Norbert Schwarz, eds. , 1999)。

[61] Shelly Taylor 著:《适应危险的生活事件:认知适应理论》(Adjustment to Threatening Life Events: A Theory of Cognitive Adaptation), 38 Amer. Psych. 1161 (1983); Ronnie Janoff Bulman 和 Camille Wortman 著:《责任的归属和现实中的应对:恶性事件受害人对其命运的反应》[Attributions of Blame and Coping in the "Real World": Severe Accident Victims React to Their Lot), 35 J. Person. & Soc. Psych. 351(1977)]。

把上述情况用于对本部分问题的讨论，可以看出刑期也许不具有人们所认为的那种威慑作用。对于监禁环境会发生两种适应。第一种情况是，一个囚犯，开始发现其7英尺宽的牢房太狭窄了，会慢慢将之视为中间条件。他的适应水平改变了，其结果之一就是，以前对7英尺牢房几乎是否定性的认识，而现在的监狱经历变成高于适应水平的经历，因此成为肯定性的，如在操场中的一个小时或搬到一个9英尺的牢房。因此，适应了监狱的囚犯对监狱生活的感受一般为感情中立，并且在其服刑期间可能有一些积极的和消极的感受，与没有被囚禁的人的感受没有太大的不同。无论监狱经历具有什么样的有规则的消极性，都是由监狱初期的经历引起的，这个时期也是适应期。为了支持这个观点，一项研究认为，监狱内发生的自杀，50%发生在监禁后的24小时之内。[62]

第二种适应是对监狱传达给囚犯不良感受的一般减敏作用。囚犯对于监狱的感受变得“坚强”，并且不仅将其视为感情中立，而且当监狱感觉临时变得更加恶劣时而不感觉太消极。要理解这个概念，就要假定在监狱中所感受到的刺激的享乐主义的强度中有一个自然的波动。某些天是感情方面较差期，某些天是中等期，还有某些天是较好期。这里关键的问题是，囚犯对改变的敏感度随着时间减弱。变得“坚强”或变得“厌倦”，意味着感知到的感觉变化从客观环境中的变化中减弱。这样，当客观环境变的差得多的情况下，所感觉到的只是略微差一点，而当客观环境变得好得多的情况下，所感觉到的只是略微好一点。[63] 在监狱

---

[62] L. M. Hayes 著:《“被黑暗包围”:监狱自杀的全国性研究》(“And Darkness Closed In”: A National Study of Jail Suicides), 10 Criminal Justice and Behavior 461 - 484 (1983)。

[63] Frederick 和 Loewenstein 著,见注释60,第304~305页。

监禁的语境中运用这个概念和更加一般的概念，即享乐主义适应，Fredrick 和 Loewenstein 最近的结论是：“尽管设计监禁就是让人不愉快，但大部分有关调整监狱生活的研究都表明，随着时间的推移会有很大程度的适应”，所引用的一些研究表明，在“异常、态度和个性措施”方面有改进，在烦躁不安、与压力相关的问题和囚徒之间的乏味感方面以及那些单独监禁的人方面都有所减少。[64]

总之，几个行为科学中的以试验为支撑的结论表明，对于被定罪者所感受到的惩罚的惩罚“力”，我们社会所采用的主要手段是控制监禁期。这个手段不会像人们所称的“首次统计系统”所假定的那样有效。对比条线图 1 和条线图 2。

条线图2
“适应计算”

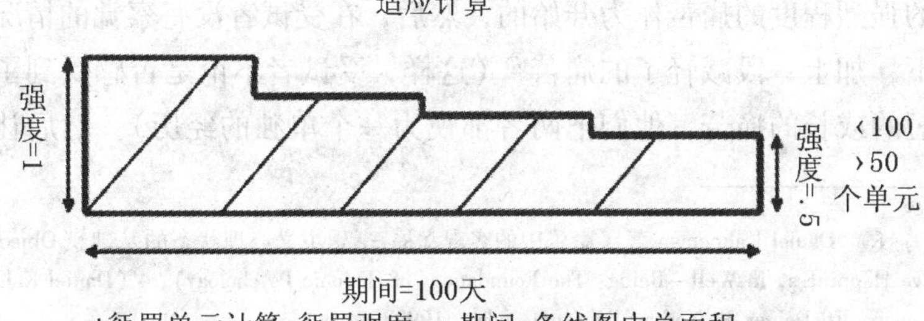

*惩罚单元计算=惩罚强度 x 期间=条线图中总面积

在这个方面，对惩罚的适应也是有问题的，因为随着惩罚的增加，监禁的成本效率越来越低。每一个额外单元的监禁期会有几乎不变的成本，但每个单元的惩罚力会越来越轻。

另外，重要的是要明白，对于受到惩罚的人的大脑中所保留的负面感受，惩罚作用的两个表现所共有的是，消极感受的持续

---

[64] 同上注释，第 311 页。

时间是一个很强的决定因素。特别是惩罚的持续时间与其强度倍增的交互作用产生了对监狱感受的总的惩罚量。对惩罚时间的倍增作用的一般假设是传统的做法。

但是，近期的心理学研究对于惩罚感受中的时间问题提出了激进的异议。该研究把对记忆中的经历的一个总痛苦（或快乐）与经历过程中的每一时刻的感受强度分开，结果是惊人的。这些结果表明，在决定惩罚量上，持续时间并不能起到直觉所给予它的任何主要作用。[65] 相反，在这些实验中，对于记忆中的痛苦经历，持续时间的作用量很少。[66]

人们可以进一步考虑这个有关“时间忽略”的惊人的发现。在其他实验中，让参与者体验短时间的强烈痛苦或者较长时间的强烈痛苦，这个较长时间的痛苦是以与短时间强烈痛苦时间相同的强烈程度的痛苦作为开始的，然后，在受试者没有察觉的情况下，加上一段减轻了的痛苦[67]（这样，受试者不论是否感受到了短的或长的痛苦，他们把两者都视为一个单独的经历）。然后让

㊞ Daniel Kahneman 著:《康乐中的客观幸福:享乐主义心理状态的基础》(Objective Happiness, in Well - Being: The Foundations of Hedonic Psychology), 4 (Daniel Kahneman, Ed Deiner 和 Norbert Schwartz, eds., 1999)。

㊟ D. Redelmeier 和 Daniel Kahneman 著:《病人疼痛的治疗记忆:两个侵犯最小过程的现时和既往评价》(Patients' Memories of Painful Medical Treatments: Real Time and Retrospective Evaluations of Two Minimally Invasive Procedures), 116 Pain 3 (1996)。例如，增加疼痛治疗的持续时间对后来所报告的对该事件的厌恶的作用，如 Kahneman 所概括的:“这些试验的一贯发现是，持续时间总是与其他全世界评价的决定因素相结合，并且参与者显示出要把它们作为每一个试验的一个额外的不重要特点，好像它们在告诉自己‘这段经历是痛苦的并且持续时间特别长’或‘这段经历是痛苦的但却是短暂的’。” Daniel Kahneman 著:《特定时间的评价，选择中的过去和未来》(Evaluation by Moments, Past and Future, in Choices),《价值和结构》(Values and Frames) 693, 698 (Daniel Kahneman 和 Amos Tversky, eds., 2000)。

㊠ 同上注释，第 701 页。

他们相信他们需要重复前面所经历的一个痛苦经历，而不需要两个都重复体验，让他们选择再一次感受哪一个。大多数都选择重复那个较长的！如果按传统做法重视持续时间，那么受试者会选择重复较短的痛苦经历。但是，他们没有这样做。

Kahneman 建议，人们应该对负面的经历保留“快照”，该负面经历通过平均痛苦部分的两个方面来汇集，这两个方面是：经历过程中最痛苦的情感值和经历接近尾声的痛苦。在以上提到的实验中，在对痛苦进行判断时，这个规则占 90% 以上的方差（variance）。经历的持续时间又一次仅使记忆中的痛苦有略微的增加。

这对于我们标准地用持续时间控制惩罚量的手段来讲意味着什么？再一次考虑前面提到的最受欢迎的惩罚模式，包括把惩罚时间的长短作为惩罚总痛苦的倍增决定因素。将之与记忆中的惩罚量相比较，该惩罚量是根据感觉到的惩罚力的“持续时间忽略”统计进行登记的，该统计是最高强度和最低强度总和的平均数。见下面条线图 2。根据持续时间影响惩罚统计，对于条线图 2 中的 100 天刑期，根据强度减小过程中适应的准确程度和时间，惩罚作用少于 100，多于 50。但是，根据条线图 2 中的“持续时间忽略”统计所登记的记忆中的惩罚量是最大强度（1，开始阶段）和最低强度（5）的总和的平均数，总的记忆中的惩罚量是 75 +。

短刑期更有可能使人在一开始和结束时都痛苦，如条线图 3 所示。令人惊奇的发现是，短刑期会比长得多的刑期感觉更加痛苦。长得多的刑期在一开始时与短刑期一样使人痛苦，但是在结束时就不那么痛苦了！有两个原因：第一，根据持续时间忽略统计，长刑期中多出的时间对于重新构建记忆中的刑期的消极性所起的作用很少或不起作用。第二，短刑期“结束时的强度”发生在其还没有机会减弱之前，而长刑期结束时的强度在结束时已经降低。这里要强调的是，如果结束时的感受不那么痛苦，那么，加长刑期实际上可能会减少其记忆中的消极特征。

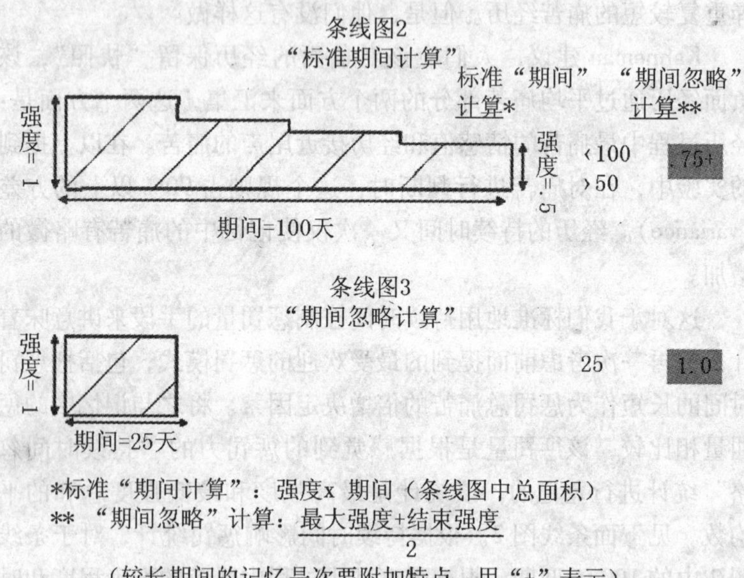

*标准“期间计算”：强度x 期间（条线图中总面积）

** “期间忽略”计算：$\frac{\text{最大强度+结束强度}}{2}$

（较长期间的记忆是次要附加特点，用“+”表示）

标准的威慑实践是依赖刑期的长短来调整惩罚量的，对于标准的威慑实践，所有这些都是不利的消息。实际上，监禁痛苦的巅峰可能会相对较早地出现在监禁经历中。刑期期限的延长，不会增加记忆中的消极性。确实是这样，如果在刑期的最后阶段，痛苦明显地减少，正如人们可以预期的那样，刑期的加长对于监狱经历的记忆中的消极性具有减少作用。当然，有可能构想出一个在短时间内可以施加的惩罚，该惩罚是高强度的，并且在惩罚期结束时强度最高，而这种惩罚通常被认为是“折磨”。

有人可能持不同意见，认为持续时间忽略作用只能对威慑计划造成困扰，因为它所适用的人已经被监禁了，因此他们的记忆是有问题的，在他们的记忆中，甚至感觉监禁期长“也不坏”。但是，可能存在着所谓的“真相泄露”，即监狱“不那么差”，当这个信息传入社区，那里的人正处于犯罪的风险之中，但是还没有监禁的经历。现实情况是那些从监狱出来的人正在社区参加社会活动，而那些冒险犯罪的人就在这样的社区中成长和生活。一个令人讨厌的社会事实是，一个贫困社区的非洲裔美国男孩，在一群大部分坐过牢的成年人中间长大，他不可能不意识到那些成年人的想法，即监狱“不那么差”。任何犯罪学理论的差别联系都强调犯罪行为和所处组织内部的犯罪思考的传播，而且有关“坐牢时间”的相对惩罚“力”知识的传播可能会是传播的主要内容。证据表明新的犯人会过多地出现在有其他突出犯人的人群中。[68]

持续时间忽略和强度适应的问题仅仅是一般威慑困难这个大马赛克中的一部分。

在结束惩罚量问题讨论之前，应注意其他几个办法，这些办法涉及所意识到的监狱威胁可能被减弱或复杂化，至少会涉及可能会犯罪的人。作为重罪犯被定罪的耻辱威胁，对于潜在的犯罪人所在的社会群体来讲可能没有对其他人的威胁那么大。实际上，对于很多犯罪人来说，如果被定罪和监禁的话，他们在社区

---

68 Kevin Johnson 著:《对于许多美国的同屋居住者,犯罪世代相传》(For Many of USA's Inmates, Crime Runs in the Family),《今日美国》(USA Today), Jan. 28, 2008 (犯罪世代相传的详细模式)。

中并没有失去地位和尊重。[69] 同样，也会有这样的情况，在一个群体中，潜在的犯罪人比群体中一般人的生存条件差。[70] 这样，因为按规定，监狱里提供食物和住处，监狱的威胁并不比他们目前做个好人所处的生存条件差。在寒冷的冬季，城市中拘留所常常成为流浪汉的避难所。[71]

有充分证据支持的最后结论是，目前实践中的惩罚量威胁的最好情况是不可预测的，最差情况是在调整惩罚量上不可靠，惩罚量威胁是无能的，其本身会阻碍威慑计划。同样这也破坏了刑事惩罚体系的有效性，该刑事惩罚体系是通过以威慑分析为基础分配责任和惩罚来达到行为控制的目的的。

3. 延迟。心理学研究资料同样不支持我们目前有关推迟惩罚的威胁的做法。传统的成果是在威慑行为方面，由于犯罪和惩罚之间延迟的增加，惩罚的作用急剧下降，而且下降的幅度相当惊人。在一项研究中，给饥饿的狗 10 分钟时间，让它们吃特别

---

[69] D. S. Nagin 著：《威慑和关押》（Deterrence and Incapacitation），《犯罪和惩罚手册》（The Handbook of Crime and Punishment）345（M. H. Tonry, ed., 1998）；S. A. Venkatesh 著：《社会中的团伙》（The Gang in the Community），《美国的团伙》（Gangs in America）241（2nd ed., C. R. Huff, ed., 1996）。但是其必然结果是，对于那些特别在乎以传统价值观对人进行社会肯定的人，即使是刑事定罪的可能性很低都会产生威慑作用，因为其代价被看的太大。S. Klepper 和 D. Nagin 著：《侦查和刑事指控风险的指控服从与理解》（Tax Compliance and Perceptions of the Risks of Detection and Criminal Prosecution），23 Law & Soc. Rev. 209（1989）。

[70] 美国司法部司法局统计，1996 年监狱囚犯的情况介绍，www.ojp.usdoj.gov/bjs/pub/pdf/pji96.pdf。（最后一次访问是 2002 年 7 月 24 日）（1996 年在所有监狱囚犯中，36% 的在最后被逮捕时失业；46% 的没有读完高中；46% 的月收入少于 600 美元；60% 的成长过程中没有与双亲一起；22% 的是在接受福利的家庭中成长；46% 的在成长过程中家庭成员被关押；47% 的女囚犯在最近一次被关押之前受到身体侵犯或性骚扰；36% 的身体或精神缺陷。）

[71] Jennifer Stenhauer 著：《监狱变成庇护所，也许是市长的沉重负担》（A Jail Becomes a Shelter, and Maybe a Mayor's Albatross），N. Y. Times B1（Aug. 13, 2002）。

喜欢的或特别不喜欢的食物。[72] 然后，当让它们再吃东西时，一个试验者突然出现在测试的房间里，他分别在15秒、5秒或即刻对它们进行惩罚，惩罚那些只吃喜欢的食物的狗，而不惩罚那些吃不喜欢的食物的狗，结果是所有的狗都避免去吃喜欢的食物了。然后，当狗再次回到测试房间时，那个试验者不在场，来自15秒延迟组的狗第一天间隔3分钟回去吃喜欢的食物。来自5秒延迟组的狗忍了8天，而马上受到惩罚的狗忍了大约2周时间。[73]

在0秒与15秒的惩罚之间产生了显著不同的变化。在刑事案件中，犯罪和惩罚之间的延迟可能是很有意义的。有关州法院的现有数据表明，对于重罪，从抓获到判刑的时间来看，一般是从有罪答辩的7.2个月到陪审团审判的12.6个月。[74]

根据最新的研究成果，在未来，惩罚威胁的威慑作用也要受到负面影响，该成果显示，人类对于现实的事件比对未来的事件更加重视。对于人类判断所做的研究范例在形式上是简单的。例如，让一个人作出选择，是马上得到100美元，还是一个月以后得到若干美元，并且要求这个人来设定这个未知数，结果是，他对今天能得到100美元还是一个月以后能得到若干美元无所谓。

---

[72] R. L. Solomon, L. H. Turner 和 M. S. Lessac 著：《对抵制诱惑的进行延迟惩罚的一些作用》(Some Effects of Delay of Punishment on Resistance to Temptation in Dogs), 8 J. Person. & Soc. Psych. 233 (1968)。

[73] 同上注释，第235~238页。

[74] 州法院对重罪案件所作逮捕和判决之间的平均天数（1998），表5.48, 2001年刑事司法原始资料, http://www.albany.edu/sourcebook/1995/pdf/t548.pdf,（最后一次访问是2003年5月16日）。联邦地区法院的现有数据表明，从起诉到处理是6个月，幅度从法官独自审理的2.3个月、驳回4.7个月、有罪答辩6个月到陪审团审判的11.1个月。2001年美国联邦地区法院对刑事被告人的起诉到处理的平均时间，表5.41，见注释47, http://www.albany.edu/sourcebook/1995/pdf/t541.pdf。

在这种情况下，他愿意让试验者扔硬币来决定结果。一般地发现是，所设定的未知数的数额高得惊人。在一个研究中，受试者对于马上得到10美元和一年以后得到21美元无所谓，对于马上得到100美元和一年以后得到157美元也无所谓。[75] 将这两个例子作一对比，结果是较高总数的折扣率较低，但是这与银行提供的利率相比还是相当高（对于无风险投资，银行不提供每年110%或57%的利率）。显然，与眼下的损失相比，对于未来的损失出现了同样的折扣作用。特别是在此项试验中，受试者对于现在损失100美元和一年以后损失133美元是无所谓的。[76] 这说明未来的结果所受到的重视程度低于目前的结果，当结果是负面的时候，情况也是一样的，如监禁刑。

毒品或酒精的使用夸大了未来结果的折扣，这在刑事犯罪人中是普遍的。最近进行了一个试验，测试人在酒精影响下作出决定的过程，并且将结果归纳为“缺乏酒精辨别力”。[77] 当受到中等程度的酒精影响时，受试者表现出的一般趋势是减少对更长远的结果的重视。例如，在某研究中，所要作出的决定是是否进行性交，而打了折扣的远期结果就是，可能患性传染疾病或导致怀孕。这些发现与下列观点一致，即醉酒限制了注意力，以至于使人们受目前环境中最突出提示的极大影响。对于一个有犯罪倾向的人，在酒精的影响下，可能引发或诱惑其抢劫或入室盗窃的，

---

[75] 对于目前打折资料的评价可以参见 George Loewenstein 著：《失控：内心对行为的影响》(Out of Control：Visceral Influences on Behavior)，65 Org. Behav. & Human Dec. Proc. 272 - 279 (1996)。

[76] 同上注释，第277页。

[77] Tara K. MacDonald，Geoff MacDonald，Mark P. Zanna 和 Geoffrey T. Fong 著：《酒精、性刺激和年轻男子有意使用避孕套：把酒精近视理论用于冒险的性行为》(Alcohol，Sexual Arousal，and Intentions to Use Condoms in Young Men：Applying Alcohol Myopia Theory to Risky Sexual Behavior)，19 Health Psych. 290，290 (2000)。

不是未来有可能被监禁的提醒，而是眼下突出的环境提示。在酒精或毒品所引发的丧失判断力的情况下，有理由得出结论，逮捕、定罪和最终的监禁等威胁在决定犯罪的过程中都不太受重视。

（二）利益认知。与评估惩罚威胁认知情况相关的因素也与确定犯罪的利益认识情况相关。获得利益的可能性、其价值以及其直接性都起了作用。但是，当“成本”分析显示很多因素倾向于降低意识到的成本，则利益分析在评估意识到的利益时却很少表现下降。

典型的情况是，深思熟虑的犯罪人所意识到的利益是马上就会得到的或至少近期会得到的。例如，盗窃马上会获得金钱或财产。进行人身侵犯，马上会引发报复或愤怒，或使其他动机得到满足。即使动机利益被推迟，如所盗财产必须卖出以换回毒品来满足毒瘾，犯罪人的期待是典型的近期满足。当然，有一些犯罪的利益是被推迟的，如蓄谋的欺诈计划，在这些案件中，对未来利益的重视就像对未来的惩罚一样被打了折扣。但是，从总体上来看，刑事司法体系反映了一幅画面，表现了延迟惩罚的威胁与马上得到犯罪利益的吸引力之间的对立。

关于利益的价值，毒瘾的作用常常夸大了该价值。《全国犯罪危害调查报告》指出，1999 年大约在 11% 的暴力犯罪和 24% 的财产犯罪中，实施犯罪的原因是购买毒品而需要钱。[78] 根据对毒瘾作用的试验来考虑这一点，有些研究是在健康冒险行为语境中考虑毒瘾，健康冒险行为，如吸烟和吸毒会马上产生快感，但也会产生严重的、长期的不利健康后果，如因肺病而痛苦地死

---

[78] 司法局统计，毒品使用与犯罪，见注释 30。

去。几项研究证明，酗酒者、(79) 海洛因吸食者(80)和滥用物质的赌徒(81)具有的折扣率比作日常事务高，如果在眼下和未来所得到的是金钱，那这种情况是实实在在存在的。但是，当眼下所获得的是使他们上瘾的酒或毒品时，这就更加真实。这些正常情况和上瘾情况所体现出来的是，所有的人都有倾向去获得立即可以得到的东西，即使这会给他们带来未来的不良后果。与正常人相比，会有更多的上瘾者受目前所得到的快感的高度驱使，而较少受将来所要承担风险的影响。

四、跨越障碍对威慑作用是至关重要的

只有全部前提条件得到满足，威慑作用才成为可能。缺少任何一个条件都意味着威慑作用不存在。如果潜在的犯罪人没有意识到法律规则对其行为的影响，或者虽然意识到了，却没有看到遭受惩罚的可能性，或者虽然意识到了惩罚的可能性，但却没有认识到整个成本会超过整个利益（由于未来惩罚的高折扣率或因为眼前利益占了上风，或毒瘾占了上风），或者虽然意识到了整体纯成本，却不能用该信息影响其行动的选择，那么惩罚威胁将不会对这个人形成威慑并阻止其实施犯罪。这里的要点是，跨越任何一个前提障碍对于威慑作用都是至关重要的。

---

(79) Nancy Petry 著：《在积极饮酒、节制饮酒和控制饮酒中延迟金钱和酒精的折扣》（Delay Discounting of Money and Alcohol in Actively Using Alcoholics, Currently Abstinent Alcoholics, and Controls），154 Psychopharm. 243（2001）。

(80) Gregory Madden, Warren Bickel 和 Eric Jacobs 著：《鸦片依赖门诊病人中的延迟奖励的折扣》（Discounting of Delayed Rewards in Opium - Dependent Outpatients），7 Exper. & Clin. Psychopharm. 284（1999）。

(81) Nancy Petry 和 Thomas Casarella 著：《有赌博问题的滥用物质中奖励的过渡折扣》（Excessive Discounting of Delayed Rewards in Substance Abusers with Gambling Problems），56 Drug & Alcohol Dep. 25（1999）。

因某个原因，惩罚的可能性不能阻止不同群体的潜在犯罪人，有些潜在的犯罪人因严重醉酒、精神上受刺激、愤怒或害怕，而不能思考他们的行为将要导致的后果。也许，一个群体不知道根据威慑理论所采纳的特殊规则来影响自己的行为等。累加的作用也许就是，大部分群体潜在犯罪人可能因某一个原因而不受威慑性威胁的影响。

五、累加消耗问题

为了便于讨论，假设以威慑为基础的规则或政策可以潜在地影响那些正在考虑实施某些犯罪的潜在的犯罪人的行为，即假设跨越一个前提障碍而没有把每一个潜在的犯罪人都排除在威慑作用之外。威慑作用的结果可以使对刑法规则制定中的威慑分析的依赖合理化吗？

即使有人认为潜在的犯罪人对于法律规则或政策有模糊的感觉，意识到被惩罚的一些可能性，他的毒瘾没有使其丧失犯罪能力统计成本和利益，这依然是事实，即任何一个前提条件中的弱点可以和任何其他前提条件中的弱点相结合，从而来减少对某些小事的最后威慑作用。之所以这样是因为，连接前提条件和整体威慑作用的功能的理论特点是，必要条件的倍增合并引起总的威慑作用增强。这样，在这些条件中的几个值降低后，威慑的组合作用可能是极低的。例如，一些年轻男子，因没有工作，而有时间漫无目的地“闲逛”。他们也许因为没有技能和不能控制冲动而没有工作。当他们聚集在一起时，就会喝酒，进而丧失辨别力，他们互掷鸡蛋，这可能导致他们看不到被追究责任的可能性。威慑的重要性对这些年轻人的作用很小。关于刑法规则形成的辩论对于这些人没有什么意义，而且对于很多其他人，威慑的前提是不存在的或被消耗掉了。

第二节 组合作用研究

如在本章开始指出的，不可否认的是，拥有一个规范刑罚的刑事法律体系可以具有威慑作用。警察程序的变化或警察自由度分配都有可能对犯罪率有影响。但是，有理由怀疑，刑法规则的形成、量刑政策或实践可以具有一般人认为所具有的那种威慑作用。第一节已经显示所有的威慑作用的前提全部都存在是多么的不寻常。但是有人会反对说，尽管刑法的行为路径分析提到，原则的制定很少可以影响行为，但是规则形成实际上可以通过某种人类所具有的知识还不能理解的神秘的方式做到这一点。人们可以通过特殊原则的制定对它们拟降低犯罪率的影响来检验这个观点。

现有的研究被称为“组合作用”，即该研究不关注威慑作用是怎样产生的，而是密切关注原则的变化是否对犯罪率有影响。以标准方式来看，有些刑法或政策的变化为调查犯罪率的变化结果创造了条件。其他组合作用在研究调查行为的变化过程中，发现现行法律中的条款对某个群体的效力会因时间的推移而发生变化，这导致了行为的变化。不成熟辩护就是其中一种情况，只要犯罪人没有达到一定的年龄，就可以以不成熟作为辩护理由减少刑罚量。其他研究则对人口数量相同，但刑法规则不同的司法管辖区进行调查。

组合研究所共有的特性是依靠发现因刑法规则或政策不同而导致的犯罪率不同。如果他们把他们的发现组合在一个大的数据集（data set）中，这些研究就很有可能揭示法律产生的威慑作用。而且人们必须了解，如果组合作用研究显示增加的威慑来自原则的制定，那么反对依赖威慑分析的观点就相应的减少了。

但是，通过对现有研究的回顾得出了下列结论:

（1）一些精心设计的原则没有显示出犯罪减少的结果，即使是为了达到降低犯罪的目的而设计的原则的制定也没有显示减少犯罪的结果。

（2）一些研究声称，他们的结论可靠地显示了原则的形成对犯罪减少的作用，但是研究所观察到的作用不是威慑作用所导致的而是由于其他原因，如增加的使丧失犯罪能力作用。人们期望通过增加监禁期将那些会重新犯罪的人赶出社会。

（3）其他研究确实显示了威慑作用，但是在这些例子中，威慑作用的发生只说明和支持了第一节中的观点，即来自原则形成的威慑作用要求存在特殊条件，实际上就是例外而不是规则。

一、发现原则的形成不产生威慑作用的研究

表明没有威慑作用的研究包括：检验改变了某一个犯罪级别的刑法典的作用，或根据特殊犯罪特点的变化为某一个犯罪设定不同的级别的刑法典的作用，如对开较大数额“空头”支票的，进行更加严厉的惩罚。在其他无威慑作用研究中，行为被犯罪化或无罪化，而后来所实施犯罪的频率没有改变。

1966年复活节前的星期日，在费城发生的一起残忍的公开强奸案导致了对强奸惩罚的加重。但是，研究的结论是，既不是激动导致施加更加严厉的制裁，也不是实际施加这种制裁影响了以后几个月的强奸发生率。[82]

---

[82] Barry Schwartz 著:《对强奸和企图强奸增加刑罚在宾夕法尼亚州费城的效果》(The Effect in Philadelphia of PA’s Increased Penalties for Rape and Attempted Rape), 59 J. Crim. Law, Criminology & Pol. Sci. 509 (1968)。

在20世纪50年代，芬兰的社会特点是个人坐牢率高。当局关注其社会后果，将很多犯罪无罪化，对一些犯罪人处以较短的监禁刑，把其余的引导进社区服务、暂缓监禁或处以重罚金而不是监禁。在后来的几年中，犯罪率与改革之前以及与附近的其他国家相比没有什么不同了。[83]

Zimring进行了一个组合作用的研究，使用了内布拉斯加州一家银行的数据库，里面包括书面空头支票的数量和美元数额。[84] 州刑法对提取超过和低于35美元的支票所判刑罚不同，直觉的区别并没有引起人们的注意，但那些经常写空头支票的人可能会知道。该研究发现，对于该罪或重或轻的量刑很少有显著的威慑作用或没有威慑作用。

Zimring也研究了在夏威夷将堕胎定成无罪对于堕胎率的作用，堕胎在这之前是非法的。[85] 需要几个假设来统计前面的堕胎率，但是他的结论的前提是以前将堕胎定为犯罪并没有对它有很大程度的威慑。

二、发现混合或矛盾结果的研究

其他研究反映了通过原则的制定来试图证明威慑的混合性成功。有些尝试的特点是短期作用，对于其他研究来说，包括死刑

---

[83] Tapio Lappi - Seppala 著:《规范监狱人口,来自英国长期政策的经验》(Regulating the Prison Population, Experience from a Long - Term Policy in Finland),《全国法律政策调查院》(National Research Institute of Legal Policy), Helsinki, at Table F (1998)。

[84] Frank Zimring 著:《刑罚与威慑:内布拉斯加州的空头支票:综合威胁研究》(Punishment and Deterrence: Bad Checks in Nebraska: A Study in Complex Threats, in Corrections and Punishment), 173 (David Greenberg, ed. ,1977)。

[85] Frank Zimring 著:《医生、威慑和未报告犯罪数字:夏威夷堕胎记录》(Of Doctors, Deterrence, and the Dark Figure of Crime: A Note on Abortion in Hawaii), 39 U. Chi. L. Rev. 699 (1972)。

研究，论据之间相互矛盾得不出任何可靠的结论。

Ross 做的一个著名的研究是关于英国通过《道路安全法》时犯罪率的变化。该法规定了较高的刑罚，如针对醉酒驾车，同时进行了广泛的宣传运动，这意味着警察在道路和高速公路上出现的频率会大大增加。[86] 其威慑作用一开始很高，可能是因为公众的过高估计，随着时间的推移，虽然没有减轻执行力度，公众也没有能够更好地统计警察出现的频率，但是威慑作用却明显地降低了。换句话说，刑法规定改变了，设置了更多严厉的制裁却没有增加威慑作用，缺乏那种由警察执行任务而产生的逮捕和定罪的大量增加。这是前面分析可以预见到的。

在其他几项研究中，Ross 已经跟踪了影响醉酒驾车比率的宣传运动的作用。这些运动涉及的不仅仅是增加了的针对醉酒驾车的制裁，也有对这些制裁的大量的宣传，宣传会使市民相信，对醉酒驾车的监督比率增加了。他使用了断续时间链来分析，以法律的变化作为“中断”来看是否可以查到威慑作用的结果。1978 年，法国采纳了一部以斯堪的纳维亚饮酒和驾驶法为模式的法律之后，Ross 进行了一项研究，发现该法律有显著的威慑作用，但是只是暂时的。[87] 刑法制定本身又一次是无效的，如果有增加的威慑作用，则必须通过其他变化，如改变政策程序或重

---

⑱ H. Lawrence Ross 著:《法律、科学和事件》(Law, Science, and Accidents), 2 J. Legal Stud. 1 (1973)。

⑲ Laurence H. Ross, Richard McCleary, and Thomas Epperlein 著:《饮酒和开车的威慑与法国: 1978 年 7 月 12 日法律评价》(Deterrence of Drinking and Driving and France: An Evaluation of the Law of July 12, 1978), 16 Law & Soc'y Rev. 345 (1982); Laurence H. Ross 著:《社会控制思想威慑: 饮酒和开车法》(Social Control Thought Deterrence: Drinking - and - Driving Laws), 10 Annual Rev. Of Sociology 21 (1984) (结论是醉酒驾车威慑努力是具有短期性而不是长期作用)。

新分配资源等。[88]

在考虑刑法的改变是用于减少犯罪时，死刑很快在美国引起了重视，也许因为死亡的威胁是最恐怖的制裁。如果确实存在着威慑作用，就会有人提出，应该允许这个极端的制裁存在来对付犯罪。很多评论都调查了死刑的威慑作用的情况。[89] Hood 在一个重要的评论中得出了一个典型的结论："简而言之，缺乏足够的控制，当与其他问题一起提出时，应该使任何不带偏见的分析者得出结论，计量经济学分析没有提供证据，使人们可以谨慎地推断死刑比其他刑罚有更大的威慑作用。"[90] 在任何情况下，查阅有关死刑的威慑作用的文献让我们了解到，人们很少希望得到有关其功效的内容。因为是全部刑法规则和制裁对犯罪率的威慑作用，也因为死刑仅是几个犯罪的制裁方式之一，因此其威慑作用问题不会得到进一步的研究。

三、发现原则的制定产生威慑作用的研究

一些研究已经发现来源于原则的制定的支持作用，在某些研

---

[88] Andenaes 提供了一项有趣的研究，确认了这个想法，即增加探测醉酒驾车比率可以导致其减少，甚至是在对其惩罚的程度降低的时候也是这样。Johannes Andenaes 著:《对饮酒司机的社会控制的斯堪的纳维亚经验》(The Scandinavian Experience, in Social Control of the Drinking Driver), 43 (Michael D. Laurence、John R. Snortum 和 Franklin E. Zimring 编, 1988)。在芬兰，1977 年以前，非常重的醉酒刑罚是有效的，1977 年以后，可能是受大批被关押囚犯的影响，对醉酒驾车的惩罚大多降为罚款和缓期监禁刑。但是，对驾车人进行了更多的呼吸测试。在酒精作用下开车的情况减少了一半。

[89] 参见 Michael L. Radelet 和 Ronald L. Akers 著:《威慑和死刑:专家观点》(Deterrence and the Death Penalty: The Views of the Experts), 87 Journal of Criminal Law & Criminology 1 (1996)。

[90] Roger Hood 著:《死刑》(Capital Punishment),《犯罪与刑罚手册》(The Handbook of Crime and Punishment) 739, 762 (M. H. Tonry, ed., 1998)。

究中，发现“威慑作用”仅仅是增加监禁期限产生的使丧失犯罪能力的作用，即原则改变后的犯罪率改变是因那些实施大量犯罪的惯犯更长时间地被隔离开的结果。这虽然显示出一个明显的犯罪减少的结果，但这是使丧失犯罪能力作用的结果，而不是威慑作用的结果。[91]

Levitt进行了两项有关威慑作用对于组合犯罪统计的作用的实验，以区分威慑作用和改变逮捕率而导致的使丧失犯罪能力作用。他做了很精细的工作来处理刑事数据中的测量错误问题，这个问题对于以前的有关研究有干扰。他使用的假设是，如果增加的逮捕率通过使丧失犯罪能力来发挥作用，那么某一种犯罪的逮捕率增加会减少所有（至少所有相关）的犯罪率。例如，入室盗窃的犯人实施了抢劫，因一个犯罪他们被关押，这意味着他们不能再实施其他犯罪。但是，从威慑的角度看，针对某一个犯罪的逮捕率的增加会导致其他犯罪率的增加，因为犯人会理性地避开实施目前经常会遭到逮捕的犯罪，而去实施逮捕率没有上升的犯罪。他们这样做，表明他们的反应是理性的，他们从逮捕率高的犯罪转向逮捕率低的犯罪。

运用这个逻辑，其研究结果“表明使丧失犯罪能力占了优势（即使丧失犯罪能力是使逮捕率和犯罪频率下降的最大原因），因为对于抢劫、强奸，使丧失犯罪能力和威慑是同样重要的，并且对于加重的人身侵害和财产犯罪，威慑作用超过使丧失

---

[91] Levitt对以前的有关研究进行了评论，但是由于它们属于对方法错误的批评，因此将不在这里评论。其中几个发现，它们作为支持威慑作用而作解释，参见Steven D. Levitt著:《为什么增加的逮捕率显示出降低犯罪:威慑、关押或测量错误?》(Why Do Increased Arrest Rates Appear to Reduce Crime: Deterrence, Incapacitation, or Measurement Error?), 36 Econ. Inq. 353 (1998)。

犯罪能力”。[92] 后来他指出，对于谋杀罪，错误率阻碍了作出逮捕率对威慑或使丧失犯罪能力有影响的结论。[93]

该研究看起来是最理想的，可以用于在总体水平上的威慑考虑。不管怎样，该研究证明了通过重新分配警察资源来提高逮捕率可以起到威慑作用。[94] 该研究没有表明刑法制定具有威慑作用。如前所述，许多种类的条件和程序变化，如巡逻车的数量，可能会影响潜在犯罪人的行为，但不太可能通过刑法规则的制定来产生这种作用。[95]

Levitt 的第二项研究关注了实体刑法规则而不是警察实务。该研究在研究方法和概念上都是复杂的，但也是对这里提出的综合结论的支持。[96] 简而言之，他发现，当一个人从具有相对宽容

---

[92] 同上注释，第 354 ~ 355 页。

[93] 同上注释，第 368 页。

[94] 也应该注意，如果警察需要增加犯罪逮捕率的注意力，可能会使警察对其他犯罪的注意力减少，Levitt 自己假定的犯罪率按其预期增加。这样，这里所说的威慑作用，用政策术语来说，作为犯罪斗争措施，不是一个实践性的有力支持。

[95] 其他人也对这一点持怀疑态度。英国家庭办公室 United Kingdom Home Office 责令牛津大学犯罪研究院对威慑研究进行审查，特别注意一个研究是否能够通过改变量刑政策来改变惩罚程度而获得最低限度的威慑作用。Andrew von Hirsch 著：《刑事威慑和刑罚轻重：最新研究分析》（Criminal Deterence and Sentence Severity: An Analysis of Recent Research）（1999）。他们的结论如下：Farrington 及其合作者所做的一套具有影响的涉及惩罚确定性变化的研究，一般是要求政策上的变化，以及涉及惩罚程度变化的研究，通常是通过改变刑法规则而达到。“关于大部分确定性方法（逮捕和定罪）和犯罪率之间的很强负相关的确定性，研究结果与 Farrington 及其同事以前所做的研究相一致，尽管这些关系在美国的数据中比在英国的数据中更弱。但是，对于严重程度，数据大都没有显示很强的负相关。”同上注释，第 26 页。

[96] Levitt 援引了对 Glassner 及其同事所会见的青少年罪犯的评价，该评价揭示了一个很强的意识，就是把青少年看守所相对容易和短暂的时间与在“监狱”里的更加艰难的时间进行对比。Barry Glassner, Margaret Ksander, Bruce Berg 和 Bruce Johnson 著：《对青少年和成年人管辖的威慑作用》（A Note of the Deterrent Effect of Juvenile versus Adult Jurisdiction）, 31 Social Problems 219（1983）。

刑罚的少年法院出来，到了有一系列严厉刑罚的成人法院，犯罪率有大幅下降。[97] 这是个令人瞩目的证据，证明法院之间的转换会对犯罪率产生作用，一个明显的解读就是犯人对于不同法院所判刑罚都有预期，所预期的不同刑罚对他都是有影响的。几个社会现象也说明了这一点。首先，少年法院和成年法院在刑罚上的差异是众所周知的事实之一。不幸的是，这类刑法规则却鲜为人知。其次，这方面知识的传播途径常常是潜在违法分子活动的青少年团伙，所以这在某种程度上是存在于团伙中的社会压力的结果，该压力是利用一个人的“自由之窗”（window of freedom）去犯罪。那些了解少年团伙的人的报告使事情更加清楚，他们认为，一些更加有暴力倾向的团伙其职责要由年纪较小的团伙成员完成，如搬运武器和为入侵某人的地盘放哨，这主要是由于他们可以避免受到刑事司法体系的严厉制裁。[98] 换句话说，在其他情况下一般所不具有的威慑前提在这里却出现了。一是法律规则是众所周知的；二是无论是自身还是其他人的影响，潜在的犯罪人有很强的动机去按规则改变其行为。

最后一项非常有趣的研究关注重罪谋杀规则的犯罪减少作用。[99] 众所周知，重罪谋杀规则将任何发生在犯罪实施期间的死亡都定为重罪，就好像这是一起故意杀人案。该研究及其结果对于目前的讨论是重要的，因为这是对明确为了产生威慑作用而制

---

[97] 参见 Levitt 著:《青少年犯罪与惩罚》（Juvenile Crime and Punishment），见注释 22，第 1159 页。

[98] Terry M. Williams 著:《可卡因孩子:青少年毒品圈的内部故事》（The Cocaine Kids: The Inside Story of a Teenage Drug Ring）19（1989）。

[99] Anup Malani 著:《重罪谋杀规则具有威慑力吗？来自联邦调查局犯罪数据库的证据》（Does the Felony Murder Rule Deter? Evidence from the FBI Crime Data）（未发表手稿）。

定的原则所进行的一个测试。

以威慑为基础的重罪谋杀规则的合理性是双重的。第一，该规则引导犯人在实施犯罪期间更加小心，他们可能会做出计划以防意外，如银行保安会开枪扫射，而杀死无辜的人。这种考虑会使犯罪人不带枪去犯罪现场以免被判重罪谋杀罪。第二，该规则使敏感的犯罪人意识到犯罪是具有内在的偶然性的、是不可预测的可怕过程，在这个过程中，“什么事情都可能发生”，而且这些事情都不是犯罪人所能控制的。意识到这一点，敏感的犯罪人就不会倾向于首选实施这类犯罪了。

该研究的结果颇令人吃惊并说明了这种威慑作用的复杂性。作者的评论是：“重罪谋杀规则不是单纯地减少了抢劫，它虽然减少了不导致死亡的抢劫，但却增加了导致死亡的抢劫。总之，它增加了抢劫中的死亡率。”[100] 一旦涉及重罪谋杀规则的作用，当第一重罪是强奸时，“统计表明，该规则使强奸犯罪减少了0.21%，但是增加了强奸犯罪中0.37%的平均死亡数量”。整体作用是增加了0.15%～0.16%的因强奸犯罪而死亡的总数，[101] 人们只能思索是什么导致了这些复杂的结果（即当重罪谋杀法生效的时候，很明显，那些实施抢劫或强奸的人更有可能导致受害者死亡），也许那些知道重罪谋杀规则却又实施了该犯罪行为的犯罪人，就是作出这样的判断，认为去冒险实施致人死亡的行为是值得的。

最后，该研究提出，重罪谋杀规则确实对行为有影响。另外，对于将刑法制定建立在威慑分析之上的整体功效，如研究中

---

[100] 同上注释，第22页。

[101] Anup Malani 著：《重罪谋杀规则具有威慑力吗？来自联邦调查局犯罪数据库的证据》，第35页。

所报告的，行为变化作为整体中的一部分，情况几乎是不乐观的。这确实是真实的情况，因为有些影响不像法律制定者计划的那样，它似乎是增加了社会损害而不是减少了社会损害。该研究结果也证明了另一个充分理由，即不依赖刑法规则制定中的威慑分析的理由：威慑动态的复杂性和缺乏有关需要准确推测作用的那些因素的信息。在下一章中对这个问题有更多的论述。该研究看起来是要反对通过制定重罪谋杀规则来影响犯罪率的观点。

总之，人们发现，威慑的组合作用研究没有证明其有能力降低犯罪率，从而使贯穿刑法规则制定的威慑定位合理化。大部分体现“威慑作用”的研究都不是以刑法规则制定来体现其作用的，而是靠改变警察实务和增加逮捕的肯定性宣传。在对行为的作用确实来自刑法制定的情况下，这也是不可预测的，而且在数量上是微不足道的。

第三节 增强威慑作用的可能性和不可能性

刑法规则的调整一般不能在实质上增加威慑。但是，也许现有条件可以被改变，以使原则调整能够提高威慑。本节将阐述如何提高威慑作用，并更深入地讨论原则调整实际上所起到的威慑作用的情况。本节的目标是把威慑作为分配原则从更加现实的角度来进行阐述，供刑法制定者在依赖威慑统计之前作为检验标准使用。结论是，由于改革要求要有所牺牲，尽管很多改革是没有吸引力的或者是违宪的，但确实存在着为提高威慑作用而进行改革的可能性。在受欢迎的改革中，人们可以增加原则的调整以使其能够具有威慑作用，但是这种条件依然是例外而不是规则。

一、保证目的观众直接或间接地了解用来影响其行为的规则

第一节指出，大部分人都不懂法律，甚至有着特殊动机想了解法律的职业犯罪人也不懂法律，即使当人们认为他们懂法的时候，他们常常也是错误的。潜在的犯罪人基本上不读有关法律的书，而且他们通过道听途说或阅读某些案子来了解法律的能力是有限的，因为在案件量刑中起作用的法律规则只是很多变量中的一个，常常是许多规则相互作用产生了案件的结果。要推测所运用的那些隐藏在所有其他变量的作用之中的责任规则，就需要更大数量的案件，以及一个能进行复杂计算的大脑。

但是，在有些情况中，刑法规则可以为人所知，并将会为人所知，而且有些方法会使人们更多地了解这些刑法规则。单纯的禁止本身是最容易传达的规则，部分原因是其作用是显著的。警察要么认为他们可以对这种行为实施逮捕，要么认为不可以实施逮捕。目的人群会知道警察的决定，禁止或撤销禁止越是受到关注，其传播面就越广。如果立法机关把周末抢劫便利店改判为无罪，这很快就会被报道出去（并且可能会使抢劫案件快速增加）。即使这样，那些简单的规定法律命令的规则，还是常常不为人所知。在严重的危险中，在危险不会危及自己的情况下，没有去帮助一个陌生人，这个人是否有罪？如果你偶然捡到一件丢失的珍贵物品而没有试着去寻找失主，你有罪吗？大部分人只是（常常是错误地）猜测这些刑法命令（在每一起案件中，答案是：这要看当事人在哪个司法管辖区）。

有这样一种情况，威慑的必要知识可以在潜在犯罪的时间和地点传达给潜在犯罪人，如证人席上的证人被提醒如果做假证就会受到惩罚；因诱奸被逮捕后，犯罪人被告知对该罪可以进行“婚姻辩护”；重罪犯受到路标的提示，他有特殊义务去司法管

辖区进行登记；拐卖人口者被告知，如果他把受害人活着放走，会获得较轻的刑罚。但是一般情况下都没有机会进行这些特殊教育，即使有机会，政府也不会去利用它们。

人们可以想象，高中学生通常被要求通过法律知识考试才能毕业，这很像在得到驾驶证之前必须要通过交通规则考试。让毕业生了解与家庭暴力有关的严重惩罚、构成刑事骚扰的行为以及未经同意而录制对方电话通话内容是犯罪等知识对他们是有用的（实际上，恰恰相反，政府倾向于依赖“不知法或误解法不是借口”的准则，不现实地把全部教育责任推给每一个人）。

人们也可以想象，用“简单的语言起草”技术来撰写刑法典的现实情况是，连律师都要进行了研究才能明白其中的大量专业术语。同样，通过使规则保持简单，可以使人们了解和遵守规则。能够把规则缩短成一个口号进行广泛宣传可能会有帮助，如“使用枪，必坐牢”。相反，标准的现代刑法典的复杂自卫规则看起来非常愚蠢。认为一个人能够了解这些复杂的规则并且在遭受袭击的压力并遵守该规则的想法是不现实的。但是人们可以归纳出反映基本原则的规则，防御武力规则可能读起来更容易。“为了保护自己不受非法攻击，你只能用必要的武力和与所受威胁相适应的武力。”[102]

如果规则主要适用于那些能够受到特殊训练的人，也许能够增加规则的复杂性，如规范警察行为和公职人员的行为的规则。

---

[102] 《伊利诺伊州刑法典重新起草和改革委员会的最后报告》（Final Report of the Illinois Criminal Code Rewrite and Reform Commission）at §416（2003），见 http://www.law.upenn.edu/fac/phrobins/illinois/. 第416节　人的辩护 <NL>（1）当应对进攻者用不正当武力而立即用武力来保护自己或他人时，该用武力应对进攻者的行为是正当的。（2）定义：“不正当”行为是满足犯罪的客观要件并通过本条不能证明是正当的行为。</NL>

这样，法典会作出详细的规则来规范警察逮捕，[103] 详细地规定、规范公职人员施加政治影响的能力[104]，甚至详细地规定、规范医生进行堕胎工作。[105] 这对任何有能力的、需要提醒自己进行自我教育的目标群体都一样，如规范公司高级职员的行为或持有特殊执照的人的规则。

最后是关于普遍适用的刑法规则。第一节指出，当人们很少了解“法律”时，他们一般认为刑法就是他们所期待的那样。他们用自己的正义直觉和以自己对什么是有害的或错误的看法为基础进行评估，来推测刑法的有关规定。这说明刑法可以保证对其命令有更多的了解，如果规则与公众的想法一致，就不需要对他们进行特殊教育了（相反，去遵守那些看上去与不懂法律的人的期待不一致的规则是困难的。例如，如果窃贼盗窃行为是出于错误地主张权利，禁止使用必要的武力去从窃贼那里夺回财产的规则；[106]禁止反抗非法逮捕的规则；[107] 如果可以退让，禁止使用必要的致命武力进行自卫的规则。[108] 在法律与不懂法律的人的直觉之间相互矛盾的情况下，就需要进行特殊教育）。

---

[103] 《示范刑法典》 §3.07 comment 122（1985）。

[104] 《示范刑法典》 §240.7 comment 85（1980）。

[105] 《示范刑法典》 §230.3 comment 429（1980）。

[106] 《示范刑法典》 §3.06 comment 74（1985）。另参见 Paul H. Robinson 和 John M. Darley 著：《公正、责任与谴责：公众意见和刑法》（Justice, Liability & Blame: Community Views and Criminal Law）68 - 69（1995）（实证研究表明有关财产保护中使用武力方面，在法律规则和非专业人士直觉之间存在着差异）。

[107] 《示范刑法典》 §3.04 comment 42 - 43（1985）；§3.09 comment 148（1985）。

[108] 参见《示范刑法典》 §3.04 comment 54（1985）。另参见 Robinson 和 Darley 著：《公正、责任与谴责》（Justice, Liability & Blame），见注释106，第56～57页，第64页（实证研究表明有关在自卫中使用致命武力方面，法律规则和非专业人士直觉有差异）。

二、保证目的观众意识到暴力所需要的富有意义的纯成本

第一节提出了三个方面的困难：对潜在的犯罪人设定有意义的刑罚率；避免延迟刑罚而严重削弱威慑作用；确定和调整所施加的刑罚量，即有些威慑的全部必要条件。尽管改进的潜力是微弱的，但改革还是可以通过改进该体系的能力去设置和调整刑罚威胁。

（一）可能性。实证性研究看起来也持这个观点，即增加刑罚的可能性比增加严厉程度会创造更多的机会增加威慑。[109] 尽管以前提出，意识到刑罚的可能性是多么小，[110] 这是实际比率非常低的结果，该结果又因人类对未来事件大打折扣的倾向更加恶化，但确立某种有意义的刑罚机会的基础期待对于任何威慑作用都是必要的条件。量刑的自由裁量权构成了刑罚的不确定性，同样在刑事司法体系中的其他很多参与人的自由裁量权的行使常常可以使犯罪人逃脱刑罚或受到轻于其罪的惩罚。这种不确定性很容易滋生逃避惩罚的希望。

对于增加所意识到的惩罚可能性似乎是有限制的。增加刑罚的确定性就要求提高破获率（即犯罪人因某罪而被逮捕的比率）和定罪率（最重要的可能是第一个，即破获率，因为破获率最能反映犯罪人逃脱刑罚的“漏网情况”[111]）。这种增加还要求法律

---

[109] Jeffrey Grogger 著:《确定性与惩罚程度》(Certainty v. Severity of Punishment), 24 Econ. Inquiry 297 (1991); Ann Dryden Witte 著:《用单个数据计算犯罪的经济模型》(Estimating the Economic Model of Crime with Individual Data), 94 Q. J. of Econ. 57 (1980)。

[110] 见第三章注释42。

[111] Paul H. Robinson 和 John M. Darley 著:《惩罚的效用》(Utility of Desert), 91 Nw. U. L. Rev. Table 1, col. (c) (1997)（只有 8.1% 的入室盗窃，14.4% 的强奸，和 7.8% 的人身侵犯导致逮捕）。

执行和刑事司法方面的大量投入，市民要忍受法律执行中的侵扰的增加，以及刑事审判中的程序保障的减少。现实情况是，大部分人认为，他们缴纳了太多的税，[112] 对于侦查侵扰和审判程序的限制一般是基于宪法而作出的，因此不能由立法行为来改变。假定人民愿意忍受高税收、更多的政府侵扰以及几乎没有程序保障，无疑，在这种极端情况下，还是有改革空间的，但是要使目前极差的破获率产生重大的改变看起来是不太可能的。

即使人们愿意做出改革所要求的牺牲，进行这种改革的另一个因素是改革对刑事司法体系程序公平信誉的影响，像道德可靠性的信誉一样，具有犯罪控制的含义。一个被视为程序上不公平的体系不会赢得被告人、证人、陪审员和官员的默许或支持，从而使其具有合法性，并得以有效地运转。例如，通过降低现在所使用的证明标准，即“排除合理怀疑”，我们会有较高的定罪率。但是，如果我们这样做了，刑事定罪会保持目前的可信程度吗？

Tyler 对芝加哥居民进行了大量的调查，发现被调查者感觉，受到警察公平对待的程度预示着他们对法律权威的信心，更重要的是，预示着他们感到自己应该服从法律的义务的程度。[113] Tyler 和 Huo 在州法院国家中心（National Center for State Courts）调查报告中，对“法院关注人民的权利”这种问题的答复预示着被调查人对法院系统的评价及其服从法律的意愿。总之，人民“最

---

[112] 有些研究表明，为犯罪控制措施付出的意愿比以前报告的大。参见 Mark A. Cohen 著:《为犯罪控制措施付出的意愿》(Willingness - to - Pay for Crime Control Programs), 42 Crim. 89 (2004)。

[113] Tom Tyler 和 Yuen Huo 著：《对法律的信任：鼓励公众与警察和法院合作》(Trust in the Law: Encouraging Public Cooperation with the Police and Courts) 179 (2002)。

受影响的是，他们是否相信，警察和法院是尊重地、庄严地和公平地对待人民，而不是骚扰人民或粗暴地、不妥当地对待人民”。[114] 这里的关键是，刑事司法体系公平地、尊重地对待人民，该信誉是刑事司法体系有能力使市民自愿遵守法律的核心。刑事司法体系增加逮捕率，其“副产品”会导致对程序合法性认识方面的损失。

（二）延迟。本书第一节提出，犯法和刑罚之间的延迟可以在很大程度上降低威慑作用。即使刑罚是确定的，时间拖得越久，其威胁作用也就越小。另外，当实施惩罚时，惩罚记忆的强度会随着延迟的增加而大幅度减少，惩罚记忆是指记忆中的惩罚“力”，这种“力”是对未来犯罪的一种威胁。但是，随着改革可能性的增加，减少延迟就需要增加资源或改变程序规则，而这可能是违反宪法的，如果不这样，就需要人民做出牺牲，而这样会损害刑事司法体系在公平方面的信誉，甚至殃及其合法性。

（三）量。有关惩罚“量”的最大困难不在于确定惩罚力，而在于可靠地调整惩罚量，以使威慑发挥最大的作用。法律制定者认为，他们最能控制的是惩罚量这个要素，它是所意识到的纯成本的一个方面。立法机关（和法官）认为，仅仅通过调整监禁期就可以调整惩罚量。但是，本书第一节指出，这种刑期的调整没有达到法律制定者和法官所假定的惩罚量的变化程度。在决定被意识到的惩罚量中起作用的力量比事先所预想的要复杂得多。确实，增加刑期甚至可能会对所意识到的总惩罚力有相反的作用。

增加总惩罚力的有效手段可以是增加惩罚经历的强度。但

---

[114] Tom Tyler 和 Yuen Huo 著：《对法律的信任：鼓励公众与警察和法院合作》，第 191 页。

是，美国的刑事司法体系，也许是任何自由民主国家的刑事司法体系，都几乎没有能力靠增加惩罚强度来超越目前的强度。早期有这种尝试，发明了不断增加痛苦的折磨和羞辱（“绞刑后取出内脏、绞刑、剖腹取出内脏、火烧、斩首、分尸”[115]）。但是，如今无论是政治意志还是公众都不会接受这样的折磨，也不会接受比目前的监禁更加痛苦的做法。有些人可以忍受监禁做苦力，但其中的某些细节是违反宪法所禁止的“残酷和非正常惩罚”[116]（在一起近期的案件中，法官试图把禁止看电视作为家庭拘留刑罚的一部分，这遭到了辩护律师的质疑，他建议第二巡回法院暂时停止这个电视禁令[117]）。

即使更加严厉的刑罚没有被定为违宪，它们也不会很有效。正如本书第八章所阐述的，一个刑事司法体系如果被视为是野蛮的或具有比例不当的刑罚，它就可能会丧失道德权威以及犯罪控制力。这里给出一个相关例子是使不名誉，使不名誉可以非常有效地影响行为并且无须监禁所需要的资金成本，但是它所依赖的刑事司法体系是一个有信誉的刑事司法体系，该刑事司法体系所作出的刑事责任判决不违背社会共有的正义直觉。在威慑分析中处于中心地位的因素是责任和刑罚，而这些因素与道德可谴责性无关，如果分配痛苦的或比例不当的刑罚或责任是建立在这些因素之上的，那么这个刑事司法体系就会很快丧失其道德可靠性。

---

[115] Fredrick Pollock 和 Fredrick W. Maitland 著:《爱德华一世时代前的英国法律史》(The History of English Law Before the Time of Edward I)501 (1898)。

[116] Wayne R. LaFave 著:《实体刑法》(Substantive Criminal Law) §3.5, 240 - 253 (2nd ed. 2003)（评论宪法对惩罚模式的限制）。

[117] Benjamin Weiser 著:《黄金时段和刑罚》(Prime Time and Punishment),《纽约时报》March 7, 2002, at A24, col. 1. 被告人最后获胜是否说明“不同”惩罚详细审查的程度，第二巡回法院会批准缓刑。

增加威胁惩罚力的最好的办法是，采用对监狱条件进行微调而引起痛苦（与人的尊严相一致，如社会道德感要求），是在更加有尊严、更短但更痛苦的一个阶段进行，或采用非监禁的其他办法，这些办法的优点是费用较低。例如，如果监狱生活的不可预见性是令人讨厌的，那么故意增加不确定性同时缩短监禁期是可能做到的。对于不那么严重的犯罪，已经有一些办法可以替代监禁刑，人们所理解的惩罚力会和短期监禁的惩罚力相同。[118] 这意味着有可能设立一个混合的、程度适当的刑罚（例如，混合家庭拘禁、高强度社区服务、周末监禁和罚金）。另外，也可能对犯罪人进行不同的刑罚，这样可以保持其痛苦感。从道德上讲，这是有风险的，人们试图不增加客观的刑罚消极性，而要增加意识到的刑罚消极性。

有关量刑的威慑限制的最后一点，特别是监禁刑，以上所述的有关内容大部分都集中在设立犯罪级别及其量刑结果的立法行为之上。即使立法机关发现了一套最有威慑效率的刑罚规则并将之写入刑法典，这种规则也不一定会使以威慑为基础的体系所要求的惩罚量按预期得到调整。通常情况下是法官而不是立法者进行量刑，如果美国的法官享有传统上的广泛的量刑自由裁量权，那么就是司法自由裁量权决定威慑作用，而不是立法政策决定威慑作用。

---

[118] George Gescheider, Edgar Catlin 和 Anne Fontana 著:《所判犯罪严重性和惩罚严厉性的心理测量》(Psychophysical Measurement of the Judged Seriousness of Crimes and Severity of Punishments), 19 Bulletin of the Psychonomic Society 275 - 278 (1982); Robert Harlow, John M. Darley 和 Paul H. Robinson 著:《中级刑事惩罚的严厉性:获得公众理解的心理测量办法》(The Severity of Intermediate Penal Sanctions: Psychophysical Scaling Approach for Obtaining Community Perceptions), 11 Journal of Quantitative Criminology 71 - 95(1995)。

无疑，由于这个原因，在许多州，强制性的最低刑受到立法机关的欢迎。[119] 但是这种立法量刑也产生了危险，它使越来越多的人感受到非正义，就像以前一样，这会削弱刑法的道德权威。另外，强制性最低刑的一般替代做法，即司法裁量，可以在相似案件的量刑中产生不公平，这也可以产生前面提到的感觉到的不公正。社会期待无疑是刑罚应该取决于犯罪人的所作所为，而不应该取决于恰好审理该案件的法官。

司法自由裁量也是有麻烦的，因为不同法官之间存在着不一致，同一个法官审理不同的案件也存在不一致。例如，法官选出一起案件作为“示范”，依据威慑理由，这是合理的，该量刑可能与其他同样严重程度的案件不一样。以一个犯罪人为“例”的意义就在于要对这个犯罪人的量刑高于相似案件中犯罪人的量刑，以此来宣传威慑信息。但是这表明每次“制造范例”都会对刑事司法体系公平和统一的名誉造成风险。

另外，这样“制造范例”可以造成相反的结果。众所周知，犯罪人一般不会受到这种惩罚，这会告诉别人所公开的刑罚不是常规的刑罚，如果他们实施了犯罪，特别是如果后来可能被判刑，也许会遇到不同的法官对其进行量刑，这样所受到的惩罚就不是他们所期待的那种刑罚。所“制造的范例”越有新闻价值，传播越广泛，量刑就被理解得越不寻常、越不符合规则。而比较有效的威慑办法是去宣传量刑是多么的一致。当然，在当今司法量刑自由裁量程度很高的情况下，这很难做到。

为了弥补法官之间的不一致，一般做法是在公开量刑后，由

---

[119] Gary Lowenthal 著：《强制量刑法：破坏确定的量刑改革效果》(Mandatory Sentencing Laws: Undermining the Effectiveness of Determinate Sentencing Reform), 81 Calif. L. Rev. 61, 61 - 63 (1993)。

集中的权威机构，如州假释委员会，作出有关实际刑期的决定。但是这个方法也有其自身的问题，最重要的是，审判后公开宣布的量刑事实上不代表实际的惩罚。在这样的体系中，实际的量刑会被认为，特别是被那些熟悉该体系运转的人理解为比官方宣布的量刑要轻得多，并且所宣布的量刑的减轻程度可以非常大。在某些司法管辖区，包括联邦系统，直到量刑改革法案颁布之前，多年的监禁量刑意味着犯罪人实际上可以马上得到释放。[120] 当人们知道了这个事实之后，该体系刑罚威胁的可靠性已经被毁掉，这并不令人感到吃惊。另外，一旦有问题，公众就会有疑问:“如果刑事司法体系在这个问题上误导我们，在其他问题上是否也会同样误导我们?”对于进行可靠的刑罚威胁，这不是良好的条件，该条件减弱了旨在通过公开宣布量刑所产生的威慑性威胁，同时也决定了削弱刑事司法体系道德权威的这种不一致性和不公正性。

也许，改进刑罚威慑可靠性的最好办法是进行改革，如规范量刑的量刑指南[121]和“量刑确定性”（truth in sentencing）的改

---

[120] 在1984年量刑改革法颁布之前的联邦体系中，任何犯罪人都有资格被立即释放，除非量刑法官明确规定假释不批准期限，即使规定了，也不能超过公开宣判的1/3。“法院所规定的超过一年的监禁期限常常与犯罪人将来在监狱的时间没有关系。如果犯罪人没有良好表现，如果假释委员会没有在刑罚期限到来之前设置释放日，所宣布的时间仅代表犯罪人可能在监狱的最长期限。” Sen. Rpt. 98 - 255，第40页，第48页(Aug. 4，1983)。

[121] 联邦法院的量刑特点是，一致性不能保证以及犯罪人服刑期的不确定性。缺乏合理的量刑一致性在很大程度上是因为缺乏综合的《联邦量刑法》。…… 这种不一致性对犯罪人和公众都是不公平的。同上注释，第49页。

革，这要求犯罪人服完全部或大部分刑期。[⑫]

三、保证目标观众能够并愿意将惩罚威胁带入其行动决定中

第一节提出许多条件，如吸毒或饮酒、易冲动和低估后果的个性、社会影响，群体行动的唤起作用和群体成员注重群体利益而不是个人利益等，这些条件干扰了潜在犯罪人对自己利益的理性计算。不幸的是，这些条件在威慑目标群体中过高（对于那些人，犯罪行为没有被他们自己内部的规范、他们的家庭和伙伴所排除）。这对于有效的威慑是不祥的预兆，因为它排除了至少缩小了规则的威慑作用，即使规则是大家知道的并且得到作为被理解的有意义的惩罚威慑的支持。

潜在犯罪人理性计算自我利益的能力能够得到提高吗？针对有关矫治与康复效果的现代怀疑态度，目前的观点显示出一个引人注意的改变。尽管把犯人“改造”成为好市民的想法是不现实的，但是较为现实的想法是，行为科学可以发现某种途径，使潜在的犯罪人在应对所意识到的惩罚威胁时更多理性地考虑自己的利益。尽管目前的矫治技术不能使潜在的犯罪人成为好人，但是却能够提高人们对威慑的敏感性。

对于这种矫治，有严格的限制。Kleiman 曾提出了一些条件，在这些条件下，进行监控可能会在禁止使用毒品和酒精方面

⑫ 例如，联邦系统现在要求犯罪人要服满所科刑期的85%，就是说，因服刑期间表现好只能减15%的刑期。“根据法案，法官所科刑期将是实际所服刑期。因囚犯遵守有关规定，每年年底会对超过一年的刑期进行调整，可调整期限为36天。……因犯、公众和矫正官会永远能够确定地知道监禁期会多长，以及引发纪律问题的后果是什么。”同上注释，第56页。

取得成功。[123] 但是，无论是在选择要使用的方法方面，还是在选择所适用的犯罪人方面，这里提出的焦点转向了如何提高人们理性地计算自我利益的能力方面，焦点的改变可以更好地利用使用这种方法产生的效果。

提高矫治效果的建议包括提高监督水平。对于那些酒后开车的人每天进行呼吸检查，对那些吸毒的人每天进行尿液检查，至少会查出那些明知犯了错误要受惩罚，却因缺乏“意志力”而不能阻止自己犯错误的人。对于那些在接受检测的情况下继续犯错误的人，需要采取加大限制自由的矫治方法，使他们在毒品或酒精的影响下不能实施犯罪。可以想象，这些高频率监控方法的费用是昂贵的，但有必要把这些费用与监禁犯罪人的费用进行比较。另外，可以通过统计和电子监控的手段降低该费用。可以把呼吸分析器配置在汽车点火装置上，这样一旦喝了酒，人们就不能开车了。可以对吸毒者抽样进行监控，如可以用能测出违禁毒品的电子方式对吸毒者进行血液检验。如果这些方法失败，就可以通过电子方式实施每天分时段的“软禁”，这可以使犯罪人能够在被限制进行需矫治活动时继续工作。这些显然是具有侵犯性的程序，虽然侵犯了人身自由和人的尊严，但与其他措施相比，如监禁的侵犯程度要低。

清除理性选择障碍的最后一个问题。对于不需要做持续计划的犯罪来说，看起来不需要理性决定，实际情况是这样的，因为能做计划的人也能够计算出自己的利益，做计划的时间越长，自身利益对冲动或其他非理性力量的干扰就更大。这说明，如果对

---

[123] Mark Kleiman 著:《强制节制：新家长式统治毒品政策的开端》(Coerced Abstinence: A Neopaternalist Drug Policy Initiative),《新家长式统治：对贫困的监督办法》(The New Paternalism: Supervisory Approaches to Poverty) 182 (Lawrence Mead, ed. 1997)。

改造措施进行修改，以加强对潜在犯罪人自身利益的计算，这种矫治的主要对象不再是白领犯人（白领犯人是过去矫治措施的主要改造对象）而应该是机能失调的、冲动的犯罪人。

四、结论

人们一直争论的话题是，如果规则的制定对决定是否实施犯罪的影响很小，那么用制定刑法责任和刑罚规则的标准做法来优化威慑作用是站不住脚的。潜在的犯罪人无论是直接还是间接地一般对法律规则都不了解，甚至对那些专门为影响行为而制定的规则也不了解。如果潜在的犯罪人了解法律规则，为了自己的利益，他们一般不会也不愿意用这方面的知识去引导其行为。这方面的失败的原因是源于各种社会的、客观情况的或麻醉品的影响。即使潜在的犯罪人了解这些法律规则并且能够运用这些信息来做决定，他们对成本和利益所作出的结论往往是违法而不是守法的。也许是因为他们所意识到的惩罚可能性太小，也许是因为惩罚过于遥远而打了折扣，也许是其他各种原因。在这种情况下，即使惩罚确实是一种力，但这个力也会被大打折扣，因为惩罚发生在遥远的将来。即使打了折扣，惩罚力对于他们来讲依然是痛苦的，但是如果忍受痛苦的可能性被视为小事，那么惩罚力就不具有威慑作用了（人群中的扒手说明了这一点[124]）。

缺乏任何一个威慑的前提条件对于威慑作用都是致命的，威慑的前提条件是：了解法律规则、愿意并能够用这样的信息去指导行为以及所意识到的惩罚威胁超过了犯罪的利益。对于一个在愤怒中、在群体的压力下或毒品作用下被抓获的人进行威慑，即使著名规则的惩罚威胁超过犯罪利益，它也是无效的。尽管惩罚

[124] 参见 V. A. C. Gatrell 著:《悬挂的树》(The Hanging Tree)第 59 ~60 页(1994)。

的可能性很小，但是一个害怕任何惩罚的理性统计者，无论如何也不会受到他所不知道的规则的威慑。如果被抓获的可能性看起来很小，那么尽管一个理性的统计者了解规则并且意识到惩罚会发生，他也不会受到威慑。即使这三个障碍中的每一个对法律行为的影响都不是致命的，但是它们的集聚作用通常是致命的。

尽管由于需要有牺牲，许多改革是没有吸引力的或是违反宪法的，但改革确实可以提高威慑作用。在那些受欢迎的改革中，可以增加有威慑作用的原则控制，但是这种条件依然是例外而不是规则。

如果在极其罕见的情况下，威慑的前提条件出现或者具有不容忽视的作用时，普遍地使用威慑分析来制定刑法原则看起来是具有误导性的。至少，在表明威慑前提条件实际出现之后，在刑法辩论中，才应该对威慑分析予以考虑。

下一章说明，即使威慑作用的前提条件确实存在，也可能有充分的理由不依赖威慑分配原则。

第四章　作为分配原则的威慑

第三章的结论是有理由对刑法的威慑作用持怀疑态度，即怀疑通过制定刑法规则和制裁来威慑犯罪的能力。这对于本章的基本问题意味着什么？威慑应该用作刑事责任和刑罚的分配原则吗？显然，可以作出的结论是，不应该把威慑用作分配原则，除非有理由认为威慑作用的三个前提条件确实存在。当然，第一节在以下阐述中认为，威慑是个标准，如果不是标准，就是制定刑法规则的现代分析方法。一般来说是通过制定规则来优化威慑，其假设是规则总是会有作用的。

即使有些人所作出的结论认为，第三章中的分析是没有说服力的，但仍然有充分的理由对其认真关注。第二节对于使用威慑作为分配原则的怀疑提出争论，尽管威慑作用的三个前提条件一般都会得到满足。[125]

首先，使威慑不能作为分配原则的问题是得不到威慑所需要的信息，而且在未来的任何时候都不可能获得所需要的信息。如果以缺失的或不可靠的数据为基础，根据威慑分析来制定刑法规则会导致错误的结果。实际上，信息不足的分析可以产生刑法规则，但该规则不仅不能增加威慑的可能性，而且反而会减少了这种可能性。在这种信息缺失的情况下，遵守至少可以达到目标的

---

[125] 本章的大部分内容摘自 Paul H. Robinson 和 John M. Darley 著:《形成刑法规则中威慑的作用：在发挥最佳作用时效果最差》(The Role of Deterrence in the Formulation of Criminal Law Rules: At Its Worst When Doing Its Best), 91 Georgetown Law Journal 949 (2003)。

分配原则是有道理的。

即使能获得充分的完美的信息，动态的威慑比预想的还是要复杂得多。威慑过程涉及复杂的互动，这使得威慑的预测相当困难。威慑过程是动态的而非静止的，即使一个刑法规则的制定如人们所希望的那样增加了威慑作用，其作用本身也能改变目前的条件，而因此改变对威慑的统计。

其次，任何刑事责任和刑罚的分配原则都将产生某种威慑作用。相对于互竞分配中所固有的达到其他目的的分配，如实现正义，只有当以威慑为基础的分配可以提供更为有效的威慑作用，以威慑为基础的分配才是有意义的。这意味着，只有当威慑偏离另一个分配，威慑才可以比另一个分配，如应得惩罚分配，做得更好。

但是，就是在这些偏离惩罚的情况下，获得威慑作用是极其困难的。人们以为法律应该是他们所想象的样子，他们对法律的设想是根据他们对正义的集体看法作出的（这个问题将在第七章讨论，实证性研究表明人们的正义直觉是建立在他们对应得惩罚的评估之上，而不是建立在其他原则之上）。这样，让人们了解以威慑为基础的规则，这个威慑的前提条件就变成了一项艰巨的任务：只有通过偏离应得惩罚，威慑才能做得比应得惩罚更好，但是当威慑真正偏离应得惩罚时，人们又不可能了解以威慑为基础的规则。另外，就是在这些偏离应得惩罚的情况中，该体系中以威慑为基础的规则是最不可能被遵守的，因为人们是根据正义而不是威慑来通过直觉评估刑事责任和刑罚的，警察、检察官、司法自由裁量以及陪审团的取消可以破坏以威慑为基础的偏离规则的运用，这样，会使威慑计划遭到破坏并使威慑信息变得混乱。

最后，为了便于讨论，不考虑偏离问题，假设以威慑为基础的分配比以应得惩罚为基础的分配产生了更大的威慑作用，就有理由担心以威慑为基础的分配同时产生犯罪，因为威慑与社会所共有的正义直觉的偏离可以削弱刑法的道德可靠性，也减少了其作为道德权威的犯罪控制力，正如第八章所提出的，这种动态有很大的犯罪基因作用。这样，即使以威慑为基础的分配确实比以正义为基础的分配产生了更大的威慑作用，但是那个更大的威慑作用也会被其更大的犯罪基因作用抵消，该犯罪基因作用会削弱刑法的道德权威。

第一节　传统假设：刑法原则的制定会影响行为

第三章中所提出的有限威慑作用的观点与过去的 40 年刑法制定者所依赖的主要观点截然相反，过去主要依赖刑法规则制定中的威慑分析，其假设是威慑永远起作用并且与刑法原则的每一个方面都相关。有些评论者说威慑是刑法的“主要目的”[126] 或“核心目的”[127]。《示范刑法典》的起草者把使丧失犯罪能力和应得惩罚仅视为“辅助性内容”，[128] 如下文中所阐明的，刑法典评论、法院意见、立法历史和量刑听审记录都用充满了威慑的语言来证明每一个刑法规则和实践都是合法的。

---

[126] Glanville Williams 著：《刑法：一般作用》（Criminal Law: The General Part）§191 at 601（2nd ed., 1961）；Wayne R. LaFave 和 Austin W. Scott, Jr. 著：《实体刑法》（Substantive Criminal Law）§2.1 n.88（1986）。

[127] Warren v. U.S. Parole Commission, 659 F.2d 183, 188（D.C. Cir. 1981）.

[128] 《示范刑法典》§1.02 comment 14（1985）中的阐述是：“辅助主题是把那些实施犯罪的人置于公众控制之下来阻止对没有过错行为的谴责。”

一、为了威慑而设计的原则

（一）禁止。[129] 在形成刑法的禁止规定中最常使用的是威慑概念。这些威慑概念被用于制定责任原则来决定谁应该承担刑事责任：支持使用公司企业的责任、反对使用公司企业的责任、支持公司高级职员对董事会或高级管理层的有限责任、支持使用代理人责任、反对使用代理人责任以及支持私家侦探和同谋中的“共同谋划”规则。

在制定不完整罪责任规则中，威慑也被用作指导性概念：支持对未遂罪的接近测试，支持对未遂罪的“关键步骤”测试，支持在犯罪人成功地避免犯罪情况下，限制犯罪中止辩护、反对为不完整罪的责任做不能犯辩护。在《示范刑法典》起草者对未遂罪进行犯罪中止辩护所提出的合理化理由中，可以看到一个以威慑为基础进行分析的例子，它很好地说明了起草者是如何想象他们所采纳的规则将会影响人们作决定。

“辩方向行为人提供了其停止犯罪计划的动机，进而降低了实施实体犯罪的风险。当这种鼓励在实施犯罪的各个阶段中都被提出时，其意义变得最大，因为行为人接近其犯罪目标时，犯罪将被完成的风险也相应变大。……由于在企图犯罪的最后阶段，鼓励停止犯罪是重要的，即使是在最后，接近犯罪的行为已经出现，但在犯罪结果还是可以避免的情况下，可以做这种辩护，如导火线已经被点燃，但还是可以被熄灭的。如果行为人已经在感情上认为他没有力量停止，那么企图就完成了，就不能被放

---

[129] 对于特别权威，参见《威慑的作用》（Role of Deterrence），见注释125，第957～958页。

弃了。"[130]

研究在证明针对诱导和同谋的责任规则是合理的时候，也发现了类似的行为控制理由。[131]

要证明决定不将某行为定为犯罪是合理的，取决于类似的行为控制理由。经常采纳的观点是，作为威慑，惩罚是无效的或者是不必要的。例如，用威慑概念解释自杀的无罪化、帮助自杀、没有偿还有效债务、自己堕胎、准备家庭制造的堕胎药物或器械，以及把"临时偷开他人汽车"罪限制为那些实际开车人或帮助开车的人（这样，排除了乘客）。

（二）可谴责性的要求、减轻和辩护。法律制定者的观点是，原则的制定可以提高或保持威慑作用，该观点也出现在制定可谴责性的要求、减轻惩罚和辩护规则之中。例如，在 United States v. Park[132]一案中，Park 是 Acme Markets 公司的总裁，这是一家全国零售食品连锁公司，大约有 36000 名雇员、874 个零售店、12 个普通库房、4 个特殊库房。即使没有迹象表明 Park 在这起违法事件中是有过失的，但由于在位于马里兰州巴尔的摩有一个该公司的库房，里面存放着食品，所存放的食品有可能被啮齿动物污染，因此这家公司被认定为违反了联邦食品、药品和化

---

[130] 《示范刑法典》§5.01 comment 359 - 360（1985）（进一步强调）。

[131] 《示范刑法典》§5.02 comment 366（1985）;《示范刑法典》§5.03 comment 458（1985）。

[132] 421 U.S.658（1975）.

妆品法案，应负刑事责任。[133] 这种严格责任要以威慑为理由进行辩护：

"一个从事特定行为的人应该更加小心，因为他知道这种行为是受严格责任法所规范的……特定的结果会导致特定刑事制裁会使从事这个行为的人更加谨慎。"[134]

另一个例子发生在著名的案件 Regina v. Dudley and Stephens[135] 之中。在该案件中，被告人在一条海上漂浮的船上，在他们很快就会被饿死的情形下，他们杀死了一个濒临死亡的船舱服务员并喝了他的血，这个行为使得他们的生命一直维持到被营救。之后，他们被定为谋杀罪并判处死刑。法院驳回了他们的紧急避险的主张，因为法院担心承认这种辩护会削弱刑法的禁止性规定，特别是在刑法的威慑性威胁处于最强状态的时刻。

---

[133] Park 在被告知侵害之后没有采取足够的救济措施是应该受到谴责的，他命令进行清除，但是该命令是发给那个使事情发生的人。但是，有人争论道，政府本可以陈述 Park 的过失，不清楚他们是否可以，关键是 Park 的观点承认要求这种陈述的法律，并且承认刑事责任，即使没有做这种陈述是显而易见的，被告人的行为是完全合理的。参见 Norm Abrams 著：《因加重责任犯罪公司高级职员的刑事责任——对 Dotterweich and Park 的评论》(Criminal Liability of Corporate Officers for Strict Liability Offenses—A Comment on Dotterweich and Park), 28 U. C. L. A. L. Rev. 463, 476 - 477 (1981)。

[134] Richard A. Wasserstrom 著：《刑法中的加重责任》(Strict Liability in the Criminal Law), 12 Stan. L. Rev. 731, 736 (1960)。他也指出，威慑作用可能是使人们受到威慑而根本不去从事加重责任的活动，如果他们担心他们不可能避免所禁止的损害。"加重责任犯罪的出现具有进一步的作用使比较大的一批人不从事某种行为"。同上注释，第 737 页。

[135] 14 Q. B. D. 273 (1884). 更多关于案件的细节，参见 Paul H. Robinson 著：《刑法案例研究》(Criminal Law Case Studies) 14 (2nd ed. 2002)；Brian Simpson 著：《同类相残和普通法：木樨草最后的悲剧航行故事和它所引发的奇怪的主要行为》(Cannibalism and the Common Law: The Story of the Tragic Last Voyage of the Mignonette and the Strange Leading Proceeding to Which it Gave Rise) (1984)。

“我们经常被迫设立我们自己都达不到的标准，确立我们自己都做不到的规则。但是，没有人有权宣布诱惑是免责的借口，尽管他本人可能有这样的想法，但也不允许其同情犯罪人，以任何形式改变或减弱对犯罪的法律界定。因此，我们的责任是宣布本案中的犯罪人的行为是故意谋杀。”[136]

在制定对过失进行的检测中，威慑概念的影响也很明显。许多司法管辖区继续使用纯客观的标准，反对判断一个人在没有意识到所禁止的风险时是否应该受到惩罚。因为他们担心个性化会削弱法律禁止的力量，而拒绝考虑正在等候处理的当事人的特殊能力，拒绝考虑该当事人是否有能力达到“有理性的人的标准”。

这样，在 State v. Williams[137] 一案中，一对夫妇没有让他们 17 个月大的孩子接受必要的治疗，使得孩子死于牙疼引起的并发症。这对没受过教育、智商有限的夫妇被法院认定为没有达到有理性的人的标准，法院裁决，“无论被告人是无知的、有良好意图的还是善意的，如果被告人的行为不符合有理性的谨慎的人的标准所要求行为”，[138] 该过失就足以构成过失杀人罪。依据纯客观的（未个性化的）过失标准是合理的观点，这与 Kudley and Stephens 所得出的结论一样：有必要保持一个清楚的行为标准。Holmes 的结论是，采纳威慑的理由是刑法的“直接目标和任务：

---

[136] 14 Q. B. D. at 288. 英国刑事法院后来把被告人的刑期减到 6 个月监禁。

[137] 4 Wn. App. 908, 484 P. 2d 1167 (Wash. App. 1971).

[138] 同上注释，第 913 页。同样，在 Edgmon v. State 一案中，702 P. 2d 643, 645 (Alaska App. 1985)，法院认为“特定个人的特殊之处，如其智力、经验和身体能力等，在决定刑事过失时是不相关的……因为该标准是合理谨慎的人”。

为了全社会的安全利益，为社会确定一个一般行为标准”。[139]

下面是有关威慑的讨论中所使用的几个例子：支持加重责任犯罪、反对严格责任犯罪、反对建立在过失之上的责任、支持用致命武器过失杀人和过失侵犯人身的责任、支持客观的（非个性化的）轻率的标准、支持纯客观的（非个性化的）激情谋杀减刑标准、反对个性化的情感障碍减刑、支持谋杀中的部分责任减刑、支持认可精神病辩护、不成熟辩护和胁迫辩护、支持错误的合理性要求作为免责理由辩护、非自愿行为辩护、时效和圈套辩护、反对认可一般合理的法律错误的免责理由和胁迫辩护。威慑争论也用于支持制定免责理由辩护，包括支持制定只承认认知机能失调的精神病辩护，并支持认可控制机能失调的精神病辩护。[140]

（三）等级的决定。[141] 原则的制定影响威慑作用，这一假设也反映在确定犯罪级别的理念之中。在著名的重罪谋杀罪规则中有一个例子，把所有或特定重罪中的纯粹过失杀人定为谋杀。该规则的传统理念认为，谋杀的严厉制裁所具有的威慑性威胁能够使重罪犯更加谨慎以避免过失伤害。

“如果经验显示，或法律制定者认为经验已经显示，以某种方式或事故所引起的意外死亡的发生常常与其他重罪相关，或者与警察对抗相关；如果以政策为理由，认为应该采取特别措施阻

---

[139] Commonwealth v. Pierce, 138 Mass. 165, 176 (1884). 另参见 Richard Singer 著：《犯罪意图的使用：2 ——自卫中诚实却不合理的事实错误》(The Resurgence of Mens Rea: Ⅱ—Honest But Unreasonable Mistake of Fact In Self Defense), 28 B. C. L. Rev. 459, 489 (1987)。

[140] 对于特殊权威，参见《威慑的作用》(Role of Deterrence), 见注释 125, 第961 ~963页。

[141] 对于特殊权威，参见《威慑的作用》(Role of Deterrence), 见注释125, 第964页。

止这类死亡，那么法律制定者一向会把在已知情况下的重罪行为视为具有足够的危险倾向，而置之于特殊禁止之中。因此，法律会让行为人所承担的危险，不仅限于他可以预见的后果，而且还要承担立法者所认识到的后果，尽管立法者所认识到的后果是不能被一般经验所预见的。”[142] 重罪谋杀罪规则被认为是对重罪，特别是对危险的重罪，提供额外威慑。[143]

另一个通过调整等级来提高威慑的例子存在于“三振出局”和其他有关惯犯法中。过去反复犯罪表明了未来的危险性，无疑，部分正当理由是使危险的犯罪人丧失犯罪能力。但是这种规定也需要以威慑为理由来证明其合理性。正如《联邦量刑指南》所解释的：“犯罪行为的一般威慑要求向社会发出的信息应该是清晰的，即重复犯罪行为会加重惩罚的需要。”[144] 实际上，在惯犯法的语境中，曾有观点认为“威慑是惩罚最有保障的基础”。[145]

---

[142] Oliver W. Holmes 著：《普通法》(The Common Law) 49 (1881)。

[143] “重罪谋杀规则的理性功能是对重罪提供更多的威慑，这从本质上或从当时处境，创造可预见的死亡风险”，State v. Goodseal, 220 Kan. 487, 492, 553 P. 2d 279, 285 (1976)。

[144] 《美国标准线规》(U. S. S. G.) ch. 4, pt. A, intro. Comment。

[145] 由于报复的规范是如此之不确定，也由于通过把一个犯罪人从一群犯罪人中隔离，关押只会使犯罪经历对于其他人更加有吸引力，这些人在犯罪行为和合法行为之间做平衡，并且他们正面临着减弱的犯罪“市场”竞争。U. S. v Jackson, 835 F. 2d 1195, 1197 (1987) [Posner, 巡回法院法官的附随意见引用了 Ehrlich 的著作，《论控制个人的有效性：改造、关押和威慑的经济分析》(On the Usefulness of Controlling Individuals: An Economic Analysis of Rehabilitation, Incapacitation and Deterrence)], 71 Am. Econ. Rev. 307 (1981)。

Rummel v. Estelle[146]一案说明了对这种威慑的依赖。30岁的Rummel常常小偷小摸或实施轻微诈骗。在一个炎热的夏天，Rummel提出要为一个酒吧修理空调，收费129.75美元，但实际上他却没有修理空调的打算。后来，他被抓获并被定为盗窃罪，根据当时的州法律，盗窃罪是重罪。在该州提交两个证明其以前所犯重罪的证据后，"三振出局"惯犯法认为Rummel应该受到无假释终身监禁的刑罚。美国联邦最高法院驳回了Rummel的上诉，联邦最高法院认为，该法律并没有违反宪法第八修正案所规定的禁止残酷和不正常刑罚。[147] Rummel的罪属轻微诈骗，似乎不应该受到无假释终身监禁的刑罚。实际上，无论他是否因以前的犯罪受到正式的制裁，把他全部的刑事犯罪加在一起，似乎也不应该承担如此严重的责任，至少以应得的惩罚为理由，结果不应该是这样的。但三振出局法却愿意以一般威慑的名义允许这种偏离正义的做法。用分级决定来使威慑作用最大化已经被用于支持各种犯罪级别的聚合，如根据受害人的类别（老人、年轻人或警察）或位置（学校），与无数其他提升惩罚的分级决定一起

[146] Rummel一案的详细情况，参见Rummel v. Estelle, 498 F. Supp. 793 (W. D. Tex. 1980)；Tom Nelson著:《Rummel获释并上诉》, San Antonio Express, Oct. 4, 1980, at 11C;《San Antonian获无期徒刑》, San Antonio Express, Apr. 13, 1973;《上诉法院支持对San Antonian作出的无期徒刑判决》, San Antonio Express, Jan. 13, 1979;《San Antonian经过八年的折磨最终获得自由》, San Antonio Express, Nov. 15, 1980;《法院审查苛刻的得克萨斯法: Billy Sol欺诈公司数百万》;《Rummel的欺诈额总共是229.11美元, Estes服刑10年 — Rummel获无期徒刑》, San Antonio Express, Sept. 9, 1979, at 14A。

[147] 参见Rummel v. Estelle, 445 U. S. 263 (1980)。

"发出信息"。[148]

（四）量刑决定。量刑法官、量刑指南的起草者、法典的起草者和上诉法官持有同样的观点，他们都认为他们的决定会在一定程度上影响威慑作用。以芝加哥一个犯罪率较高的社区中的非洲裔美国年轻人 DeSean McCarty 为例[149]，如果吸毒者 McCarty 为 Griffin 提供一些毒品，那么 Griffin 就主动把他女朋友的汽车"租"给 McCarty。他们进行了这个交易，可是 McCarty 并没有按

---

[148] 威慑争论被用于支持独立的抢劫罪（而不依赖盗窃罪和人身侵犯）；甚至是在没有显示过失或因果关系的情况下，支持把醉酒驾车杀人的级别定为过失杀人；反对将重罪杀人规则适用于重罪中的非重罪杀人；支持一级谋杀预先加重；否定仅因放弃而降低级别（倾向于完整的辩护）；支持把不完全责任的级别定得比实质性犯罪要低，并且支持为了支持一级重罪规则的例外而将实质性犯罪定为同一级别；支持把盗窃家畜的级别定得比盗窃其他相同价值或具有更高价值的物品要高，因为前者特别容易实施并且很难侦查；支持把无效同意（通过错误或欺骗）所进行性交的级别定得比暴力性交要低；支持把即使是数额很小的信用卡欺诈也至少定为轻罪；即使社会极端的道德公愤要求更高的级别，也支持把乱伦定得不高于三级重罪；支持给那些"在审判前主动将受害人活着释放并放在安全的地方"的拐卖人口者降低级别；支持把伪证罪的级别定得相对较低。特别权威，参见《威慑的作用》，见注释 125，第 965 ~967 页。

[149] 对于 McCarty 一案的详细描述，参见 C. Todd Inniss, Eve Brensike, Colette Routel 和 Markham 著:《公设辩护人办公室的公设辩护人 Frank Rago 所做的电话访谈》，(1999 年 2 月)；Sarah Karp 著:《母亲应对警察之死》(Mother Copes with Cop's Death)；《Markham 镇的警察被 Harvey 镇的警车撞死》(Markham Officer Struck by Harvey Police Car), Daily Southtown, Sept. 22, 1997；Karen Mellen 著:《放任:众多家庭要求判司机谋杀罪》(Reckless Abandon: Families Want Driver Charged with Murder), Chicago Tribune, Oct. 7, 1998；T. Shawn Taylor 著:《与警察追捕相关的警察逮捕不幸》(Cops Arrest Teen Linked to Officer's Fatal Chase)；《警察的追捕对象被认为是有责任的》(Police Want Subject Held Accountable), Chicago Tribune, Sept. 23, 1997；T. Shawn Taylor 著:《Markham 警察之死变成谋杀案》(Markham Cop's Death Becomes Murder Case)；《危险的警察追捕中的保释听证》(Bond Hearing Set in Fatal Police Chase), Chicago Tribune, Sept. 24, 1997；Paul H. Robinson 著:《刑法案例研究》(Criminal Law Case Studies)第 1 ~5 页 (2nd ed. 2002)。

约定的时间还车。几天之后，当警察的巡逻车经过时，McCarty正在车里坐着。因为不想在装有毒品的那辆偷来的车里被抓住，他就从车里出来，并且弃车而逃。一辆警车在追他的过程中，撞死了一个跑着追他的警察。根据伊利诺伊州重罪谋杀罪规则，McCarty因该警察的死亡被定罪，该规则规定在实施重罪过程中导致死亡应受到一级谋杀罪的惩罚。[150] 如前所述，重罪谋杀罪规则本身有着很强的威慑力量。McCarty案中的量刑法官也想通过行使其量刑裁量权来提高威慑作用。尽管法官可以降低规则的严厉程度，但还是判处McCarty 40年监禁，理由是法官需要"传递信息"，"确实需要通过量刑来威慑其他人不实施这样的犯罪"。[151] 这种威慑概念在量刑规则和量刑政策中很普遍。[152]

二、"威慑语言"与偏离正义

（一）"威慑语言"。广泛地使用威慑概念很可能被赋予了过多的含义，因为过多使用威慑概念作为正当理由，可能只是一种不经过思考而进行表达的形式，这已经成为现代刑法理论家和法律制定者用来表达自己思想的标准词汇。本来可以说："某行为

---

[150] 尽管重罪谋杀规则的适用限于"暴力"重罪，伊利诺伊州继续在适应该规则时广泛地对其进行诠释。Ill. Comp. Stat. §5/9－1(a)(3)；参见People v. Lowery, 687 N. E. 2d 973 (Ill. 1997)。

[151] McCarty著:《Cook县的巡回法院》(Circuit Court of Cook County), No. 97 CR 27339, Sentencing Transcript 00392:11 － 13 (Sept. 15, 1998)。

[152] 例如，这包括支持死刑的观点，反对死刑的观点，支持对于杀人的终身监禁囚犯自动科以死刑，支持醉酒驾车要坐牢，支持两倍于金钱所得的罚金的法定最高限度，支持将对后来犯罪强制性提高惩罚适用于第二次犯罪，支持对公司犯罪人科以较高的罚金，支持司法赋予的最低监禁期，支持对获得金钱罪进行罚款，指导在设置监禁刑期的长度时行使司法自由裁量权。具体情况参见《威慑的作用》(Role of Deterrence)，注释125，第968页。

是有害的或者是罪恶的”，因而应该受到刑事处罚，但是这种说法却常常被表述为：“某行为应该受到威慑”（不说“行为不是出于自愿的”因此应该免于受到惩罚，而把它说成：“不可威慑的”）。人们会思考这种对“威慑语言”依赖的原因。Kahan 认为：“市民一般都用威慑术语维护自己的立场，只是因为其替代品是一个极有争议的术语，社会准则、战略统计以及自由道德都对该术语予以谴责。”[153]

如果该语境的最终结果是要提出一个，那么就是根据任何分配原则都有道理的规则，包括实现正义。“威慑语言”在很多语境中都一样。例如，用于解释对某个行为判处刑罚，如与儿童性交、篡改私人记录、乱伦、体育赛事中的腐败、报复诉讼程序中的参与人、对证人进行不正当影响、在保释中逃跑、阻挡公共道路、公然猥亵、支持对武装抢劫的惩罚大于非武装抢劫。[154]

对这些犯罪判处刑罚的决定几乎不会令人震惊。在每一起案件中人们都会说，这种行为应该被判处刑罚，因为它是“可谴责的行为”。换句话说，对于规则的威慑解释并不一定意味着，在现实中作者是基于威慑成本利益分析作出结论，认为威慑利益高于威慑成本。威慑的语言可能已经成为现代刑法分析中的通用表达方式，能说明这一点的事实是，支持和反对某一个立场所使用的语言都是一样的，这在上述对威慑概念的立场描述中有所体现。

确实，对于某个结论的一些威慑解释是非常无关紧要的，以至于使人认为根本就没有进行过实际的威慑分析，任何一个这类

---

[153] Dan M. Kahan 著：《威慑的秘密目标》（The Secret Ambition of Deterrence），113 Harv. L. Rev. 413，414（1999）。

[154] 具体情况参见《威慑的作用》（Role of Deterrence），见注释125，第971～972页。

分析都必然会提出一个不同的或有更多细微差别的结论。如上所述，有些学者为精神病、不成熟或胁迫等免责辩护作威慑解释。他们的理由是，对精神病的定罪或惩罚不会用于一般威慑目的，因为“只有当没有卷入刑事程序的人把该教训视为对他自己适用时，这些例子就有可能会产生威慑”，“只要他把自己和犯罪人和犯罪情形联系起来”，他很可能会认为定罪和刑罚对自己适用。但是，健全的人不可能会把自己与精神错乱的被告人联系在一起，这样，精神错乱的人是不能有效地成为其他人的威慑范例的。[155]

人们可以思考作者的第一个结论，即有利于认可精神病辩护的结论，并思考“分析”只是进行强制性威慑讨论的最佳做法，以支持所需要的结论。显然，真正的一般威慑分析很容易提出相反的结论或至少会揭示相互矛盾的威慑利益。尽管目前精神错乱的被告人可能不会受到威慑，尽管第三人会把他视为与自己不同，但有理由认为（如果一般威慑确实起作用）通过制裁该精神错乱犯罪人会提高威慑。精神错乱的犯罪人为法律提供了有利的机会来厘清对违法行为进行惩罚是多么严肃的事。“如果法律连精神错乱的犯罪人都予以制裁”，这会被解读为：“别犯错误，如果你实施这个犯罪也会被制裁。”确实，惩罚精神错乱犯罪人可能是唯一的办法，用法律来阻止那些潜在的犯罪人认为一旦被

---

[155] LaFave 和 Scott 著：见注释 116，at §7.1，520 – 521，参见 Abraham Goldstein 著：《精神病辩护》（The Insanity Defense）13（1967）。

抓，就可以用虚假的免责理由来逃避制裁。[156]

无论使用“威慑语言”的理由是什么，实践集中地反映了现代刑法的威慑本位是多么普遍。威慑可能已经不仅成为标准的分析方式，也成为标准的表达方式，影响着我们怎样思考和怎样谈论刑法理论。如果刑法的制定鲜有威慑作用，那么这种分析上的、语言上的支配作用确实是奇怪的。

（二）起作用的威慑概念：偏离正义。对于以其他考虑因素为基础的表述，不是所有的威慑讨论都使用惯常的“威慑语言”赋予其威慑正当理由。威慑分析确实常常衍生出与其他分配原则相矛盾的结果，如惩罚，但不管怎样，威慑分析还是被遵守的。

上述讨论中的一些例子说明了这一点。回忆一下重罪谋杀罪规则在 McCarty 案中的适用，（强调威慑的量刑法官）对于一个从警察那里逃跑的人判处 40 年的刑期。在 Dudley and Stephens 一案中，即使法院实际上承认它在确立一个无法达到的标准，但是为了凸显对于杀死并食人行为的威慑性威胁，要求对犯罪人判处死刑。在 Park 一案中，一家拥有 36000 名员工、874 个零售店、12 个普通仓库和 4 个特殊仓库的全国零售连锁公司，因公司的一个库房违反健康法，即使 Park 对此一无所知并且也没有过失，但作为 Acme Markets 公司的总裁，他被认定负有刑事责任。在 Rummel 一案中，因类似性质的定罪，被告人因修理空调诈骗 129.75 美元被判终身监禁。在 Wiiliams 一案中，尽管没有能力达到法院所坚持的纯客观的注意标准，一对智商和受教育程

---

[156] 另外，有一种威慑观点，对于所有那些案件，无论是外界还是内在力量促使行为人实施侵犯行为，支持让其承担更大的责任。正如 Stephen 在反对胁迫辩护时指出：“这是犯罪企图最强的时刻，法律应该以最清楚最强调的方式作相反的陈述。” James Fitzjames Stephen 著:《英国刑法史》(A History of Criminal Law in England) 107 (Lenox Hill Publishing, 1973) (1883)。

度有限的父母因没有让他们的孩子得到治疗导致其死亡，被认定为刑事过失杀人罪。在每一起案件中，法律制定者和法院都使用了威慑解释，来帮助使责任规则和自由裁量权的行使正当化，尽管自由裁量权的行使会产生与应得惩罚相矛盾的判决。

根据第三章概括的威慑怀疑结论，这5起案子是怎样一个过程？一个或一个以上的威慑前提条件障碍都可能会使威慑作用在很多案子中失败。McCarty为了逃脱警察的追捕，承担了重罪谋杀责任并获刑40年，他也许根本就不知道重罪谋杀罪规则或在他决定逃跑时不知道该规则可以对他适用。即使再发生这样的情况时，其他人也不会在自己的大脑受毒瘾影响时运用这个教训。对于Dudley以及其他像他这样的人来说，在因饥饿而面临痛苦的死亡的情况下，几乎没有什么可以对他们形成威慑。如果知道其行为会导致终身监禁，像Rummel这样的人会停止那种轻微的欺诈，但是没有几个人能意识到，这种欺诈会导致这样的刑罚，如果他们认为被雷电击倒的可能性比受到这样的刑罚更大，他们的决定可能是正确的。大部分潜在犯罪人甚至不知道这种终身监禁会发生在他们身上（如果你们州有惯犯法，你知道其刑期吗?）。Park作为一个令人尊敬的大公司的执行官，在想到这个定罪时，无疑会感到惊骇。但是他不可能知道巴尔的摩（Baltimore）有啮齿动物的粪便，这些粪便为他的刑事定罪制造了风险［如果执行官确实认为他们要严格地为巴尔的摩（Baltimore）仓库中老鼠的粪便负刑事责任，就不会有什么人愿意接替Park的职位了］。Williams夫妇和其他像他们一样的夫妇，对刑法责任或其他过失标准的细微差别知道得很少，在任何情况下，他们都没有理由认为这种规则会适用于他们，因为在他们看来，他们的孩子只是患了牙痛病。但是，这些对法律威慑性威胁的可疑的贡献是以巨大的代价换来的，即它们所做的非正义之事，以及它们所导致的对刑事司法体系信誉的损害。第八章第四节对此将进行更深入的阐述。

第二节 威慑作为分配原则的困难

人们有很多原因作出决定反对分配刑事责任和惩罚来优化威慑。最明显的原因是第三章的结论，即用原则的操作来优化威慑很少会达到预期的效果。对于拥有一个惩罚违法者的刑事司法体系，威慑也许是个不错的理由，但是作为系统中对分配责任与刑罚进行引导则是无效的。对于刑罚制度，威慑是一个很好的、正当的目的，但对于其分配却是一个很差的原则。

但是，为了辩论，假设存在着某种威慑作用。确实要承认，有些原则操作可以有威慑作用。Aliabad 的新领导引进了一个政策，用于减少他们所认为的非法问题：将满是枪伤的盗贼尸体在村子外面的蓄水桶外挂了两天。[157] 但是，不那么严厉的规则也可以起作用。在特殊情况下，规则可能是众所周知的，目标行为人也许是理性的，在可以进行理性统计的情况下，破案率可能会高而且刑罚的合理确定性也存在。但就是在这种情况下，还是有充分的理由对依靠威慑分析制定刑事责任和刑罚规则持怀疑态度。

一、信息和复杂性问题

建立一个以威慑为基础的责任和刑罚系统要求大量的信息，但是大部分信息是我们没有掌握的，并且在可以预见的未来是不

---

[157] C. J. Chivers 著:《通过悬挂强盗的尸体新领导发出一个信号》(New Leaders Send a Signal By Hanging Bandit's Body), N. Y. Times, Dec 3, 2001, at B4, col. 6。

可能掌握的。如果有威慑作用的话，其动态会是极其复杂的并且会有我们所理解不了的相互影响。在缺乏足够信息以及对威慑的动态的复杂性不了解的情况下，依靠威慑分析来制定刑法原则看起来是轻率的。这种缺乏信息的分析很容易导致降低威慑的设计。

考虑第三章所提出的对于威慑统计很重要的各种因素。例如，一个潜在的犯罪人会把什么理解成被抓获、被定罪和被惩罚的机会？认为与每一个定罪结果相联系的惩罚量是什么？认为与每一个可能受到的惩罚结果相联系的痛苦程度是什么（他所考虑的痛苦是怎样的？是10000美元的罚金、2周的拘留、3年的监禁，还是单独终身监禁）？认为在任何所预期的惩罚中可能出现的延迟是什么？认为从所预期的犯罪获得预期利益的吸引力是什么？

另外，威慑统计要求有平衡感，目的是让观众以此来对每一个因素进行平衡。例如，前面提到的，如果惩罚的可能性大，潜在的犯罪人可能会因醉酒驾车或闯红灯被抓，甚至适度痛苦的惩罚看起来都足以对其行为形成威慑，但是无疑下面的惩罚可能性有转折点，在那一点，惩罚的威胁变得与目标无关。那个转折点在哪里？它是随着犯罪和情况的变化而变化吗？动物实验的数据表明，当惩罚的可能性减少时，威慑作用很快大幅度降低甚至可以忽略不计。这说明威慑平衡中的惩罚可能性比惩罚强度更加受重视吗？应该对惩罚中的延迟给予多大程度的重视（它在动物研究中非常易变）？可靠的威慑统计需要整理出对惩罚可能性的重视要比对惩罚强度、时间或其他因素的重视程度超出多少。

还要考虑获得对相关信息进行可靠测量的困难。我们不仅需要对那些因素的“客观”测量，还需要“心理物理”测量，“心理物理”测量把对抢劫的平均监禁刑，如5年，进行客观测量，将之转换成在企图犯罪的人的大脑中与5年监禁相对应的功利主义痛苦量。正如第三章讨论的适应和持续时间忽略说明这个统计是非常复杂的和违反直觉的。

而且不能低估某一个因素的错误数据对整个统计的歪曲能力，威慑统计不是由直觉得到的。统计结果是来自数字，而不是来自本身就具有意义的一般原则。威慑分析的一个方面就是要对较严重的犯罪施加更严厉的惩罚，如果就是要阻止已经实施较轻犯罪的人不去进一步实施较重的犯罪，那么对谋杀的惩罚就要比对侵犯人身或入室抢劫的惩罚更严厉，如阻止一个被主人发现的入室抢劫者杀掉主人以避免被指认为入室抢劫者。但是，人们的想象是，对比较严重的犯罪惩罚率高，对比较轻的犯罪惩罚率低（对谋杀的惩罚率几乎是对入室抢劫惩罚率的30倍[158]）。实际上，威慑统计会建议较轻的犯罪应该受到更严厉的惩罚。回顾一下，惩罚的可能性对于总的惩罚成本是一个重要决定因素。这样，为了保持足够的威慑性威胁，威慑分析会加重惩罚那些抓获率低的犯罪。因此，准确地根据惩罚重要性的统计结果，一位威慑优化理论者的结论是，一个人应该因较轻的犯罪受到较重的惩罚，这个观点不是假设出来的。回顾受威慑逻辑指导的毒品法，为拥有

[158] 参见 Paul H. Robinson 和 John M. Darley 著：《刑法有威慑力吗？》（Does Criminal Law Deter?），见注释17，第173页，Table 1，col.（d）。

较少量可卡因所设置的刑期比为各种暴力犯罪所设的刑期都长得多。[159]

即使对影响威慑作用的基本条件十分了解，统计也是非常复杂的，因为人们所提出的规则的潜在动态会引发复杂性。在现有条件下，一个规则会是有意义的，但是该规则的使用会很快改变条件。例如，Katyal 指出，替代作用是必须要考虑的。[160] 人们可能有加重惩罚的倾向来威慑具有适当危害性的犯罪，但是在这样做之前，就必须要考虑潜在的犯罪人是否会实施较严重的危害，如为了满足毒瘾而偷钱的瘾君子。如果我们对进入空房子盗窃的犯罪人加重惩罚，这会导致瘾君子转向侵犯市民人身以获得金钱来满足其毒瘾吗？

请看另一个例子，Bar－Gill 和 Harel 的观点是，当我们把犯罪率视为影响威慑因素的结果时，如所预期的制裁的可能性和制裁量，实际上，犯罪率可以是这些因素的决定因素。[161] 例如，较高的犯罪率使每一个犯罪的资源减少并且降低侦查的可能性，而较低的犯罪率会有相反的作用。由于法院案件量加大，对所增加

---

[159] 参见 Mark Osler 著：《间接伤害和比例：联邦量刑的倒置》（Indirect Harms and Proportionality: The Upside－down World of Federal Sentencing），74 Miss. L. J. 1，1－2（2004）［“根据联邦量刑指南，一个持有 6 克自用快克可卡因药丸的妇女被归到犯罪档次（26），比下列犯罪档次都高：对未成年人实施性骚扰犯罪（犯罪档次 24）、粗心大意地把孩子摇晃致死的过失杀人（犯罪档次 18）、盗窃 600 万美元公款（犯罪档次 24）、命令员工倾倒明知会致人死亡的一车有毒废弃物（24）。实际上，快克的持有人所获犯罪档次相当于那些为恐怖组织提供资金的人所应获得的犯罪档次（24）。是的，持有快克被视为与资助 alQaeda 一样”］。

[160] Neil Kumar Katyal 著：《威慑的困难》（Deterrence's Difficulty），95 Mich. L. Rev. 2385（1997）。

[161] Oren Bar-Gill 和 Alon Harel 著：《犯罪率与预期刑罚：再次威慑的经济学》（Crime Rates and Expected Sanctions: The Economics of Deterrence Revisited），30 J. Legal Stud. 485，485－486（2001）。

的犯罪率也会推迟惩罚，这会导致未来惩罚的折扣加大，这样所认识到的惩罚“成本”就被降低，而犯罪率减少则会有相反的作用。[162]

这样，人们会在目前的条件下制定规则，但是只要规则开始起作用，就会使得这些条件发生变化，进而改变证明规则合理的统计。换句话说，可靠的威慑分析，不仅要求掌握现在得不到的信息和了解我们没有掌握的相关因素之间的相互作用，而且还要求不断升级分析，因为相关因素本身在不断变化。这些都不是使人们有充足的信心根据威慑分析意图制定刑法原则的情况。

二、比较威慑作用的问题：其他分配原则所固有的威慑作用

所有刑罚的分配都会有某种威慑作用。“威慑分配”声称，它会比其他分配更有威慑作用。如果人们宁愿集中在那些能导致另一个分配原则的因素之上，如那些会使改造或使危险者丧失犯罪能力得到优化的因素，人们就很可能会提高其他犯罪控制机制的作用，但是这样做的代价是牺牲威慑机制。这样，在对威慑和使丧失犯罪能力准则之间作选择时，人们就会审视威慑和使丧失犯罪能力所带来的犯罪控制利益。

威慑分配会有使丧失犯罪能力的作用，就像使丧失犯罪能力分配会有一定的威慑作用一样。威慑分配大概会比使丧失犯罪能力产生更大的威慑，但是其实际威慑优势不是由其总威慑作用测量出来的，而是由其具有的比使丧失犯罪能力分配所固有的威慑更大的威慑作用的程度测量出来的（同样，与威慑分配相比，使丧失犯罪能力分配的使丧失犯罪能力价值不是其全部使丧失犯罪能力作用，而只是超越威慑分配内在的使丧失犯罪能力作用之

---

[162] 同上注释。

外的使丧失犯罪能力作用）。

在把威慑与应得惩罚分配相比较时，该观点对于威慑有特殊含义。大部分人认为，拥有实现正义的刑事司法体系的价值不是为了工具主义就是为了道义，或二者兼具。[163] 第七章和第八章对此有更多论述。倡导以威慑为基础的分配观点，并不是说实现正义没有价值，而是说通过精确调整的威慑惩罚来减少犯罪具有更大的价值。威慑的倡导者承认，刑罚的应得惩罚会有一些威慑作用。要倾向于威慑分配而不是其他分配，如以惩罚为基础的分配，就必须要说明，威慑分配比应得惩罚分配中固有的威慑分配提供了更加有效率的威慑。

但是为了提供比应得惩罚分配更大的威慑，威慑分配显然必须偏离应得惩罚。就是说，只有在它做了与惩罚不同的事时，才能比应得惩罚做得更好。但是，有理由怀疑的是，每当威慑偏离应得惩罚，为了设定选择威慑而不选应得惩罚的理由，威慑分配面临着特殊困难来产生纯犯罪控制利益，既因为在这些偏离应得惩罚的情况下，威慑分配是最弱的，也因为与应得惩罚偏离可以产生犯罪基因。

三、与应得惩罚偏离的问题：做得最好时，威慑最少

在偏离因不同原因所导致的应得惩罚的情况下产生威慑作用的特殊困难。首先，如果法律偏离了人们对正义的理解，他们就不太可能知道法律的内容。几项研究表明，人们把法律想成他们所理解的样子。一项研究调查人们对于那些在不同州有不同规定

[163] Paul H. Robinson 和 Michael T. Cahill 著：《无正义之法：刑法为什么故意牺牲正义？怎样牺牲正义？》（Law Without Justice：How and Why Criminal Law Deliberately Sacrifices Justice）16（Oxford 2003）。

的刑法知识的掌握情况。在研究中，每个州都对至少是其中的一个规则持少数观点。研究发现所有州的市民对现行法律规则一般都有同样的看法，却对他们那个州对法律所持的立场不清楚。有趣的是，他们不总是认为规则是大部分人的观点。他们对规则应该是什么样的观点比法律的实际内容更能预测出他们对规则的看法。[164] 其他研究也得出类似的结论。[165]

这清楚地说明，对于那些力求通过法律中威慑驱动的变化来控制行为的那些人来说，让那些行为要受到控制的人了解应得惩罚偏离原则是一项特殊任务。因为根据正义直觉，人们认为法律应该是他们所设想的样子，所以在偏离的案件中，刑法的最大困难是传达其规则，因为在偏离的案件中，法律体系必须坚决地改变与法律规定相悖的现行社会认知。罕见的是，法律做出必要的努力把法律的非直觉规则带入社会意识中。

另外，在偏离应得惩罚的案件中，在刑事审判期间最不可能遵守的是体系中以威慑为基础的规则。这是因为在刑事司法体系中的那些充当各种自由裁量角色的人可能会对正义有着与其他社会成员相同的直觉，并且一般可能会允许这些直觉影响其决定，这样警察、检察官、法官、陪审团，包括陪审团放弃的运作都将

---

[164] Darley, Carlsmith 和 Robinson 著:《刑法的事前功能》(The Ex Ante Function of the Criminal Law),见注释 18,第 701 页。

[165] 在另一个研究中，对新泽西州市民进行了调查，发现他们认为对于企图犯罪适当的道义惩罚是，犯罪人越接近实施犯罪，监禁刑期越长。当被问道他们所在州的法律时，他们报告说那些法律基本上符合他们的道德直觉。但是，他们的错误很严重，新泽西州是一个《示范刑法典》州，对超过完成犯罪的实质步骤的犯罪企图的定级与犯罪的完成一样重。John Darley, Catherine Sanderson 和 Peter LaMantia 著:《界定企图的社会标准:与示范刑法典不一致》(Community Standards for Defining Attempt: Inconsistencies With the Model Penal Code), 39《美国行为科学家》(American Behavioral Scientist) 405 (1996)。

破坏偏离规则，使得威慑计划失败，使威慑信息混乱。即使法律规则看起来是可以定罪的，但如果陪审团认为这样做不公平，就可以拒绝定罪。[166] 检察官也同样行使自由裁量权来破坏那些他们认为会产生不公平结果的规则。通过行使量刑裁量权或批准宽松的辩诉交易，法官也可以破坏以威慑为基础的体系规则，朝着正义考虑的方向前进。所以，如果威慑理论者是凭借这些审判决定来完成所需要的威慑规则再教育任务，那么希望是渺茫的。判决的作出者会常常按照自己的正义直觉办事，而忽略与之相反的法律规则或至少会想办法降低规则的作用。这种运用的扭曲意味着案件的处理常常是使应该予以传达的以威慑为基础的法律规则变得模糊而不是清晰。

处罚的倡导者应该赞同这些使得体系走向应得惩罚的过程。但问题是，这种破坏的做法是不平衡的。有些量刑法官会受到正义的考虑影响而推翻不公平的原则。例如，前面提到的 McCarty 一案，法官为了阻止其他人逃避警察的追捕，对卷入重罪谋杀罪规则中的犯罪人判处惊人的长期刑期。

总之，陪审团、检察官和法官会更加宽大地对待那些比较有魅力的犯罪人[167]、与陪审员非常相像的人[168]、更能利用法律资源为自己辩护或在公众舆论中受益的人。另外，司法系统也可能会指控或给那些社会认为不正常的人定罪，而其他人则不会因这些

---

[166] Irwin A. Horowitz 著：《刑事审判中无罪判决的指示对陪审团裁决的影响和陪审团的功能》(The Effect of Jury Nullification Instructions on Verdicts and Jury Functioning in Criminal Trials), 9《法律和人类行为》(Law and Human Behavior) 25 (1985)。

[167] John Clark 著：《陪审团无罪判决的社会心理》(The Social Psychology of Jury Nullification), 24《法律和心理评论》(Law and Psychology Review) 39 (2000)。

[168] Erick L. Hill 和 Jeffrey E. Pfeifer 著：《无罪判决指示和陪审员过失程度：对现代种族主义的审视》(Nullification Instructions and Juror Guilt Ratings: An Examination of Modern Racism), 16《当代社会心理》(Contemporary Social Psychology) 6 (1992)。

犯罪受到指控。所以，正义偷偷侵入以威慑为基础的法律体系中的问题是不平衡，适用中的不同产生其独特的不公正。

偏离应得惩罚的威慑计划的另一个困难是，在一定程度上，正式刑罚的威胁来自于那些人们认为不公平的规则，犯罪人会低估刑罚的威胁，认为无论书上的法律如何规定，该体系中的律师、法官和陪审员实际上都不会像书里写的那样不公平地处理案件。[169] 他们会认为该体系会有某种程度的"松动"，这样形式上的威胁就必然会降低。

在偏离案件中所体现的有关威慑的最后一个问题是，威慑作用常常需要被掩盖。如果在案件中以威慑为基础的法律规则所显示的结果与法官对该案进行的正义考虑不同，那么该法官的判决和书面解释很可能是模糊的，而不是清晰的。这不仅会搞乱威慑信息，也会导致轻视法律规则，这具有长期的犯罪基因作用。

四、抵消犯罪基因作用的问题：应得惩罚的效用

威慑的困难不仅在于它在偏离应得惩罚的案件中获得威慑作用有困难，这是唯一一种案子可以显示其比应得惩罚分配所固有

---

[169] Irwin A. Horowitz 著：《陪审团无罪判决：司法指示、争论和质疑对陪审团裁决的影响》（Jury Nullification：The Impact of Judicial Instructions，Arguments，and Challenges on Jury Decision Making），12《法律与人类行为》（Law & Hum. Behav）。439（1988）（认为被告知陪审团无罪判决更可能免去富有同情心的被告人的责任）；Michael Kades 著：《行使裁量权：威斯康星州司法部指控裁量权的案例研究》（Exercising Discretion：A Case Study of Prosecutorial Discretion in the Wisconsin Department of Justice），25 Am. J. Crim. L. 115（1997）；Robert A. Weninger 著：《影响强奸指控的因素：得克萨斯州 Travis 县的案例研究》（Factors Affecting the Prosecution of Rape：A Case Study of Travis County，Texas），64 Va. L. Rev. 357（1978）；Donna M. Bishop 和 Charles E. Frazier 著：《把青少年转入刑事法庭：指控放弃的案例研究及分析》（Transfer of Juveniles to Criminal Court：A Case Study and Analysis of Prosecutorial Waiver），5 Notre Dame J. L. Ethics & Pub. Pol'y 281（1991）。

的威慑作用更大的威慑作用，也在于即使可以产生更大的威慑作用，其偏离应得惩罚可以产生犯罪控制成本，犯罪控制成本超过了所增加的威慑作用的犯罪控制利益。第七章和第八章对作为分配原则的应得惩罚进行了深入的阐述。但是，为了说明这些观点与对作为分配原则的威慑的评估相关，也把那些对该原则嗤之以鼻的争论包括进来。核心观点是：依照大众的见解，通过有意地、经常性地实现正义和不实现正义，威慑原则可以降低体系的犯罪控制效力，那些犯罪控制成本来源于各种原因。

在有效的刑事司法依赖于默许和配合的情况下，与社会的正义直觉相偏离可以激起参与者，如陪审团、法官、检察官和犯罪人的抵抗和破坏。与此相关的是，体系中有些控制行为的权力源于其使违法者受到名誉耻辱的潜在力量。对于某些人，这比体系做出的正式制裁更有力度并且是一种无成本的机制。但是，体系使名誉蒙受耻辱的能力依赖于其在社会中所具有的道德可靠性，对于引起污名的违法行为，法律必须通过准确地评估违法行为应受或不应受谴责来赢得信誉。与社会共有的正义直觉相偏离的责任和刑罚规则会削弱该信誉。

体系中有意和经常性地偏离应得惩罚也削弱了有效的犯罪控制，因为这些偏离限制了法律得以遵守的最有力的力量之一：社会影响。使遵守所规定的行为的社会规则的最大力量不在于官方的刑事处罚的威胁，而在于社会和个人道德控制力量交织的影响。在人际关系网络中，人们会发现，自己的社会准则和禁忌在那些关系中被共享并在那些社会网络中传播，那些准则和道德意识被个人内化。

法律与这些社会和个人力量并不是不相关的。特别是刑法在创造和保持为维系道德准则所必要的社会舆论中起着中心作用。实际上，在一个像我们这样的多元化社会中，刑法可能是唯一一个全社会范围的机制，它超越了文化与种族的差异。刑法的最重要的现实作用可能是其坚持建设、塑造、保持这些准则和道德原则的能力。它可以促成并利用人际关系和个人道德产生遵从的力量。不管怎样，有意地或经常性地实现正义和不实现正义的刑事司法体系减弱了其社会道德的可信性，因此也减弱了其通过塑造这些有力的准则来对行为产生影响的能力。

刑法也能通过另一个机制来发挥作用使其命令得到遵守。如果刑法作为一个可靠的陈述，把社会所认为的可谴责事物表达出来，而赢得了信誉，那么在那些边缘案件中，在行为人心中，在某种行为的正当性尚未解决或是模糊的情况下，人们就更有可能将其命令视为道德权威，因此不应低估这个作用的重要性。在我们这个复杂的、相互依赖的社会中，一个表面上无害的行为是可以有破坏性后果的。当一个行为被法律系统定为犯罪时，即使市民不会马上凭借直觉知道为什么该行为被禁止，也希望市民在这种情况下“尊重法律”。如果市民相信，法律是对谨慎而道德的行为的准确指导，就容易得到这种尊重。

刑法效力的大小在很大程度上依赖于刑法在市民中所赢得的道德可信性的程度，这体现在以下几个方面：避免抵抗和破坏一个不公平的体系；带来使蒙受污名的力量；推动、沟通、维持有关什么是可谴责的、什么是不可谴责的社会舆论；通过对其道德权威在边缘案件中获得服从。这样，如果刑事责任的分配被视为“实现正义”，即如果刑法所施加的责任和刑罚与公众的正义直觉相一致，刑法的道德可信性对于有效的犯罪控制是关键的，同时其道德可信性也得到了提高。如果相反，该体系的道德可信性和其犯罪控制效力就会被偏离公众对应得的惩罚的分配所削弱。

总之，当以威慑为基础的分配削弱了该体系在其所规范的社会中的道德可信性，那么它就可以潜在的丧失任何犯罪控制方面的收获。也就是说，即使为了辩论，人们认为以威慑为基础的刑罚分配比以应得惩罚为基础的刑罚分配会有更大的威慑作用，人们还是会质疑，这个不大的利益是否超过了使用以威慑为基础的体系所遭受的损失。当把不能获得信息的问题和复杂性问题同时进行考虑时，人们的结论是，在威慑分配原则中，危险太多，回报太少，以至于不能证明采纳威慑分配原则是合理的。

第五章 改 造

对于责任与刑罚，改造是一个有益的分配原则吗？与特别威慑一样，它只作用于被抓获的犯罪人（而不作用于自由的人，一般威慑作用于自由的人）来减少其未来实施犯罪的倾向。但是，它对选择的改变不是通过惩罚的威慑性威胁，而是通过改变人的本质、能力或倾向性，使之不再倾向于或较少地倾向于实施犯罪。改造与威慑不同，有些人认为它具有超出控制犯罪作用的价值。它可以使犯罪人过着更加有意义、有成就感的生活，这不仅有益于社会也有利于个人。

正如威慑，至少在目前现有的项目中，对于改造的作用还是有疑问的。改造项目的成功率非常低，一般仅限于很小范围的犯罪人和犯罪。[170] 第一节认真考虑了改造何时起作用，何时不起作用。以此为背景，第二节考虑了改造是否为刑事责任和刑罚制造了一个有吸引力的分配原则。

---

[170] 参见 Steve Aos, Marna Miller 和 Elizabeth Drake，华盛顿州立公共政策研究院著：《基于证据的公共政策选择以减少未来监狱建设，刑事司法成本和犯罪率》(Washington State Institute for Public Policy, Evidence Based Public Policy Options to Reduce Future Prison Construction, Criminal Justice Costs, and Crime Rates) 9 (2007)；D. A. Andrews 等著：《矫治起作用吗？临床和心理综合分析》(Does Correctional Treatment Work? A Clinically Relevant and a Psychologically Informed Meta – analysis), 28 Criminology 369 (1990)。

第一节 改造起作用吗?

如果说改造“没有作用”这不符合事实，有些改造项目还是成功的。即使成功，一般也只是使累犯略微减少。

一、针对一般的监狱囚犯的项目

对于一般的监狱囚犯项目，它们在三个领域取得了成功，即教育项目、技能和工作项目、治疗。另外，对于改造因毒瘾导致犯罪而被关押的犯罪人，毒品改造是有效的。[171]

自从19世纪后期以来，监狱教育项目一直是美国监狱的组成部分。在2000年之前，80%以上的私人监狱、90%的州监狱和92%的联邦监狱都提供了某种形式的教育项目。在普遍存在的以识字为主的基础教育之外，大部分监狱现在都提供中级教育，以使囚犯获得通用教育发展证书（GED）。[172] 这使得获得通用教育发展证书的囚犯出狱时更容易找到工作。

教育项目一直是主要内容，一部分原因是教育项目是有效的。接受了教育的囚犯，特别是接受了中级或大学层次教育的囚

---

[171] Elizabeth Drake，华盛顿州立公共政策研究院著:《华盛顿毒品犯罪的量刑选择:累犯调查结果更新》(Washington's Drug Offender Sentencing Alternative: An Update on Recidivism Findings)(2006)。

[172] James J. Stephan 和 Jennifer C. Karberg 著:《司法局统计:州和联邦成年人矫正办法普查》(Bureau of Justice Statistics, Census of State and Federal Adult Correctional Facilities) 10 (2000)。

犯的再犯罪率比较低[173]（实际上，不具有高中文凭或相当层次的文凭是有被监禁风险的因素。1997 年对州和联邦监狱的调查显示在 18% 的成年人中，41% 的囚犯没有高中或同等学力[174]）。

目前，教育对于减少累犯有多大的作用还不太清楚。由于教育项目面向所有的囚犯，基本上没有使用控制组来调研。相反，常常把参加教育项目的和不参加教育项目的囚犯进行对比。这样，两组之间的累犯结果方面的不同，反映了囚犯在是否参加项目所作出的选择不同而不是教育本身作用的不同。

职业技术培训项目、矫正劳动（correction industry）和监外作业（work - release）也是矫正方式的重要组成部分。职业技术培训包括课堂教学以训练特别工作所需要的技能。矫正劳动不是课堂活动，而是让囚犯在监狱工作，并在此期间获得工作技能。监外作业是把即将被释放的囚犯安排到一个工作岗位，作为返回社会的过渡。这些项目不是为了达到一般的教育目的，而是注重为囚犯提供机会获得和提高社会所需要的技能。另外，囚犯的工作可以为政府创造有价值的商品来抵消监狱成本。[175] 就像教育项目一样，这些机会一般在州和联邦监狱都会有，大约 91% 的矫正机构都有这种项目。[176]

---

[173] Doris Layton MacKenzie 著:《什么在矫正中起作用:减少犯罪人和青少年犯罪活动》(What Works in Corrections: Reducing the Criminal Activities of Offenders and Delinquents) 83 - 84 (2006)。

[174] Catherine Wolf Harlow 著:《司法局统计:特殊报告教育和矫正人数》(Bureau of Justice Statistics, Special Report: Education and Correctional Populations)1 (2003 年 4 月修订)。

[175] Timothy J. Flanagan 著:《监狱劳动和产业》(Prison Labor and Industry),《美国监狱》(The American Prison), Lynne I. Goodstein 和 Doris L. MacKenzie 等编著,(1989)。

[176] Stephan 和 Karberg 著:《统计》(Census), 见注释 172,第 10 页。

这种职业培训和工作项目的部分吸引力是给囚犯一个除非法获得金钱以外的挣钱途经。这对于那些之前没有收入或工作的囚犯尤为重要。对于那些理性地计算是通过合法行为还是非法行为来谋生的囚犯，这些项目会通过创造更加有吸引力的合法选择来改变其计算。但是，有多大比例的囚犯实际进行了理性的计算还不清楚。

职业培训会减少累犯，但是没有清楚的证据来说明这一点。在州这个层次上，职业项目和工作项目表明要么在累犯方面没有区别，要么只是略微有区别。[177] 在联邦系统中，监狱的工作项目使累犯减少了24%，使释放后就业增加了14%。[178] 但是，这些都缺乏可靠的数据来支撑，因为现有的研究都缺乏控制组来进行比照。在职业技能培训项目存在的情况下，它们对所有合格的囚犯开放，这使得大部分研究仅仅是自愿参加的囚犯和不愿意参加的囚犯二者进行对比。这种项目对个别囚犯有帮助，但是这种成功却不是普遍的。

创造成功改造结果的第三个途经是为囚犯提供心理服务。这个办法是建立在一项研究之上的，该研究指出，犯罪行为经常是由心理或精神状况导致的。犯罪人比一般人在心理上或精神上发生紊乱的情况要多。[179] 这些紊乱使犯罪人不能把自己的行为和法律的要求统一起来。通过处理这些问题，可以使犯罪人更好地重新融入社会，避免再犯罪。

---

[177] MacKenzie 著:《什么起作用》(What Works)，见注释173，第107页。

[178] UNICOR 联邦监狱产业公司，年度报告：2002 9（2002），网站 http://www.unicor.gov/information/publications/pdfs/corporate/CATAR2002.pdf。

[179] 社区监督和阻止犯罪委员会，全国研究假释协会，阻止犯罪和社区融入（Committee on Community Supervision and Desistance from Crime，National Parole Council，Desistance from Crime，and Community Integration）4－14（2007年非正式出版版本）。

从心理学的角度来看，在某些情况下，已经发现认知行为治疗减少了累犯。认知行为治疗是一种被广泛接受并被普遍使用的心理治疗方法，它注重认知、情感和行为的交互作用以获得行为改变。[180] 研究表明，当把认知行为治疗用作监禁结束和重新融入社会之间的桥梁时，在减少再犯罪方面，认知行为治疗特别成功。[181] 但是，即使这个项目是成功的，也并不必然能预防所有的未来犯罪。而因为犯罪人改变行为，然后试图保持行为的改变，认知行为治疗可能会导致犯罪行为的减少。当犯罪行为全部或部分是因为精神紊乱所导致时，认知行为治疗不会起作用。最后，如同改造项目的情况，对认知行为治疗的实际作用所进行方法有效的研究被发现是有缺陷的。

也许有理由认为将教育、培训和治疗相结合会是最有效的减少累犯的方法，但是还缺乏这方面的研究。尽管各种改造策略会对未来犯罪的减少起作用，但事实是，每个策略仅仅对一部分犯罪人有改造作用。对于大部分犯罪人来说，还没有可以用于减少累犯的项目。

二、以监狱内外特殊犯罪人为目标的项目：毒品使用者和性犯罪人

以上内容阐述了对于囚犯的一般改造措施。当然项目一般也面对未被关押的犯罪人。但是，为了应对这个较大的群体，有专门以特殊犯罪群体，特别是毒品使用者和性犯罪人为目标的项目。以下是目前对监狱内外这两种犯罪人的实施情况进行的

[180] Richard F. Farmer 和 Alexander L. Chapman 著：《认知行为中的行为干预治疗：将理论付诸实践的指导》（Behavioral Interventions in Cognitive Behavior Therapy: Practical Guidance for Putting Theory Into Action）（2007）。

[181] 《全国研究协会》（National Research Council），见注释 179，at ES－2,4 － 7。

描述。

（一）毒品使用者。因毒品犯罪被关押的囚犯在囚犯总数中比例很大。2003年55%的联邦囚犯和统计数字说明，20%的州囚犯是因毒品犯罪被关押的。[182] 这些犯罪人大部分都使用毒品。毒品使用也与实施暴力犯罪、财产犯罪和扰乱公共秩序犯罪相关。州囚犯报告显示，在1/4以上的暴力和扰乱公共秩序犯罪以及近40%的财产犯罪中，犯罪分子在实施犯罪时使用了毒品。[183] 对于所有犯罪，一半以上的州囚犯和联邦囚犯在犯罪前1个月使用毒品，17%以上的囚犯是购买毒品犯罪。[184] 最突出的是，53.4%的州囚犯和45.5%的联邦囚犯遭受着毒品依赖、滥用或二者兼具的痛苦。[185] 另外，84%的州囚犯和75%的联邦囚犯使用毒品或毒品依赖都有犯罪前科。25%以上的有3次或5次犯罪记录。[186] 倘若毒品使用和依赖方面的建议有作用的话，成功的毒品改造项目可以提供大量减少累犯的希望（如果能扩散到潜在的犯罪人，那么就会避免初始犯罪）。

对于毒品上瘾者的项目还涉及戒毒所、药物学治疗、门诊毒品治疗、家庭毒品治疗和以监狱为基础的社区治疗（prison-based therapeutic community treatment）。

戒毒所为毒品犯罪人和毒品依赖犯罪人提供不同于传统刑事

---

[182] 《司法局统计公告：囚犯》（Bureau of Justice Statistics，Bulletin：Prisoners）2005 9－10（November 2006）。

[183] Christopher Mumola 和 Jennifer Karberg 著:《司法局统计:州和联邦囚犯毒品使用和依赖》(Bureau of Justice Statistics，Drug Use and Dependence：State and Federal Prisoners），2004 5（2007 修订）。

[184] 同上注释，at 2.6。

[185] Mumola 和 Karberg 著:《毒品使用和依赖》（Drug Use and Dependence），见注释184，第1页。

[186] 同上注释，第7页。

司法系统的特殊系统，提供托管治疗而不是传统的刑事制裁。美国有将近1700个这样的戒毒所，它们的构成和所提供的治疗形式不同。虽然有关戒毒所效果的精确数据是有限的，[187] 证据表明，结合释放后治疗，这种戒毒所可以减少接受过治疗的人再犯罪。[188] 尽管在两项方法最精确的研究中，只有14%的减少，但在全部戒毒所研究中的一项统合分析（meta-analysis）显示减少了26%的累犯。[189]

药理学项目一般用于鸦片上瘾者，在减少断瘾症状和鸦片渴望时，镇静剂治疗使用合成鸦片来通过中断违禁鸦片的作用稳定患者。另一种治疗是使用环丙甲羟二羟吗啡酮（naltrexone），即鸦片的对抗药而不是替代品来消除鸦片所带来的精神愉快（euphoria）。这种治疗只对那些停止使用任何鸦片的人有效，并被普遍认为只对那些有强烈动机要克服毒瘾的人有效。[190] 治疗项目中一般都包含了这些治疗方法。

也许对于停止使用毒品和相关犯罪的最有前途的是社区治疗法。这个模式的作用是通过成立一个“社区”来帮助人们克服毒品滥用（substance abuse）。治疗一般在没有毒品的居住区进

---

[187] David B. Wilson, Ojmarrh Mitchell 和 Doris L. McKenzie 著:《系统回顾毒品法院对累犯的作用》(A Systematic Review of Drug Court Effects on Recidivism), 2 J. Experimental Crim. 459, 471 - 475 (2006)。

[188] 全国司法研究所(National Institute of Justice),《毒品法院:第二个十年》(Drug Courts: The Second Decade) 2 - 3 (2006)。

[189] Wilson, Mitchell 和 McKenzie 著:《系统回顾》(Systematic Review), 见注释188, 第479页。

[190] Betty Tai 和 Jack Blaine 著:《纳曲酮：对抗剂治疗海洛因毒瘾》(Naltrexone: An Antagonist Therapy for Heroin Addiction), 国家吸毒研究所, 全国健康研究所(National Institute on Drug Abuse, National Institutes of Health) (1997), 网址: http://www.nida.nih.gov/MeetSum/naltrexone.html。

行，强调集体治疗和个人自助。原则是运用社区中处于恢复状态的人们之间所具有的病友加强力量和工作人员增援力量来帮助学习和消化无毒品社会规范。[191] 在监狱里，社区治疗法是首先把参与者与一般囚犯分开来进行强化毒瘾治疗。理想的状态是，在监狱中的治疗之后，在过渡阶段和释放前的监外作业阶段进行治疗。然后，进行释放之后调养期的监视和治疗。[192] 在特拉华（Delaware）州确立的最佳实践模式显示，对于那些完成社区治疗项目的人，5 年之后在不吸毒品和不再次被逮捕的可能性方面取得了重大进展。也许是不同构成的有效性在起作用，那些完成项目并参加调养的人比那些只完成监狱内治疗的更有可能保持不吸毒和不被逮捕，同时那些在监狱中完成治疗的比中途退出的在吸毒和逮捕方面都有更好的结果，中途退出的同样比根本就没有参加的有更好的结果。[193] 即使结果是积极的，调养组中几乎 50% 的人也会被认为 5 年内会再次被逮捕，与之相比较的是，未参加治疗的人中 75% 会再次被逮捕。[194] 这样，虽然累犯减少了，但这类犯罪人的累犯率依然很高。

（二）性犯罪人。对于特定人群，对性犯罪人的治疗可以是有效的。像毒品犯罪人一样，这个群体的主体不是同性恋者。不是每一个性犯罪人都性紊乱，所以对这类人治疗有时是不可行的。[195] 对

---

[191] 全国吸毒研究所，研究报告系列，治疗社区 1（Research Report Series, Therapeutic Community 1）（2002）。

[192] James A. Inciardi, Steven S. MartIn 和 Clifford A. ButzIn 著：《治疗社区对涉毒犯罪人释放后五年治疗结果》（Five – Year Outcomes of Therapeutic Community Treatment of Drug – Involved Offenders after Release from Prison），50《犯罪与青少年》（Crime and Delinquency）88，91 – 92（2004）。

[193] 同上注释，第 101 页。

[194] 同上注释。

[195] MacKenzie 著：《什么起作用》（What Works），见注释 173，第 140 页。

于那些其犯罪的部分原因是因性紊乱导致的人，治疗是有益的。

从治疗的方面看，可以使用化学或医学阉割来使犯罪人或潜在的犯罪人丧失实施性犯罪的能力。药剂或去除睾丸来降低睾丸激素水平这些方法只适用于男性犯罪人，这会降低或去除行为人从犯罪中获得的性快感，进而去除了犯罪的根源。虽然阉割手术对于累犯具有最显著的效果，但在美国却是有争议的，而且只能在犯罪人同意的情况下才能进行，因此这种情况的发生是有限的。化学阉割也是有效的，据统计它可以使累犯降低12%，[196]却没有阉割手术所面临的伦理和宪法问题。

对于某些性紊乱的性犯罪人，治疗法也是有效的。据统计，认知行为治疗和阻止复发已经将累犯减少了9%。[197]虽然主要研究是监狱环境中的治疗反应，也包括暴力性犯罪人，[198]但是由于在矫正的环境之外，一般仅对于特殊性紊乱（指恋童癖和裸露癖）的治疗采用激素方法，就很难对激素治疗的累犯率进行比较。然而，所显示的两种反应都会影响潜在性犯罪人和再次犯罪的人的犯罪率的减少。

（三）结论。尽管对个体犯罪人或群体犯罪人都进行有益的特别改造项目，但是连最成功的项目所显示出的成功率也很低，一般来说，再犯罪的可能性的减少幅度不到10%或15%。[199]当然，如果考虑累犯的社会成本，即使如此低的成功率也是有意义的。每一个避免发生的犯罪所节约的不仅是与犯罪伤害有关的成

---

[196] MacKenzie著:《什么起作用》，第162页。

[197] 同上注释。

[198] 同上注释。

[199] 参见Aos，Miller和Drake著:《基于证据的公共政策选择》(Evidence - Based Public Policy Options)，注释170，第9页。参见MacKenzie著:《什么起作用》(What Works)，见注释173。

本，还有与惩罚有关的成本，关押一个犯罪人一年的成本可以高达3万美元以上。[200] 换句话说，即使改造项目的成功率很低，但在成本上是有效率的。

不幸的是，对于不同改造项目的成功情况没有系统的评估。[201] 我们认为，我们所了解的项目效果大都建立在缺乏准确方法的研究所得出的数据上。另外，没有真正有效的改造项目的原因也许是，没有在多样性的人群中，根据个体改造的需要来对项目进行设计。如果这是事实的话，要使改造广泛的成功，就必须进行个性化的设计，这样就会比目前的项目的成本大得多。

第二节 作为分配原则的改造

由于对效果持怀疑态度，把改造作为分配原则基本上得不到支持。现行的美国法典很少对改造表示尊重。实际上，有些还明确地拒绝把改造作为分配原则，[202] 其他则暗中拒绝这样做。例如，《示范刑法典》把改造从其所列举的“有关犯罪定义条款的一般目的”中删除。[203] 评论者也建议，在分配制裁中不应该考虑

---

[200] 参见 James J. Stephan 著:《司法局统计:州监狱支出》(Bureau of Justice Statistics, State Prison Expenditures), 2001 3 (2004)。

[201] 参见 MacKenzie 著:《什么起作用》(What Works), 见注释173。

[202] 例如，1984年《联邦量刑改革法案》在指示创制《美国量刑指南》时指出:“委员会应该保证指南反映为了改造被告人而判处监禁刑的不适当性。”28《美国法典》(U. S. C.) §994(k) (Supp. Ⅲ 1985)。

[203] 参见《示范刑法典》(Model Penal Code) §1.02(1)(1985)。又见《加利福尼亚统一量刑法案》(California Uniform Sentencing Act),《加利福尼亚刑法典》(Cal. Penal Code) §1170(a)(1)(West 1985 & Supp. 1987) (“立法机关发现并宣称监禁的目的是惩罚”)。

改造，因为它具有潜在的不道德，并有以治疗为伪装滥用制裁的倾向。[204]

但是，即使为了讨论认为改造项目是有效的并且是具有成本效益的，这也并不意味着改造是一个受欢迎的责任和刑罚分配原则。例如，作为分配原则，一方面，改造不能给出正当理由来对那些不可能进行改造的人进行控制。另一方面，释放所有不能改造的犯罪人很明显是一个无可忍受的安排，因为这会使犯罪控制和道义惩罚目标收不到有益的效果。

也许改造自身很难有正当理由作为分配原则，但是与另一个分配原则合并则会具有某种有益的作用。例如，可以把改造与使丧失犯罪能力结合起来作为一个混合分配原则。在改造是不可能的情况下，可以改为使丧失犯罪能力原则，只要犯罪人是有危险的，就对他行使管辖权。当然，这个体系的成功要靠我们的能力来确定是否犯罪人要被改造，以及何时被改造，目前的行为科学还不具备这种能力。第十章和第十一章将阐述该问题。

在不需要以这种方式来改造犯罪人这一事实中，我们发现了另一个反对把改造作为分配原则的论点。不管怎样，根据其他原则进行分配的任何刑罚都会提供机会改造犯罪人。只要有可能，人们就会试图采用改造来决定刑事司法控制的期限。也就是说，人们通过把改造作为刑事司法体系的分配原则，把改造设置成矫正系统的主要运作政策，来促进改造。

---

[204] 参见 Francis A. Allen 著:《刑事司法的边缘》(The Borderland of Criminal Justice) 25 - 41 (1964); Norval Morris 著:《监禁的未来:走向惩罚性哲学》(The Future of Imprisonment: Towards a Punitive Philosophy), 72 Mich. L. Rev. 1161, 1174 (1974)。

第六章　使危险之人丧失犯罪能力

作为分配原则，使丧失犯罪能力不涉及威慑和改造所面临的无效问题。尽管非监禁措施也是有效的，但是通过使潜在的犯罪人丧失犯罪能力（一般是通过关押）来预防未来犯罪显然是可以做到的。对于使丧失犯罪能力作为分配原则，有不同类型的关注。因为目前的体系在预测未来危险性方面做得很差，导致很多不具有危险性的人被拘留，而很多具有危险性的人却没有被拘留。因此对于使丧失危险的分配原则的批评包括：（1）拘留不犯罪的人是不公平的而且是一种浪费；（2）不拘留那些犯罪的人使社会得不到有效的保护。目前的做法是，对预防性拘留进行伪装，使其看上去像是对过去的犯罪实施惩罚，也就是把预防性拘留伪装成刑事司法，这模糊了预防性拘留的本质，使以上两种情况更加恶化。在刑事司法体系被广泛理解为是对犯罪人的犯罪行为进行惩罚的情况下，用刑事司法体系作为预防性拘留机制，使人感觉到有必要使预防性拘留看起来像应当受到的惩罚。但是这种伪装有加大预防性拘留的无效性和不准确性的倾向。

本章第一节讨论了目前体系的预防性拘留措施是怎样披上刑事司法的外衣的，以及为什么披上刑事司法的外衣。第二节阐述了由此而产生的正义问题。这些正义问题显然导致了对个别被告人的不公平，但是故意的和经常性的不公正也削弱了该体系对于社会的道德可信性，因此也削弱了其犯罪控制效果。这种伪装也产生了预防性拘留问题，这些内容在第三节有论述。第四节探讨了预防性拘留与刑事司法功能被分开后，可能出现的优点。这意味着阻止使丧失犯罪能力作为刑事司法体系中的分配原则，该刑事司法体系有利于建立一个开放的、清晰的民事预防性拘留系统。[205]

第一节 给预防性拘留披上刑事司法的外衣

非专业人士一直把刑事司法体系视为实现正义，对犯罪人所实施的犯罪进行惩罚。[206] 但是在过去几十年中，司法体系的工作重点已经从惩罚过去的犯罪转移到通过关押和控制具有危险性的犯罪人来预防未来的侵害。有关惯犯的法案，如“三振出局”

---

[205] 本章大部分内容摘自 Paul H. Robinson 著:《惩罚危险性:将预防性拘留伪装成刑事司法》(Punishing Dangerousness: Cloaking Preventative Detention as Criminal Justice), 114 Harv. L. Rev. 1429 (2001)。之后 Robinson 著:《危险性》(Dangerousness)。

[206] 现代学术研究已经变得愿意使用非惩罚犯罪控制原则了。例如，威慑和使危险之人丧失犯罪能力，以规范刑罚的分配。但是，非专业人士一般不同意这个观点。参见 John M. Darley, Kevin M. Carlsmith 和 Paul H. Robinson 著:《作为刑罚动机的使丧失犯罪能力和公正的应得惩罚》(Incapacitation and Just Deserts as Motives for Punishment), 24 Law & Hum. Behav. 659, 659 (2000)。

法，对于反复犯罪的犯罪人规定了无期徒刑。[207] 管辖改革降低了少年接受与成年人一样的审判的年龄。[208] 犯罪团伙成员和招募成

---

[207] 参见 18《美国法典》(U.S.C.) §3559 (1994)(要求对第三次严重暴力重罪定罪时,判处终身监禁); Mont. Code Ann. §4618219 (1999)(要求在第二次或第三次定罪时,依据所实施重罪,判处终身监禁,不得提前释放); 参见 John Clark, James Austin 和 D. Alan Henry 著:《"三振出局"和你出局了:州立法评论》("Three Strikes and You're Out": A Review of State Legislation) 9 - 10 (Nat'l Inst. of Justice: Research in Brief, NJC 165369, 1997)(指出很多州已经扩大了现有惯犯法);州立法者全国大会,《"三振出局"量刑法》(Nat'l Conference of State Legislators, "Three Strikes" Sentencing Laws) 24 (1999)(指出在 1993 和 1999 年之间, 24 个州以及联邦政府颁布了"三振出局"法,几乎每个州都以某种形式加强适用于惯犯的量刑)。

这些法律的保护理念在三振出局法的立法过程中是突出的。在引用了"有犯罪前科的人再实施犯罪的比例很大的问题"之后，得出的结论认为"刑事司法体系对暴力犯罪和累犯的反应是不够的"，参议院的报告说，立法的目的是"把全国最危险的累犯从街道上清除掉，将之终身监禁"。H. R. Rep. No. 103463，再次印刷 in H. R. 3981, 103d Cong. 第 3 ~4 页（编成法典 at 18《美国法典》(U. S. C.) §3559 (1994))。参议员多数领导 Trent Lott 解释了联邦立法的需要，指出"一小撮不可救药的罪犯实施了大部分暴力犯罪，很多卷入这些犯罪的人因为监狱系统的'旋转门'而一次次获得释放"。139 Cong. Rec. 27,822 - 823 (1993)。

[208] 立法历史提供了证据证明这些改革所具有的保护理念。例如，1994 年加利福尼亚州的立法报告解释了把刑事指控的年龄从 16 岁降到 14 岁的需要，报告提出"公众有理由担心由青少年实施的暴力犯罪无论在数量上还是在暴力程度上都不断增加，得出的结论是，立法是对合法的公众愿望做出理性的反应来解决严重问题"。A. B. 560, 1993 - 1994 Leg., Reg. Sess. (Cal. 1994)。国会研究处(The Congressional Research Service)同样总结出州立法的理念:"把危险的孩子锁起来,使其不能在未来实施犯罪。"国会研究处(Cong. Research Serv), Pub. No. 951152,《成年人刑事司法体系中的青少年:概述》(Juveniles in the Adult Criminal Justice System: An Overview) 5 (1995)。众议院通过了的法律以及参议院正在审议的法律会将对假定成年人的指控年龄降低到 14 岁，并且允许在暴力犯罪和毒品犯罪中，对 13 岁的犯罪人进行指控。议案的"立法背景和需要"部分显示，"在当今的美国，对公共安全最有威胁的是青少年犯罪人"。H. R. Rep. No. 10586，第 14 页 (1997)。

员现在都要受到惩罚。[209] 梅根法（Megan's Law）要求把被定罪的性犯罪人名单在社区公布。[210] "危险性罪犯"法（sexual predator statutes）规定对于结束了犯罪行为但依然具有危险性的性犯罪

---

[209] 参见 Nev. Rev. Stat. 193. 168（1999）（提高对为促进犯罪团伙活动而实施的重罪的刑事处罚）；Okla. Stat. Ann. tit. 21，§ §856(D)-(F)（West Supp. 2000）（设置了一个包含团伙招募活动的犯罪）；《加利福尼亚刑法典》(Cal. Penal Code) §186. 22(a)(West Supp. 2001)（提出针对为团伙犯罪提供方便的特殊惩罚）；参见 Bart H. Rubin, Note, Hail, Hail, The Gangs Are All Here: Why New York Should Adopt a Comprehensive AntiGang Statute, 66 Fordham L. Rev. 2033（1998）（讨论了反团伙法的特征）。加利福尼亚法是该州 Street Terrorism and Enforcement Prevention Act 的一部分，这是对街头黑帮成员对邻居进行威胁、恐吓并实施大量犯罪所导致的危机状态做出的反应。《加利福尼亚刑法典》(Cal. Penal Code) 186. 21（West Supp. 1998）。

这里列出的以危险性为核心的最新改革并不是全部，很多有关死刑的规定的表述也使用危险性作为判处死刑的理由而不是作为判处监禁的理由。参见 Va. Code Ann. §19. 2264. 2（Michie 2000）；Wash. Rev. Code Ann. §10. 95. 070(8)（West Supp. 1999）；Wyo. Stat. Ann. §62102(h)(xi)（Michie 1999）。有时在死刑案件中，缺乏危险性是减刑要素。参见 Md. Code Ann. 著:《犯罪与刑罚》§413(g)(7)（1996）。偶尔在量刑时考虑犯罪前科而不是危险性。参见 Ark. Code Ann. §54604(31)（Michie 1997）；Okla. Stat. tit. 21，§701. 12(1)（1991）；Cal. Penal Code §190. 3(c)（West 1999）；又见 People v. Hawkins, 897 P. 2d 574, 597（1995）（检察官认为被告人的未来危险性是判处死刑的一个有利的重要因素，这种观点没有错误）。有时要求矫正官把被指控具有危险性的犯罪人从释放计划中删除。N. Y. Legis. Exec. Order 5. 1（1996）. 设置某些耻辱刑(shaming penalties)来"预防未来危险行为，而不是惩罚过去的行为"。Art Hubacher 著:《每个图画都讲述了一个故事:堪萨斯城的"约翰电视"合宪吗?》(Every Picture Tells a Story: Is Kansas City's "John TV" Constitutional?), 46 U. Kan. L. Rev. 551, 587（1998）。

[210] 联邦立法使州产生了经济方面的动力颁布这种性犯罪登记法(sexual offender registration statutes). 42 U. S. C. § §14071(g)，(i)。大部分州都这样做了。参见全国司法研究所（Nat'l Inst. of Justice），《性犯罪者社区公示》(Sex Offender Community Notification) I（Feb. 1997）。

人要进行拘留。[211] 并且量刑指南通常会增加有犯罪前科的犯罪人的刑期，因为这种犯罪人被认为非常有可能在未来实施犯罪。[212] 由于这些改革的共同特点比官方对具有危险性的人的控制更加引人注目，所以这些改革都包含着在历次改革立法中出现的一个基本原理。[213]

尽管个体的立法历史可能对推动每一次改革的预防理念是没有限制的，但是该体系整体上从刑罚转向预防，还没有与该系统在如何呈现自己的过程中进行相应的转移同时发生。该体系依然宣称，它在实现刑事“正义”并实施“惩罚”。但是，从逻辑上讲，它不可能去“惩罚危险性”，至少在这些术语的一般含义范围内是不可能的。“惩罚”就是“使（一个人）因犯罪或错误而经

---

[211] 华盛顿是第一个通过这种法的州。参见 Wash. Rev. Code §71.09 (1992)。其他州也颁布了类似的法律，参见 Iowa Code §901A.1 et seq.; Kan. Stat. Ann. §5929a01 (1994); Minn. Stat. §§253B.18,185 (1994); Wis. Stat. Ann. §980 (West 1998). 1996年12月堪萨斯州法的合宪性受到质疑，参见 Kansas v. Hendricks, 521 U.S. 346, 350 (1997)（保留该法案）。那时六个州有这种法律，其他五个是亚利桑那州、加利福尼亚州、明尼苏达州、华盛顿州和威斯康辛州，包括新泽西州和纽约州在内的 38 个州提交建议，成功地促使大法官们支持该法律。同上注释，第 371 页。

堪萨斯法的颁布的根据是，“性暴力犯罪人一般具有反社会的人格特点，现有的精神病治疗方式不能对其进行控制，这个特点使得他们容易实施性暴力行为，并且性暴力犯罪人反复从事性暴力的可能性很大”，参见 Kan. Stat. Ann. §5929a01 (1994)。

[212] 参见《美国量刑指南手册》(U.S. Sentencing Guidelines Manual) ch.4, pt. A (1998－99)；同上注释 at ch.5, pt. A（以“犯罪水平”和“犯罪前科分类”来提供量刑指南）；Ariz. Rev. Stat. §1690801(b)(1) (1995); Del. Code Ann. tit. Ⅱ, §6580(c)(1) (1995); Wash. Rev. Code Ann. §9.94A.010(1) (West 1985)。

在量刑指南中依赖犯罪前科的理念是其在使危险之人丧失犯罪能力的有效性。正如《美国联邦联邦量刑委员会的指南手册》中所解释的：“（犯罪前科种类计算中）所包含的特殊因素与现有的实证研究是一致的，现有实证研究评估惯犯和职业犯罪行为模式之间相关性。”《美国量刑指南手册》(U.S. Sentencing Guidelines Manual) 289 (1999)。

[213] 见注释 208～213。

历痛苦、损失或折磨”,[214] 因此惩罚的存在只能与过去的错误相关。“危险”意味着“可能导致损害、痛苦等”[215],即危险性描述了未来危害的威胁。可以“限制”、“拘留”或使具有危险性的人“丧失犯罪能力”,但从逻辑上讲却不能“惩罚”危险性。

一、对于制造应得惩罚与危险模糊性的改革者的实用价值

为什么把转向预防性拘留模糊化?为什么希望保持旧刑事“惩罚”的外观?如果改革者想要拘留具有危险性的犯罪人,为什么不采纳一个对预防性拘留的本质没有限制的体系?大部分司法管辖区允许对于因精神疾病、毒品依赖或传染病而具有危险性的人实施民事拘禁。[216] 为什么不愿意把预防性拘留适用于因其他原因而具有危险性的人或适用于刑期结束但依然具有危险性的人?

针对20世纪60年代的预防性拘留立法的激烈论战,有助于解释不愿意这样做的原因。[217] 批评者指责该立法是“发条橙子”

[214] 《韦氏新世界大学词典》(Webster's New World College Dictionary) 1180 (2nd ed. 1959)(补充强调)。

[215] 《韦氏新世界大学词典》,第372页。

[216] 参见 Paul H. Robinson 著:《前言:刑事与民事的区别和危险的无过错犯罪人》(Foreword: The Criminal - Civil Distinction and Dangerous Blameless Offenders), 83 J. Crim. L., Criminology 693, 711 - 714 和 notes. 57 - 68 (1993)。

[217] 对于按时间排序所制定的预防拘留法律,参见 Barbara Gottlieb 著:《“危险的”被告人的审前程序:州法律的比较分析》(The Pretrial Processing of “Dangerous” Defendants: A Comparative Analysis of State Laws) (Nat'l Inst. of Justice Study, 1984),在1984年保释改革法案报告中重新印制, H. R. Rep. No. 98121, app. A, at 90。第一批有关法律1967年出现在阿拉斯加州和特拉华州,1969年出现在马里兰州和南卡罗来纳州,分别在1967年和1969年出现在佛蒙特州,1970年出现在华盛顿特区。尽管宪法对审前预防拘留的认可, United States v. Edwards, 430 A. 2d 1321, 1343 (D. C. 1981), cert. denied, 455 U. S. 1022 (1982),很多司法管辖区都拒绝制定这种制度。授权预防拘留的24个州被列在 Gottlieb 中,注释218,第76页。

(clockwork orange)[218] 和“爱丽丝漫游奇境的正义”(Alice Wonderland justice)。在这种立法中，刑罚发生在犯罪之前，“集权国家”和“专制”被引入。反对者把该立法描述成“理性的不诚实”，并将之视为“人类所能犯的最悲惨的错误”，并且担心“该立法会改变美国司法的局面”。预防性拘留“不只是美国的方式”。[219]

对于20世纪60年代的预防性拘留立法的认识，大部分问题都是因为该立法提供了审判前预防性拘留。而目前的大部分改革仅在审判和定罪之后提供预防性拘留。但是对审判前预防性拘留，对量刑发生在审判之前的主要批评也可以适用于定罪后预防性拘留改革。因预防未来犯罪，超过应受监禁期的拘留成为正当。这种拘留不仅是对一个由尚未被定罪的人所实施的犯罪进行惩罚，而且实际上是对一个还没有实施的犯罪进行惩罚。

但是，“惩罚”未实施的犯罪，来预防犯罪的能力是目前体系的政治特色，在这个体系中，预防性拘留披着刑事司法的外衣。通过模糊责任和量刑的预防性本质，并使预防性拘留看上去与惩罚的刑事司法体系没有很大的区别，就可以避免关于预防性拘留的论战。

这种外衣的实际好处在于它提供了机会避开了对预防性拘留的逻辑限制。首先，如果拘留的理由是危险性，那么从逻辑上讲，就要求政府定期地证明被拘留人的持续危险性。如果危险性消失，拘留的合理性也就不存在了。但是，如果把拘留归为因过去犯罪而应受的惩罚，那么一旦量刑，就没有理由再考虑拘留的

---

[218] Glen Elsasser 著：《美国为审前拘禁被视为危险的嫌疑人辩护》(U. S. Defends Pretrial Jailings of Suspects Seen as Dangerous), Chi. Trib., Jan. 22, 1987, 1, 第16页(引用评论)。

[219] 具体内容见 Robinson 著：《危险性》(Dangerousness), 见注释206, 第1444～1445页。

合理性。在量刑时可以考虑与确定惩罚相关的因素，如犯罪人的行为、精神状态、犯罪时的能力以及所造成的伤害。把预防性拘留归类为“惩罚”使进行阶段性审查的需要模糊化。

其次，如果不是作为惩罚而是为了社会利益拘留一个人，那么拘留的条件就不应该是惩罚性的。被预防性拘留的人不是在接受惩罚，而是为了社会利益遭受自由被侵犯的痛苦。从逻辑上讲，精神病患者、毒品依赖者或因传染病被拘留者应该得到，却常常得不到比受到惩罚的人更好的条件。相反，如果关押是用于进行惩罚，犯罪人没有理由抱怨惩罚的条件。一个有关监禁的观点是，在人类尊严的范围内减少痛苦。给预防性拘留披上惩罚的外衣，该体系避免了必须证明其没有为预防性拘留提供非惩罚性条件的正当性。

再次，正当的预防性限制自由应该从逻辑上限制在所需要的最低程度来保证社会的安全。如果用软禁、脚镣、毒品治疗或其他方式来关押能够提供足够的保护，那么更高程度的限制是不正当的。这种最低限制原则不适用于应受的惩罚。Dan Kahan 和其他人的观点是，因为监禁具有谴责的表达力，它可能是一种普遍使用的惩罚形式。[220] 给预防性拘留披上刑事司法的外衣，然后使官方避免证明所采用的拘留方法的侵害性最小却提供了足够的保护。

最后，与预防性拘留原则的最低限制相一致。如果可以缩短

---

[220] 参见 Dan M. Kahan 著:《社会影响、社会意义和威慑》(Social Influence, Social Meaning and Deterrence), 83 Va. L. Rev. 349, 362 - 363, 384 (1997)(说明惩罚形式传达出的社会意义是:“监禁是一种非常有威力的道德否定;因为在美国文化中每个人的自由具有象征性的重要性,当社会剥夺了某人的自由时,就是社会对这个人的一种谴责,对此从不会有怀疑。”); Dan M. Kahan 著:《可替代制裁是什么意思?》(What Do Alternative Sanctions Mean?), 63 U. Chi. L. Rev. 591, 594 - 605 (1996)(讨论惩罚的“表达层面”以及监禁的道德谴责意义)。当然，为了预防性拘留而不是为了惩罚过去的犯罪，使丧失犯罪能力用得越多，但监禁所传达的对过去错误的谴责却不清晰。

限制时间或降低限制的侵犯性，那么被拘留人应该有权得到该待遇。如果关押的理由是惩罚性的，那么他就没有相同的权利提出得到待遇的主张。因惩罚而被关押的人，对于政府提供的待遇，没有比其他市民更多的权利。

这样，从所有这些给预防性拘留披上刑事司法外衣的现实的暗示中，改革者是受益的。通过继续将自己呈现为“实现正义”，通过使目的不明晰的改革预防性的本质模糊化，该体系可以不受限制地提供预防性拘留，从逻辑上讲，在一个清晰的预防性拘留制度中这种提供是有限制的。

二、现代伪装的开始：《示范刑法典》秘密地将损害结果的重要性打了折扣

刑事司法体系从支持正义转向推进预防性拘留，这不是一个新现象。从应得惩罚到危险性，这一转变源于20世纪50年代的改造和使丧失犯罪能力运动。例如，1962年颁布的《示范刑法典》规定，犯罪未遂的等级与犯罪既遂的等级相同，[221] 强奸未遂和强奸的等级相同，纵火未遂和纵火的等级相同。这种等级的判断与非专业人士的想法不同，非专业人士认为损害结果应该加重犯罪人的可谴责性，并且应该使其受到更严厉的惩罚。[222] 但是，如果目标是对危险的人进行最大化的社会控制，那么《示范刑

---

[221] 《示范刑法典》5.05（1）（1962）。起草者解释道：“这个分级制度理论可能阐释得很简单。达到了量刑依赖对行为人的反社会处理以及正确制裁的需要的程度，在根据计划的完成或失败所要求的措施的严厉程度上，可能没有什么不同。”《示范刑法典》§5.05(1) cmt. at 490（1985）。因推翻威慑目的，起草者免除了实施一级犯罪的未遂罪的责任。同上注释，第489～490页。

[222] 参见 Paul H. Robinson 和 John M. Darley 著：《正义、责任和谴责：公众观点和刑法》(Justice, Liability & Blame: Community Views and the Criminal Law) 14 - 28, 33 - 42(1995)。

法典》的定级方法是合理的。因警察的介入而没能实施犯罪的人与完成犯罪的人同样危险，这两种人都是改造和使丧失犯罪能力的对象。这与《示范量刑法案》相一致，该法案把犯罪严重性的重要程度最小化了。[223]

评估刑罚中，减少损害结果的重要性和犯罪的严重性的方法在20世纪70年代变得不那么具有吸引力了。那时，社会科学和医学对改造犯罪人的能力是有限的，这一点已经变得清晰了。[224]犯罪和之后对刑事司法的需要不会因临床进步的力量而消失，但是重要的一步已经走出：刑罚（criminal punishment）和应得惩罚（desert）之间的分离已经正式合法化了。

改革者很快认识到，即使改造是不切实际的，但是使丧失犯罪能力至少可以预防未来犯罪，并且很快接受了现代预防性拘留改革的看法，如降低成年人提起公诉的年龄。如果应得惩罚没有抑制刑事司法体系，那么就可以以任何犯罪控制计算证明能减少犯罪的形式来分配责任和刑罚。

改革者没有公然地对该体系重新描述以揭示其作为预防性拘留的本质，而是表现出渴望保持应受刑罚体系的假象。如果《示范刑法典》的起草者认为损害结果与等级不相关，他们完全可以把所有结果因素从《示范刑法典》有关犯罪的定义中删除，并且根据行为及所伴随的精神状态，把所有的犯罪界定为："有预谋地从事一个行为"，如放火烧楼、伪造官方文件或伤害他人。事实上，《示范刑法典》在犯罪的定义中保留了结果因素，

---

[223] 示范量刑法报告指出："该法案减少了根据特殊犯罪进行量刑的区别。根据本法案，危险的犯罪人可能被长时间关押，而不危险的则关押时间短。这第一次允许下列因素决定量刑成为可能，如被告人的性格、其未来的潜在威胁、其他类似因素等。"参见 Robinson 著：《危险性》（Dangerousness），见注释206，第1441页。

[224] 参见第五章第一节。

这意味着《示范刑法典》认为损害结果是重要的，只是在把犯罪未遂与犯罪既遂定为相同级别时否定结果因素。为什么采用这种奇特的方法？人们的推测是，起草者看到了保持刑罚体系外表的价值。[25]

三、作为分配标准，制裁和危险性之间不可避免的矛盾

第二章中阐述了追求正义与使危险的人丧失犯罪能力之间的自然矛盾。危险性和应得惩罚有截然不同的标准。应得惩罚是针对过去的错误，而危险性则起源于对未来错误的预测。一个人可能是危险的，但并不是应受谴责的，或者一个人是应受谴责的，但并不危险。例如，危险的、患有精神病的犯罪人，应得惩罚分配原则会宣告这个功能紊乱的人无罪，因为他不会因犯了罪而受到谴责，因而他不应受到惩罚。但是，使丧失犯罪能力原则会追究其责任并要求使之丧失犯罪能力，因为该犯罪人是危险的。

在一系列相反的案件中，即使应得惩罚原则要求对犯罪人进行惩罚，但使丧失犯罪能力原则却不要求对犯罪人进行惩罚。最近发现，年事已高的前纳粹集中营军官是不具有危险性的，但却应该受到惩罚。这种情况对于“伏都教”的教徒也适用，因为他们通过放置符咒或用针扎玩偶来企图杀人。由于他们的行为是无害的，也没有其他危险性，使丧失犯罪能力原则认为对他们施加刑事制裁是浪费资源。相反，制裁原则把人们的杀人企图视为惩罚的可谴责的证据。

就像在评估责任和量刑时所考虑的因素之间的区别一样，使

---

[25] 参见 Paul H. Robinson 著：《危害和罪恶在刑法中的作用：立法欺骗研究》(The Role of Harm and Evil in Criminal Law: A Study in Legislative Deception), 5 Journal of Contemporary Legal Issues 299 - 322 (1994)。

丧失犯罪能力和惩罚之间的固有矛盾具有实际的蕴涵。如果只用使危险之人丧失犯罪能力来决定刑事制裁的分配，就要以最能预测未来犯罪的那些因素来确定监禁期。累犯的可能性越大，监禁的可能性就越大，通常刑期就越长。对未来犯罪的最佳预报值是过去的工作情况。[226] 这样，在犯罪之前没有工作会加重犯罪程度或增加刑期。犯罪人的年龄和家庭情况也是未来犯罪的良好预报值，[227] 并且也可以决定犯罪人的责任和刑期。较年轻的犯罪人和家里没有父亲的犯罪人会有较长的监禁期。实际上，如果使危险之人丧失犯罪能力是唯一的分配原则的话，就没有理由等待通过犯罪的实施来追究刑事责任和进行惩罚。对一般的人进行筛选并把那些被认为是危险的人和需要使之丧失犯罪能力的人进行“定罪”会更加有效。[228]

---

[226] 参见 Don M. Gottfredson, Leslie T. Wilkins 和 Peter B. Hoffman 著:《假释和量刑指导》(Guidelines for Parole and Sentencing) 第41～67页 (1978) (包括九个最佳预测未来犯罪的因素中的就业历史); Peter W. Greenwood 和 Allan Abrahamse 著:《选择性监禁》(Selective Incapacitation) 105－106 (1982) (指出就业历史“在某种程度上与犯罪率有联系”)。

[227] 研究人员发现年龄是一个未来犯罪的有效预报因素。参见 Joseph J. Cocozza 和 Henry J. Steadman 著:《对危险行为采取措施和预测的改良》(Some Refinements in the Measurement and Prediction of Dangerous Behavior), 131 Am. J. Psychiatry 1012 (1974)。犯罪人家庭情况的各个方面也具有预测价值。参见 Alfred Blumstein, David P. Farrington 和 Soumyo Moitra 著:《青少年经历:无辜者、阻止者和坚持者》(Delinquency Careers: Innocents, Desisters, and Persisters), 6 Crime and Justice: An Annual Review of Research 187, 198 (Michael Tonry 和 Norval Morris eds., 1985)。

[228] 有一项研究表明，强奸者和非强奸者的区别在于对于某种刺激其阴茎的勃起反应。参见 Gene G. Abel, David H. Barlow, Edward B. Blanchard 和 Donald Guild 著:《强奸者的性激发因素》(The Components of Rapist's Sexual Arousal), 34 Archives Gen. Psychiatry 895, 895 (1977)。如果预测技术得到足够的完善，那么纯粹的使丧失犯罪能力分配原则就会认为它是分配刑事责任的一个合适的基础。参见 Sanford H. Kadish 著:《拒绝无辜》(The Decline of Innocence), 26 Cambridge L. J. 273 (1968)。

但是公然地依赖与使丧失犯罪能力有关的因素会令公正刑罚制度感到反感。一个人不应该因其工作经历记录差、年纪轻或家里没有父亲而受到更多的惩罚。当然在实施犯罪之前任何人都不能受到惩罚。使丧失犯罪能力原则不仅不关注与应得惩罚原则不同的标准，而且还完全忽视了应得惩罚原则的中心因素。如果目标是对未来犯罪的预防，所实施犯罪的本质就可能根本与之不相关。就是说使丧失犯罪能力和应得惩罚的传统原则相矛盾，它们不可避免地会把责任和刑罚进行不同的分配。支持一个，该体系就必须牺牲另一个。

四、否认矛盾

使丧失犯罪能力和应得惩罚之间最大的矛盾是否认这种矛盾的存在。人们一般认为，使丧失犯罪能力和应得惩罚可以以某种方式合并，使两者都达到各自的目的。第二章已经指出，《示范刑法典》列举了所有量刑的传统目的，包括使丧失犯罪能力和应得惩罚，指导法官进行量刑以使全部目的得到进一步有效地实现。[229] 该法典的释义解释说，是否其他目的应该“公正地得到协调”。[230] 但是，如何实现这一点？当使丧失犯罪能力和应得惩罚相矛盾时，这些原则就会导致不同的量刑，法官或量刑委员会必须在这些目的中间进行选择，推进一个目的则必须牺牲另一个。如果法官仅仅把两个相互矛盾的目的所提倡的量刑进行平均，那

---

[229] 参见《示范刑法典》1.02（2）（1962）。

[230] 参见《示范刑法典》1.02 cmt. at 2（Tentative Draft No. 2，1954）。

么最终的量刑不会对任何一个起到有效的作用。[231]

Norval Morris 等人提出另外一种观点，他们否认矛盾的存在。他们认为，仅仅通过避免应得惩罚和可谴责性之间的极端不一致，一个系统就可以根据危险性来确定量刑而不违反惩罚原则。[232] 这个观点认为，应得惩罚的要求是模糊的，这些要求是在极端比例失调的情况下运行的。根据这个观点，应得惩罚不要求具体的量刑，只确定公正刑罚范围的外围限制。

但是由于第七章进行了更加详细的论述，应得惩罚的要求并不模糊或具有灵活性。例如，Von Hirsch 指出，应得惩罚原则要求必须按照案件的等级排序[233]，根据正义的要求，可谴责性小的犯罪人所受到的惩罚应该比可谴责性大的犯罪人轻。如果惩罚量可以在有限的范围内浮动，并且普遍承认的可谴责性程度之间有大量的不同点，那么在某一起特殊案件中，犯罪人所应受的惩罚就会落入很窄的范围。范围的确定不是由可谴责性的程度与惩罚量之间的某种特殊联系所决定的，而是由把指定案件从大量的其他可辨识、可谴责性的案件中区分开的需要来决定的。实证性研

---

[231] 参见 Paul H. Robinson 著:《刑事制裁分配的混合原则》(Hybrid Principles for the Distribution of Criminal Sanctions), 82 Nw. U. L. Rev. 19 (1987); Paul H. Robinson 著:《为什么刑法在意非专业人士对公正的看法? 强制的与常态的犯罪控制》(Why Does the Criminal Law Care What the Lay Person Thinks Is Just? Coercive Versus Normative Crime Control), 86 Va. L. Rev. 1939 (2000)。

[232] 参见 Morris 著:《监禁的未来》(The Future of Imprisonment),见注释 205,第 73~76 页; Norval Morris 和 Marc Miller 著:《危险性预测》(Predictions of Dangerousness), 6 Crime and Justice: An Annual Review of Research 1, 35 (1985)。

[233] 参见 Andrew von Hirsch 著:《过去还是未来犯罪:罪犯量刑中的应得的惩罚还是危险性》(Past or Future Crimes: Deservedness and Dangerousness in the Sentencing of Criminals) 40 (1985) (hereinafter von Hirsch, Past or Future Crimes)。

究支撑这个观点。[234] 实践中的微小差别经常使非专业人士对应得惩罚的共同看法产生巨大变化。

第二节 正义问题

作为刑事司法的预防性拘留在外表和局部上是有问题的，它破坏了正义。例如，降低对成年人指控的年龄和比较长的监禁期会增加社会保护，少年实施的严重犯罪日益增进。[235] 但是，降低年龄使少年可以受到像成年人一样的指控却使得案件数量增加，在这样的案件中，缺乏道德控制力的年轻犯罪人会被认定为负有刑事责任。

毫无争议的是，很多年轻的犯罪人，特别是那些 15 岁以下的缺乏成年人的认知能力和控制力的没有意识到他们行为所导致的结果的恶劣性的犯罪人，有些年轻犯罪人则缺乏正常的行为控制机能。[236] 如果一个成年人因精神疾病或偶然醉酒而功能不良，

---

[234] 参见 Robinson 和 Darley 著：《正义、责任和谴责》（Justice，Liability，and Blame），见注释 223，第 229 ~ 271 页，第 273 页。

[235] 当今的青少年比 10 年前更加危险。例如，在 1976 年的谋杀罪和非过失杀人罪中，每 1 万个犯罪人中，14 至 17 岁的青少年占 10.6 个；1995 年之前，增加到 23.0 个。数据来自司法局统计，《刑事司法统计原始资料》（Sourcebook of Criminal Justice Statistics）(1995)，at 340，Tbl. 3.132 (1996)。

[236] 参见 Arthur T. Jersild，Charles W. Telford 和 Jane M. Sawrey 著：《儿童心理学》（Child Psychology）157 (7th ed. 1975)；Williams 著：《刑法》（Criminal Law），注释 126，第 818 页（“只有在特殊情况下，才能说青少年团伙中的成员知道在商店偷窃或接收赃物是‘错误的’，他知道警察不赞成这种行为，也许父母也不赞成，但是他自己不觉得这是错误的行为”）。

可以对其进行免责辩护。[237] 那么一个年轻的犯罪人因不成熟而同样被削弱了功能，就不能进行无罪辩护或罪轻辩护，因为成年人法院传统上不承认不成熟辩护。[238] 过去法院不需要应对这种辩护，因为年轻犯罪人的案件由青少年法院处理。最近将年轻人在成人法院审判的趋势导致产生这种辩护的需要，但还没有得到发展，也许是因为辩护会干扰对危险之人进行控制的目标。

使用"三振出局"和其他惯犯法对正义有更加普遍和更具损害性的扭曲，使用以预防为本位的、加长有前科犯罪人刑期的量刑指南也会对正义造成同样的扭曲。对未成年人犯罪的长期监禁是令人震惊的，也是众所周知的。例如，在第四章讨论的 Rummel v. Estelle[239] 案中，被告人从一个酒吧老板那里拿了 129.75 美元修理空调，而实际上他并没有打算修空调。对于其欺诈行为的定罪是第三次定罪，这使之符合受到终身监禁的条件，依据"三振出局"法没有获得假释的可能。[240] 但是，问题不仅存在于那些骇人听闻的案件中，也存在于每一起适用惯犯法或以前科为基础的量刑指南的案件中。虽然没有达到未成年人因支票欺诈而受终身监禁的程度，但在这些案件中所判的刑罚超过了

---

[237] 如果一个违法者已经造成法律所禁止的损害或罪恶，但是他没有能力识别其行为的错误性，也没有能力按法律要求行事，精神病、非自愿醉酒和胁迫等因素使其免于承担责任。《示范刑法典》2.08(4)，2.09(1)，4.01(1)（1962）。由于一个人因不成熟可以产生同样的免责条件，那么不成熟辩护在逻辑上应该是刑法免责制度中的一部分。有关免责的概念类比的讨论参见 Paul H. Robinson 著:《刑法》(Criminal Law)第 477 ~494 页（1997）。

[238] 规定了管辖权转移到针对所有规定年龄以下的被告人的青少年法院，参见 Paul H. Robinson 著:《刑罚辩护》(Criminal Law Defenses) 175（1984 和 Supp. 1998）。

[239] 445 U. S. 263（1980）. 前三个欺诈定罪使得 Rummel 符合终身监禁的条件。同上注释，第 265 ~266 页。

[240] 同上注释，第 284 ~285 页。

应得惩罚。

当然，进行过度的惩罚是这类制定法的目标，即大幅度增加高于犯罪所应得惩罚的刑罚，理由是以前的记录一般预示着未来的犯罪。但是这种政策的实施使刑事司法体系经常处以高于应得惩罚的刑罚。量刑指南特别重视先前的犯罪记录、三振出局和有关惯犯的规定，一般都对惯犯进行2倍、3倍甚至4倍的惩罚。[241]刑罚的初始部分很可能是所应受到的惩罚，但是随后即是纯粹预防性拘留，这一部分不能成为正当的应得惩罚。

人们可以构建一个理论，就像 Andrew von Hirsch 所做的，使先前犯罪记录与应得惩罚相关。[242] 在前面一个定罪之后又实施了犯罪，犯罪人会被视为“蔑视”司法体系。这种蔑视可以使增加初次犯罪人所应受的惩罚合理化，但似乎很难使因蔑视而判

---

[241] 根据三振出局法，对有犯罪前科的犯罪人所判刑罚常常是无犯罪前科犯罪人的4倍。一个实施了重罪的25岁的犯罪人，一般被判10年，服刑期少于10年，这个犯罪人可以被判强制性终身监禁并不得假释，这意味着他的刑期是45年以上。参见 Clark，Austin 和 Henry 著，注释208，第7~9页，exhibit 9；又见 Del. Code Ann. tit. 11，4214（1995）（阐述了第三次重罪定罪包含各种犯罪的徒刑，绑架和暴力抢劫也在其中）；720 Ⅲ. Comp. Stat. Ann. 5/33B1（West Supp. 1998）（阐述了第三次重罪定罪包含各种犯罪的无期徒刑，X 类重罪（Class X felonies）和刑事性犯罪也在其中）。量刑指南把判刑和犯罪人的犯罪前科联系起来，规定了对危险性的惩罚有类似的增加。根据联邦指南，如果一个犯罪人没有犯罪记录，他因实施10级犯罪，获刑6至12个月，但是如果他有重要的犯罪记录，则要获刑24至30个月；如果一个人没有犯罪记录，实施了19级犯罪，获刑30至37个月，但是如果他有重要的犯罪记录，则要获刑63至78个月；一个人如果没有犯罪记录，实施了37级犯罪，获刑210至262个月，但是如果他有重要的犯罪记录，则要获刑360个月至终身监禁。参见《美国量刑指南手册》（U. S. Sentencing Guidelines Manual）ch. 5，pt. A，sentencing tbl.（1997）。

[242] Andrew von Hirsch 著：《实现正义：刑罚的选择》（Doing Justice：The Choice of Punishments）85（1976）。但是 Andrew von Hirsch 后来收回对这个理论的支持，并依赖另一个理论，认为惩罚折扣可能适用于第一次犯罪的人。参见 Andrew von Hirsch 著：《过去或未来的犯罪》（Past or Future Crimes），见注释234，第78~85页。

处2倍、3倍甚至4倍的惩罚合理化。第二次抢劫的惯犯本质仅仅是决定可惩罚性的许多特点中的一个。[243] 第二次抢劫中所包含的“蔑视”使第二次抢劫比第一次抢劫更具可谴责性。但是，它几乎不能使之比第二次抢劫本身更具可谴责性（使惩罚加倍所需要的结论），也当然不是第二次抢劫本身可谴责性的2倍（3倍应得惩罚所需要的结论）。[244] 但是，尽管蔑视可以使因先前记录而大幅增加的刑罚的一小部分合理化，但是当预防性拘留与刑罚制度的偏离被遮掩时，该理论允许预防性拘留的支持者去实施预防性拘留计划。

另外，如果这种“蔑视”确实为累犯法提供正当理由，可谴责性的加重和刑罚的增加就会适用于所有的累犯，而不只是适用于个别人，即如果“蔑视”本身是可谴责的，就应该在任何语境下都是可谴责的，而不只在个别语境下是可谴责的。第二次暴力犯罪中的“蔑视”比第二次盗窃犯罪中的“蔑视”要更具有可谴责性，但是第二次盗窃犯罪中的“蔑视”也肯定具有相应的可谴责性。然而，三振出局的规定仅仅适用于有限的几种犯罪，通常是暴力犯罪，[245] 一般只对几种特定的犯罪史做出解释，又是关于暴力的犯罪史[246]。似乎很难构建一个允许这种有选择地增加惩罚的、无礼的应得惩罚理论。根据预防的理念，仅仅把惯犯的规定适用于暴力犯罪确实是有道理的，因为这些犯罪最需要

---

[243] Andrew Von Hirsch 同意这个结论。参见 Andrew von Hirsch 著：《过去或未来的犯罪》（Past or Future Crimes），见注释243，第131～136页。

[244] Cf. Robinson 和 Darley 著：《正义、责任和谴责》（Justice，Liability & Blame），见注释223，at study 18（1995）（显示了有关多种犯罪的社会的观点）。

[245] 参见 Clark、Austin 和 Henry 著：见注释208，第7～9页，exhibit 9（提供了一个表格，列出了各州惯犯量刑框架内的各种犯罪）。

[246] 参见 Wash. Rev. Code §§9.94A.030(23)，9.94A.030(27)，9.94.120(4)(1985)；Md. Ann. Code art. 27，§643B（1996）。

预防。

虽然不是经常发生，但刑事司法体系强调危险性，这也导致相反的扭曲情况，即缺乏正义，犯罪人不能受到应有的惩罚。这种错误可以发生在责任分配和惩罚量的评估中。例如，《示范刑法典》规定了对犯罪未遂责任的辩护，如果一个人“呈现出有（或无）公共危险”，并且该人的企图“从本质上说”不太可能成功，[247] 那么这种辩护对于为了使危险之人丧失犯罪能力而设计的制度是有意义的，因为关押不具有危险性的企图者是对预防资源的浪费。但是如果一个人认为其行为将导致刑事损害，无论其所选择的方法能否成功，他都应该受到惩罚。例如，一个携带艾滋病病毒的犯罪人在错误地认为他可以通过往受害人身上吐唾沫就可以杀人，而企图杀人，[248] 在这种情况下，如果杀人方法是不可能的，另外他也不具有其他危险性，那么根据《示范刑法典》的辩护规定，他可以逃脱责任。但是，如果杀人的意图是真实的，并且他已经表现出实施杀人意图的意愿，那么对于该企图的可谴责性是清楚的。

这种正义的缺失在量刑中更普遍，早在20多年前，许多司法管辖区已经存在了大量的自由裁量制度。如果犯罪人不再具有危险性，强调预防而不是惩罚的法官[249]会对一个严重的犯罪处以很轻的刑罚。最近发现，年事已高的前纳粹集中营官员可以逃脱

---

[247] 《示范刑法典》5.05（2）（1962）。

[248] 例如，这种错误利用艾滋病毒作用的攻击，参见 State v. Smith, 621 A. 2d 493 (N. J. Super. Ct. App. Div. 1993)。

[249] 在1981年的一项研究中，45%的法官认为“公平的惩罚是不重要的”。参见 S. Rep. No. 98225, at 41 n. 18（1983）[citing INSLAW/Yankelovich, Skelly 和 White, Inc., Federal Sentencing Ⅲ 4（1981）]；又见 Anthony Partridge 和 William B. Eldridge, 联邦司法中心，《第二巡回法院量刑研究：给第二巡回法院法官的报告》(The Second Circuit Sentencing Study: A Report to the Judges of the Second Circuit)（1974）。

他应得的惩罚。

使丧失犯罪能力和惩罚之间的矛盾所导致的正义问题很严重，不仅因为实现正义是其权利自身中的一个重要价值，也因为实现正义可以有犯罪预防作用，即结果主义者、功利主义者的观点。例如，第四章所指出的和第八章所详细探讨的，刑法的道德信誉建立在社会的看法之上，社会对于刑法的看法是刑事司法体系公正地分配责任和惩罚，刑法的道德信誉赋予了刑法犯罪控制的力量。如果刑法具有道德权威，它就避免了参与者，如警察、证人、检察官、法官和陪审团的反抗和破坏，而这种反抗和破坏可以破坏看上去不公正的制度。同样，刑法的道德信誉可以帮助避免治安维持的行为（vigilantism），当法律被视为不能按照人们的理解去履行其义务而实现正义时，那么就会引发治安维持的行为。具有道德信誉的刑法可以影响犯罪人，使之受到引导而服从刑法。更重要的是，道德权威赋予了刑法有说服力的权力，把以前不认为是可谴责的行为归为道德上可谴责的行为。就是说，它可以促进规范的内化使被禁止的行为受到劝阻。就是这个个人的、家庭的以及熟人的规范内化具有极大的控制行为的作用，该作用大于官方责任和惩罚的威胁。最后，通过使刑法在社会规范形成的过程中发挥作用，具有道德权威的刑法可以影响行为。

刑法的这些犯罪控制的力量是刑法道德信誉的功能，它是预防性拘留中的刑事司法体系，而不是实现正义中的刑事司法体系，希望可以得到与一个医生的道德权威相媲美的道德权威，医生有权决定一个患有精神疾病的人是否足以危险而必须受到民事拘禁。要求刑事司法体系根据未来危险来分配刑罚，而不是根据过去犯罪的可谴责性来分配，这会破坏该体系的道德信誉。起初因为预防性拘留改革所补充的保护而感到高兴的市民，无论如何都会认为该体系不再实现正义。由于刑事责任越来越脱离道德的可谴责性，刑法将具有较少的权威来形成规范，来促进规范的内化，影响违法者，避免治安维持的行为、避免反抗或破坏。从长远看，运用刑事司法体系作为预防性拘留的机制，破坏了犯罪预防的目标，而该目标正是用来使之合理化的。

第三节　预防性拘留的问题

第一节已经展示了目前刑事司法体系以公正刑罚为代价暗中提供各种方式的预防性拘留。具有讽刺意味的是，这种被伪装的预防性拘留也严重地影响了该体系的预防性拘留作用。

例如，目前的体系把以前的犯罪记录作为危险性的替代品，而不是通过对每一个犯罪人进行审查来确定这个人的实际的现实危险性。以前的记录与危险性具有一定的相关性，但仅仅是大致相关。行为科学家通过使用现有数据来预测未来犯罪行为的能力很差，[250] 用以前的犯罪前科作为预测的基础则更加欠缺准确性。曾经犯过罪的人容易再次犯罪这是事实，但是很多犯罪人并不实施其他犯罪。[251] 对于危险性的准确评估会揭示这个问题（即很多

---

[250] 查看已有研究可参见 Stephen J. Morse 著:《谴责和危险:论预防性拘留》(Blame and Danger: An Essay on Preventive Detention), 76 B. U. L. Rev. 113, 126 n. 39 (1996)。Morse 的结论是“心理健康专业人员对心理疾病患者未来实施犯罪的预测能力比猜测未来犯罪要强，但是准确率很低，特别是在这些专业人员试图使用临床方法来预测严重暴力的情况下。”同上注释，第 126 页。

[251] 参见明尼苏达州立法审计办公室(Office of the Legislative Auditor, State of Minnesota)，成年重罪犯的重复犯罪(Recidivism of Adult Felons)，网址：http://www.auditor.leg.state.mn.us/ped/1997/pe9701.htm（报告说研究中 55% 的重罪犯罪人在第一次被逮捕后三年之内都没有因再次犯罪而被定罪，并且发现杀人犯的累犯率最低）；又见司法局统计特别报告，1983 年被释放囚犯的累犯(Bureau of Justice Statistics Special Report, Recidivism of Prisoners Released in 1983)(1989)。

第二次犯罪的人不再是危险的)，而根据三振出局法和基于犯罪前科的指南，这些犯罪人却要承受长期的预防刑期。与此同时，对于危险性直接和明确的依赖，而不是对其替代品——犯罪记录的依赖揭示，很多第一次犯罪的人是危险的，而根据三振出局法和基于犯罪前科的指南，这些人没有受到预防性拘留。[252]

实际上，这个特殊的遮掩手段具有很好的预防作用。证据证明犯罪行为与年龄有很大的关系。[253] 无论是因为睾丸激素的改变还是其他原因，20 岁以上的人犯罪率稳步下降。当较年轻的犯罪人撒野时，以前记录的掩饰使我们忽视他们在实施犯罪，在年龄的自然力量控制犯罪人的情况下，以前记录的掩饰使我们启动长期监禁，而且常常是根据三振出局而启动监禁。犯罪人面临犯罪经历时，没有被拘留，因为他们还没有编辑他们的犯罪履历。

---

[252] 一个长期虐待配偶的人在被殴打的配偶离开时会变成疯狂的暴力实施者，他或她可能没有犯罪前科，因为殴打配偶经常能够使受害人不进行刑事指控，但是施虐者却呈现出明显而即刻就会发生的危险性。同样，跟踪威胁犯罪在一定情况下会显示出发生严重危险的极大可能性。参见 John Douglas 和 Mark Olshaker 著:《痴迷》(Obsession) 266 (1998)。但这类犯罪大部分都不会使近期的改革增加危险性规定。也就是说，犯罪情节和本质表面都应该有威胁生命的暴力，那么一个重视犯罪前科而不是危险性的体系没有理由去拘留违法者。

[253] 例如，1994 年尽管 40 岁以上的人占美国人口的 40%，被逮捕的人中只有 15% 年龄在 40 岁以上。司法局统计（Bureau of Justice Statistics），见注释 236，第 397 页 tbl. 4. 4。相反，30 岁的人占总人口的 16. 9%，却占被逮捕者的 25. 3%，司法局统计，见注释 236，第 397 页 tbl. 4. 4。19 岁至 29 岁的人占总人口的 15. 9%，却占被逮捕者的 37. 1%。司法局统计，见注释 236，第 397 页 tbl. 4. 4。杀人逮捕率表明 1993 年犯罪年龄下降：35 岁 ~44 岁这个年龄层的人中，10 万名男性中有 11. 9 名因杀人被捕。司法局统计，见注释 236，第 397 页 tbl. 4. 4。在 20 ~25 岁的人中，比例大于 2. 5 倍，每 10 万名男性中有 30. 0 名因杀人被逮捕。司法局统计，见注释 236，第 397 页 tbl. 4. 4。对于年龄在 21 ~24 岁之间的人当中，比例几乎高于 5 倍，即 10 万名男性中有 56. 8 名因杀人被逮捕。司法局统计，见注释 236，第 397 页 tbl. 4. 4。在 18 ~20 岁的人当中，比例几乎高于 8 倍，即 10 万名男性中有 91. 3 名因杀人被逮捕。近几十年的趋势是中年人犯罪减少。1970 年 35 至 44 岁的人中杀人逮捕率比 1993 年的高 2/3，即每 10 万人中有 19. 5 人对每 10 万人中有 11. 9 人。司法局统计，见注释 236，第 397 页 tbl. 4. 4。但是目前的改革将拘留更多的中年犯罪人，拘留时间也更长。

相反，经历了犯罪的犯罪人就被拘留，因为他们有所要求的犯罪记录。这种情况产生了昂贵的和浪费的预防制度，使监狱里充满了上了年纪的终身监禁者。同时，这种情况导致无效预防，因为在犯罪人生命中最需要的预防性拘留的那段时间里，该制度的作用很小或根本不起作用。一个合理的、有成本效益的预防性拘留制度会更倾向于拘留那些处于容易犯罪阶段的年轻犯罪人，并在他们处于无犯罪倾向的老年阶段时将其释放。但把预防性拘留披上惩罚的外衣需要促使使用先前记录替代实际危险性。

该伪装制度的无效方面是要求在有罪裁决或有罪答辩之后马上判定期刑。在确定应受刑期的长度时，量刑时所有相关信息都是已知的，即犯罪的性质、犯罪人的有罪性和能力。这样，决定惩罚的量刑法官没有理由不在审判之后马上作出一个完全确定的量刑（即确定释放日的刑期）。这又是一个允许减少刑期的制度，通过假释减少惩罚。一个公正的判决会因提前释放而遭到破坏，市民对此变得不满。正是这种不满导致了要求“判决与释放之间”和对于确立刑期和废除因假释提前释放作出立法反应。[254]

为了保持其公正的外衣，被伪装的预防性拘留制度必须遵守这个做法，即在审判后马上作出定期刑的判决。但这个做法与有效的预防性拘留非常不相称。要决定一个人目前的危险性是非常困难的。例如，如果今天他被释放，以后他是否会实施犯罪。现在预测犯罪人未来的危险性是比较困难的。如果犯罪人在将来的

---

[254] 1984年的《联邦量刑改革法案》的主要动机是试图重新建立信誉，强调“量刑确定性”，这是废除联邦假释委员会的众多实务之一。参见美国量刑委员会（U.S. Sentencing Comm'n），《量刑指南和政策报告书》（Sentencing Guidelines and Policy Statements）1.2（1987）（认为“国会第一次在量刑问题上务实……来避免源于当时不定期量刑制度的困惑和固有的欺骗”）。

某一天被释放，如在惩罚期限结束之时，他是否会实施犯罪。更加困难的是，在今天准确地预测未来预防性拘留需要持续多长时间，而这却是确定刑期所要求的，用现在决定确定的刑期来预测未来所需要的预防性拘留。

由量刑法官和指南的起草者来作出总的推测，不可避免地注定有以下两种情况：一是确定一个过长的刑期，这样就不公正地拘留了不危险的犯罪人并且浪费了预防资源；二是确定一个过短的刑期，这样就不能提供足够的预防。在这两个选择中作出决定，决定者一般会选择第一类错误，而不是第二类错误，以增加最近的监禁期。

一个合理的预防性拘留制度会与目前民事拘禁制度的做法一样，即通过确定目前的危险性来设定拘禁期限，通常是 6 个月，然后定期重新审视该决定来决定是否有继续拘禁的必要。[255]

由包装所导致的无效率出现在限制自由的办法中。即使被关押者受到社会安全所必需的最低水平的自由限制，合理的预防性拘留制度也要遵循最小侵犯原则。如果软禁和常规矫治能提供与监禁相同水平的社会安全，那么就应该使用前一个办法减少对犯罪人的侵犯，也减少社会成本。相反，实施惩罚一般要求用监狱期限来重申社会对犯罪的强烈谴责。如果预防性拘留必须在刑事公正的外衣下，即使是在用较少的侵犯可以满足预防的情况下，也必须遵循监禁的惩罚倾向。

隐藏在刑事公正背后的预防性拘留制度不仅没有有效率地保

---

[255] 参见 Idaho Code 66337（a）（Michie 2000）（要求部门负责人在第一个 90 天结束时检查是否有拘禁病人的需要，之后每 120 天检查一次）；R. I. Gen. Laws 40. 15. 34(f)（1997）（允许法院拘禁危险的人，但是要求法院每 6 个月对该命令检查一次）；S. D. Codified Laws Ann. 27A1014（Michie 2000）（要求由一个委员会来检查因精神病而被拘禁的病人，至少在第一年每 6 个月一次，之后每 12 个月一次）。

护社会，而且没有公平地处理那些被预防性拘留的人。如上所述，使用先前记录替代实际危险性导致了不准确性，这使得大量不具有危险性的犯罪人受到不必要的关押。使用定期刑也产生了同样的效果。在非监禁刑提供足够保护的情况下，使用监禁期提供了另一个无需限制自由的例子。

刑事正义外衣的不合理性扩展到预防性拘留制度的其他方面，如关押条件。如前所述，惩罚性条件与关押的刑罚理念完全一致。但是，如果一个犯罪人已经服完应得惩罚的那部分刑期，并继续因预防性理由而被关押，那么惩罚性条件就变得不相称。同样，当这种矫治可以减少预防性拘留的时间和侵犯程度，特别是适用最低限制原则时，被预防性拘留的犯罪人在逻辑上有权得到矫治。如果矫治可以减少个人牺牲的必要性，[256] 那么犯罪人就应该接受矫治。

第四节 分离实现正义和预防性拘留

现实中的问题一般呈现相互矛盾的利益，这些矛盾不可调和却可以相互妥协。相对而言，公平审判和新闻自由之间的自然矛盾就得不到解决，我们最多只能作出平衡，二者之中，每一个可以牺牲多少。同样，有效犯罪侦查中的社会利益与个人隐私利益之间的矛盾和宪法第四修正案的分析以及解决矛盾的标准机制在两者之间进行复杂的平衡。

---

[256] 例如，一些令人鼓舞的研究最近显示，对恋童癖的综合治疗成功率在90%以上。参见 Robert E. FreemanLongo 著:《在美国减少性骚扰:通过更严格的法律或进行公共教育和预防》(Reducing Sexual Abuse in America: Legislating Tougher Laws or Public Education and Prevention), 23 New Eng. J. on Crim. & Civ. Confinement 303, 323 (1997)。

幸运的是，没有必要让正义或预防性拘留的某一方进行妥协来促进另一方，因为可以通过把正义和预防性拘留之间的矛盾分别置于两个系统中来避免。第一个是刑事司法体系，完全集中于实施因过去犯罪而应受的惩罚。第二个是量刑之后的民事拘禁体系，只考虑使社会不受危险的犯罪人未来犯罪的侵犯。犯罪后拘禁的制度会更好地为社会和潜在的被关押人提供服务。

综上所述，在分离开的制度中，社会将处于良好的状态，因为这种制度提供了更多的正义，对危险犯罪人提供了更多的保护。为刑事司法体系提供更多的机会，实现正义对它自身也是有价值的。它也为该体系创造更多的道德信誉，进而具有更大的长期犯罪控制力量。一个清晰的预防性拘留制度提供了更好的保护，因为它可以直接考虑一个人目前的危险性并且更加准确地预测谁是危险的。与目前体系中需要在若干年前就进行危险性预测进行对比，这种体系也通过允许阶段性再评估而提高了准确性。准确性的加强使得更多的危险之人受到关押，这样就有了更好的保护，使得不危险的人受到关押的情况减少，以节约资源。

分离开的制度也对因同样原因被拘留的人有利。更准确的预测意味着更少地拘留不危险的犯罪人。阶段性的再评估导致拘留限于实际危险性。承认拘留的预防性本质也从逻辑上提出了矫治的权利、得到非惩罚性条件的权利和最低限制原则的适用，这意味着在那些被拘留的人中有更多的自由。

这个建议的关键不在于具有一个只由正义引导的刑事司法体系。大部分非专业人士认为，刑事司法体系一直在寻找这个目标。随着对预防性拘留制度的公开承认，困难反而来了。

有一些预防性拘留的先例。前面提到，所有的州都有某种形式的民事拘禁来保护社会。[257] 在有些州甚至有更加直接的判例。在这些州，目前有对某些犯罪人施行犯罪后关押的民事拘禁，典型的犯罪人是“性侵犯者”。[258] 在这些民事拘禁制度中，如果政府可以证明犯罪人依然有危险性，就可以在刑期结束时继续对其进行关押。[259]

尽管有先例，但是对于创造一个更加广泛的、清晰的预防性拘留制度的关注是可以理解的。[260] 政府滥用权力的古拉格群岛集中营的先例是真实的。但是，如果另一个选择是目前被遮掩的预防性拘留，那么去冒这个风险是值得的。预防性拘留的公开制度应该被明确地提出，因为它是公开的，而不是遮掩着的。没有人可以保证立法部门或法院不会有滥用其权力的企图。但是一个公开的制度会使滥用权力更加困难而不是更加容易。该制度的公开的预防性质需要认真地审查，而这正是目前被遮掩的制度所逃避的。有关三振出局量刑期限是否太长，目前的争论有代表性地变成了反对意见，争论会转向迫切需要争论的预防性拘留的很多方面。什么是预测危险性的可靠性？受到威胁的危险是否足以使对个人自由的侵犯合理化？根据现在

---

[257] 参见 Robinson 著：《危险性》（Dangerousness）见注释 206，第 1444 页。

[258] 同上注释，第 1431 页。

[259] 不像这里所提出的建议，没有迹象表明目前的“性侵犯者”立法排除了对危险性的依赖来设立刑事拘禁。与其说它是个隔离开的体系，不如说是个像预防性拘留体系那样的经过伪装的体系。

[260] 判决后民事拘禁提议可能会被认定为违反宪法。尽管最近民事拘禁的范围被略微扩大，但是看起来还是不仅要求认定危险性，还要求具有其他要素，如精神异常。参见 Kansas v. Hendricks, 521 U. S. 346, 358 (1997) [citing Heller v. Doe, 509 U. S. 312, 31415 (1993); Allen v. Illinois, 478 U. S. 364, 366 (1986)]。但是，可能会有奇怪的结果：通过定期检查危险的杀人犯的危险性来阻止民事拘禁，却允许法院像在 Rummel 一案中所做的那样判处一个实施轻微诈骗的犯罪人终身监禁，不得假释。

被遮掩的制度，这些问题从未出现过，因为该制度被说成是实现正义而不是预防性拘留。

想象一下，立法部门正在考虑一个清晰的预防性拘留法，该法案会对因轻微诈骗犯罪而被第三次定罪的犯罪人进行终身预防性拘留。这种立法很难为其进行辩护并且不太可能得到任何政治上的支持。实际上，如果 Rummel 被预防性地拘留了，想象一下最高法院对 Rummel 一案的审查，没有假释可能的终身监禁在刑事司法体系中可能是普遍的和可以接受的。在刑事司法体系中，严重的犯罪应受到严厉的惩罚。但是，在民事预防性拘留制度中，因财产犯罪而获终身关押，而且没有进一步的危险性审查，从表面上看是荒谬的。

有些人则持反对意见，认为在当今的美国要创立一个清晰的预防性拘留制度，甚至是一个仅限于即将从监狱中获释的危险的重罪犯人的制度，在政治上都是不可行的。来自保护的压力是不可避免的，而且以一种或另一种形式表达自己。如果唯一的选择是公开的预防性拘留和一个被遮掩的预防性拘留，无论是社会还是潜在的被关押人都应该倾向于公开的预防性拘留。如果存在预防性拘留的政府权力滥用的危险，那么当预防性拘留披上司法公正的外衣时，危险性最大。

第七章　应得惩罚的互竞概念：报复的、道义的、经验主义惩罚

应得惩罚是否应该是刑事责任和刑罚的分配原则？如果应得惩罚应该起作用的话，它将一直是一个引起激烈争论的内容。对于应得惩罚有各种理解，如应受的惩罚、公正的惩罚、报应的惩罚或“实现正义”，某种迹象表明，无论在学术争论还是在现实制度中，应得惩罚也许是具有优势地位的。[261] 因为一些现代量刑指南已经将其作为分配原则。在州刑法典的“目的”部分，应得惩罚越来越受到重视，在解释和适用法典条文中，可以作为指导原则。实际上，美国法律协会（American Law Institute）最近采纳了《示范刑法典》中的一个变动（是 1962 年法典颁布以来的第一个变动），即把应得惩罚作为量刑的正式支配原则。在各种情况下，法院都把应得惩罚看成指导原则，因为最高法院把报复主义尊为“死刑的主要合理理由”。

但是，对于应得惩罚的依赖理论界还有大量的争议。有些人认为，由于应得惩罚是无情而苛刻的，由于它对监狱的不正常偏爱；由于它是建立在那些模糊的理念之上，这些理念至多只是显示出要避免的极端惩罚；由于人民对于它的要求有着完全的不同

---

[261] 参见 Paul H. Robinson 著：《现代惩罚的互竞概念：报复的、道义的和经验主义的惩罚》（Competing Conceptions of Modern Desert：Vengeful，Deontological，and Empirical），67 Cambridge Law Journal 145，145 - 146（2008）。

看法；由于它没能避免可避免的犯罪；由于它是不道德的；由于它的实施是不切实际的，所以应得惩罚作为分配原则是不合适的。

这些反对意见多数情况下是有效的，至少在适用于某些应得惩罚概念时是有效的，但是在目前的争论中有三个截然不同的应得惩罚概念没有被区分开。这三个概念是：报复性惩罚、道义惩罚和经验主义惩罚。在对应得惩罚的批评中，所提出的异议对某一个应得惩罚概念是公平的，但对其他应得惩罚概念却是不公平的。这样，对于作为分配原则的应得惩罚的准确评价要求，需要把这三个应得惩罚概念进行区分并且对每一个概念的优缺点做出评判。

第一节　应得惩罚的互竞概念

目前，在对应得惩罚作为分配原则的合理性的争论中，应得惩罚的三个概念是清晰的。

一、报复性惩罚

很多作者所使用的应得惩罚概念被定义为“报复性惩罚”，这个概念可以在经常引用的《圣经》中见到，即“以眼还眼、以牙还牙、以手还手、以脚还脚、以烧死报以烧死、以使受伤报以受伤、以鞭打报以鞭打。”[262] 要求以其所受伤害和折磨同样的方式来惩罚犯罪人，这是典型的报复法，即“报复原则或报复

---

[262] 《出埃及记》(Exodus) 21，24 - 25。

法是指所受惩罚应该在程度上和种类上与犯罪人的犯罪相称。”[263] 用 Kant 的话说就是：“一个罪犯不能抱怨他所受到的惩罚是冤枉的唯一时刻是他把罪恶的行为带回给自己时，根据刑法典，他的所作所为就是他对别人犯下的罪。”[264]

有些作者认为，报复法并没有要求对犯罪人施加与他对受害人所造成的伤害相同的伤害，而只要求施以相应的权利剥夺。[265] 这种观点所提出的形式不那么苛刻，即应得惩罚与所导致的伤害不需要绝对一致。这种观点受到某些人的关注，他们认为：“应得惩罚应该与犯罪相适应”。[266] 但是，即使在这种淡化了的形式

---

[263] 参见《蓝登书屋英语词典》（The Random House Dictionary of the English Language），825（1966），又见《布莱克法律词典》（Black's Law Dictionary）913（6th ed.，1990）。（“Lex talionis”被界定为“同态复仇法”，该法要求对犯错误的人要施以其所造成伤害相同的报应 …… 正如摩西律法的公式，即‘以眼还眼、以牙还牙’）。

[264] 参见 Immanuel Kant 著：《道德形而上学》（The Metaphysics of Morals）169（Mary Gregor 译，剑桥大学出版社 1991）（1797）。其他作者也有类似的观点，参见 George P. Fletcher 著：《刑罚和责任》（Punishment and Responsibility），《法哲学和法律理论指南》（A Companion to Philosophy of Law and Legal Theory）517（Dennis Patterson，ed.，1996）（“惩罚的合法性要求应该将刑事准则普遍化并适用于他”）；G. W. F. Hegel 著：《法哲学原理》（Elements of the Philosophy of Right）129（Allen W. Wood，ed.，H. B. Nisbet trans.，1991）（1821）（惩罚“转而对自己不利”）；Erik Luna 著：《刑罚理论、整体论和恢复正义的程序概念》（Punishment Theory，Holism，and the Procedural Conception of Restorative Justice），2003 Utah L. Rev. 205，220（解释“正义的上下移动，即犯罪人所承受的暴力抵消犯罪人所实施的暴力）。

[265] 参见 Jeremy Waldron 著：《同态复仇法》（Lex Talionis），34 Ariz. L. Rev. 25，25 - 27（1992）。

[266] 作者们一般都用这个表述来把惩罚描述成分配原则。参见 J. C. Oleson 著：《评论：催眠》（Comment：The Punitive Coma），90 Calif. L. Rev. 829，note 59（2002）（“报应原则之一（“公平惩罚”理论）是比例原则，确保罪刑相适应”）；Russell L. Christopher 著：《检察官的困境：交易和刑罚》（The Prosecutor's Dilemma：Bargains and Punishments），72 Fordham L. Rev. 93，127（2003）（“报应主义坚持认为惩罚必须与犯罪相适应”）。

中，报复性惩罚的核心依然保持犯罪所造成伤害的程度。[267]

由于焦点是所造成的损害，应得惩罚的报复概念一般是从受害人的角度出发的。报复性正义"通过惩罚犯罪人和向受害人传达对其所遭受痛苦的关注来寻求犯罪人与受害人之间的平等。"[268]"在决定犯罪时，犯罪人就决定了自己要受到与受害人相同的痛苦。"[269] 联想到受害人的痛苦，进而把报复性惩罚和我们通常在受害人身上所看到的报复和仇恨的感觉相联系。这样，在这种惩罚概念下的刑罚有时被理解为在本质上把受害人报复制度化，即"做坏事的人所受到的伤害满足了受害人的仇恨，并且由于这种满足而使之正当化。"[270]

二、道义惩罚

文献中，应得惩罚的第二个概念被称为"道义惩罚"，它所注重的不是犯罪造成的损害而是犯罪人的可谴责性，并且这主要来自于道德哲学的观点和分析。"在道德上合理的是"做错事的人应该受到与其所犯错误相适应的痛苦。罪犯应该根据其罪行受到惩罚，并且惩罚的程度取决于其行为的恶劣程度。"[271]

---

[267] 参见 Robinson 著:《互竞概念》(Competing Conceptions)，见注释 262，at 147。

[268] 参见 George P. Fletcher 著:《报应理论中受害人的地位》(The Place of Victims in the Theory of Retribution)，3 Buff. Crim. L. Rev. 51，58 (1999)。

[269] 参见 Joel Feinberg 和 Hyman Gross 著:《法哲学》(Philosophy of Law) 541 (1980)。

[270] 参见《法哲学》(Philosophy of Law) 793 (Joel Feinberg 和 Jules Coleman 等编，2000 年第 6 版)。

[271] John Rawls 著:《两种规则概念》(Two Concepts of Rules)，64 Phil. Rev. 3，5 (1955)。此处的中心内容是 Immanuel Kant 的作品，参见《道德形而上学》(The Metaphysics of Morals)，《康德政治著作》(Immanuel Kant: Political Writings) 131，156 (Hans Reiss 编，H. B. Nisbet 译，1991)。

这样，评估惩罚的标准就比报复性惩罚的标准更加宽泛和丰富。任何影响犯罪人道德可谴责性的因素都可以在判断对他进行惩罚时予以考虑。损害程度和罪恶的严重性将是评估中的一部分，同时也会有各种各样的其他因素，如犯罪人可谴责的精神状态、缺乏可谴责的精神状态和犯罪时的条件，包括那些会导致主张无罪、免罪或罪轻的条件。这个概念的典型表述是："犯罪人应该受到特定的刑罚，不仅要看其导致损害的行为而且要看其实施该行为所应承担的责任。该评估必须要审查一系列对犯罪人产生影响的力量来确定责任的大小。"[272]

应得惩罚的道德概念的关键问题是其超越了特定的人和具体情况，它包括建立在基本价值之上的一系列原则和正当与善的原则，进而产生正义而不考虑政治、社会或其他具体情况的特殊性。Henry Sidgwick 对这种情况曾有过经典的描述，即道德判断是"从宇宙的角度"做出的。[273]

三、经验主义惩罚

像道义惩罚一样，经验主义惩罚也注重犯罪人的可谴责性。但是在确定评估刑罚原则时，看起来不是靠哲学分析而是靠社会正义直觉。经验主义惩罚的主要来源不是道德哲学，而是对导致人们对可谴责性直觉的实证性研究。[274] 现有的研究表明，起作用

---

[272] 参见 Samuel Pillsbury 著：《情感正义：论刑罚热情的道德问题》(Emotional Justice: Moralizing the Passions of Criminal Punishment), 74 Cornell L. Rev. 655, 663 (1989)。

[273] 参见 Henry Sidgwick 著：《道德方法》(The Methods of Ethics) 第 420 ~ 421 页 (7th ed.)。

[274] 关于该概念的讨论，参见 Robinson 和 Darley 著：《惩罚的效用》(Utility of Desert)，见注释 111，第 453 页，第 456 ~ 458 页（"我们所倡导的以惩罚为基础的责任制度一般是根据社会直觉所采用的正义原则来进行责任与惩罚的分配"）。

的各种因素与那些在确定道义惩罚中起作用的因素一样丰富而具有多样性。[275] 损害或罪恶的程度起着重要作用，但只是各种因素中的一种，很多与犯罪人情况和个人能力相关的因素也起着重要作用。

社会对个别案件的惩罚的看法在这里是不相关的。像道义惩罚一样，正义的概念预测将有一套责任和刑罚规则适用于所有的被告人，而不是特定案件的判决。另外，在收集数据来构建规则的过程中，真实的案件（特别是那些公众所知道的案件）一般都是没有用的。人们对这种案件的看法通常受到政治和社会环境或其他因素影响，如因种族或等级而产生的偏见，所有的人都会认为这种案件在确定正义原则中没有起到作用。[276] 相反，经验主义惩罚来自社会正义直觉，这一点被控制社会科学研究所揭示，控制社会科学研究决定了影响人们对侵犯者的可谴责性评估的因素。这些研究不针对抽象的因素向人们提问，而是让他们对各种尽心设计的案子进行“判决”，来发现什么是影响人们的刑罚判断的真正因素。[277] 换句话说，研究要揭示人们对正义的共识，这通常不是推理的结果而是直觉的结果。[278] 这种研究所得出的原则

---

[275] 参见 Robinson 和 Darley 著：《正义、责任和谴责》（Justice，Liability 和 Blame），注释 223，第 203 ~ 208 页（审视了研究中所显示的影响非专业人士对责任量和应得的惩罚的判断的各种因素）。

[276] 参见 Paul H. Robinson 和 Robert Kurzban 著：《正义直觉的和谐与矛盾》（Concordance 和 Conflict in Intuitions of Justice），91 Minn. L. Rev. 1829，1867 - 1890（2007）。

[277] 有关一般方法及其原因的讨论，参见 Robinson 和 Darley 著：《正义、责任和谴责》（Justice，Liability 和 Blame），见注释 223，第 7 ~ 11 页，第 217 ~ 228 页。

[278] 参见 Paul H. Robinson 和 John M. Darley 著：《正义直觉：刑法和正义政策的意义》（Intuitions of Justice：Implications for Criminal Law and Justice Policy），81 S. Cal. L. Rev. 1（2007）。

用于构建责任和刑罚原则，以同样的方式适用于所有被告人。

人们支持道义惩罚分配的理由是很明显的：即实现正义。但是，为什么人们会支持经验主义惩罚分配？为什么人们会在意社会正义直觉？就是因为社会直觉把刑罚视为正义，即使对这些直觉有强烈的认同，也没有这样体现出来。

支持经验主义惩罚分配的理由不在于其道德含义，而在于其实际结果。如果刑法按照社会正义直觉去分配责任与刑罚，那么法律就获得了权力和效率，避免了不公正制度中所激发的反抗和破坏，促使人们服从于法律这个道德权威，法律就在新的或灰色区域（如内部贸易）获得同盟，并且获得帮助制定有力的社会规范的能力。

四、报复性惩罚与其他惩罚概念

报复性惩罚、道义惩罚和经验主义惩罚在以下方面不同，这些不同具有重要的意义。

（一）惩罚量的作用：案件的顺序与刑罚统一体的终止点

报复性惩罚与另外两个惩罚概念的最大区别就是报复性惩罚关注所科刑罚的绝对量。对于报复性惩罚，这个绝对量是核心：如果不同时强调手段上的相同，报复性惩罚必须要在量上与犯罪行为所造成的痛苦相同。但是，对于道义惩罚和经验主义惩罚，惩罚的绝对量的重要性是有限的。它们最关注的是不同程度的道德可谴责性案件之间的相对惩罚量。后面两个正义概念主要集中于确保对犯罪人所科刑罚量，使之在所有不同程度可谴责性的案件中处于适当的等级排序中，而不是科以特别的惩罚量。[279]

正如所有社会都必须要做的是，在刑罚序列统一体中，一旦一个社会把自己置于一个特别的终止点，无论是死刑、终身监禁、15 年监禁或是更短期限的刑罚，任何已有案件的等级排序都有必要转化成明确的刑罚量：该刑罚量使犯罪人处于其适当的等级排序中。但是，对于道义和经验主义惩罚，刑罚量没有其他意义。如果刑罚序列统一体的终止点改变了，刑罚量则有必要保持其适当等级顺序。

这样，当刑罚的绝对严格性是报复性惩罚的中心时，它应该接近犯罪的痛苦，与道义和经验主义惩罚的关系是有限的。后两种惩罚的概念会在社会制定其刑罚序列统一体的终止点中发挥一定的作用，但是在发挥作用时，这些惩罚概念的运作与其在确立每个案件适当的等级排序时所发挥的核心功能是不同的。在设立刑罚序列统一体终止点的过程中，这些惩罚概念一般只能提供对所应避免的终极点的指导，而不对所选出的特殊终止点进行指导。

（二）刑罚方法的作用：刑罚方法与量

道义和经验主义惩罚所共有的另一个特点是刑罚方法，而报复性惩罚则没有该特点，只有后者关注刑罚方法。理想状态是，刑罚的方式是与受害人所承受痛苦的方式相匹配的方式。如果做不到这一点，至少应该以与犯罪性质相关的方式科以刑罚。这样，人们就认为报复性惩罚的概念是在谋杀案中支持使用死刑。

相反，道义和经验主义惩罚概念则对刑罚方法没有兴趣。它

---

[279] Andrew von Hirsch 著:《过去和未来的犯罪》(Past or Future Crimes)，见注释 243,第 39 ~46 页。(有关道义惩罚，von Hirsch 的解释是“惩罚应该被视为是在确定重要性顺序时的一个决定性原则)。

们的关注点是刑罚量，刑罚量使犯罪人因其可惩罚性处于适当的等级序列中。只要总的刑罚惩罚“力”达到这个等级，这些惩罚概念没有理由在乎用什么方法去施加惩罚“力”的量。

在采用各种不同制裁方法的情况下，犯罪人应该得到与每一个惩罚性“力”相称的刑罚“分数”。这要反映导致惩罚“力”差异的不同刑罚办法之间的比率设置。如果蹲一周监狱的“力”相当于一个月中几个周末的、或者相当于 80 个小时的社区服务，只要刑罚量是依犯罪人可谴责性应受的量，这些量刑中的任何一个都会使这些惩罚概念得到满足。理想的等价表就导致可选择性制裁，对于使用哪一种可选择性制裁，对于犯罪人和社区来讲都无所谓。

五、道义惩罚与经验主义惩罚

以上讨论表明道义惩罚与经验主义惩罚之间有很多相似之处。更重要的是，它们的焦点都集中在犯罪人的可谴责性上。但是，如人们所期望的，如果两者所基于的可谴责性观念有很大的差别，那么两者本质上就会有重大差别。道义惩罚的概念是建立在对正当与善的原则有充分理由的分析之上的，这产生了一个先验的观念：正义独立于社会的正义直觉。经验主义惩罚概念没有这种独立基础，它不在乎任何先验意义上的真正的道德可谴责性，而只注意人们对可谴责性化分所共有的直觉。

这些基本标准上的区别可以在责任与刑罚的分配中产生重大差异。例如，道德哲学家对于损害结果有着不同的看法，争论双方都有貌似有理的论据。[280] 相反，全部现有的数据都表明全世界都持有一个根深蒂固的观点，即损害结果是重要的，这增加了犯罪人的可谴责性和应受刑罚。[281] 这只是存在问题中的一个，对于这些问题，道德哲学分析的结论可能会不同于对于普通人正义直觉所做的实证研究的数据。[282]

也许比可谴责性判断中的差异更加重要的是基本理论之间的差异，这些基本理论主导这两个惩罚概念并形成惩罚概念的适用。在最基本的方式上，差异是：经验主义惩罚概念的特殊价值是其在犯罪控制中的实用效力；而道义惩罚概念的特殊价值是其

---

[280] 那些认为损害结果应该是有关系的学者包括：Leo Katz 著：《为什么成功的刺客比不成功的刺客邪恶》（Why the Successful Assassin Is More Wicked than the Unsuccessful One），88 Cal. L. Rev. 791，806（2000）（认为有原则的道德分析表明，在评估可谴责性时，应该考虑损害）；Ken Levy 著：《结果幸运问题的解决办法》（The Solution to the Problem of Outcome Luck），24 Law & Phil. 263（2005）；Michael S. Moore 著：《错误的独立道德意义》（The Independent Moral Significance of Wrongdoing），5 J. Contemp. Legal Issues 237，267 - 271（1994）（我们自己的经历说明，在道德范畴内"结果是相关的"，我们对自己的既遂错误行为比未遂的要更加自责，并且我们对于那些产生讨厌后果的合理道德选择不满意）。

但是，在这个领域存在着很大的分歧。参见 Joel Feinberg 著：《对失败企图的相同惩罚：一些不好却有教育意义的反对意见》（Equal Punishment for Failed Attempts: Some Bad But Instructive Arguments Against It），37 Ariz. L. Rev. 117，119（1995）；Sanford H. Kadish 著：《刑法与抽签运》（Thc Criminal Law and thc Luck of thc Draw），84 J. Crim. L. & Criminology 679，686（1994）（"由于刑法是要确认并处理那些对社会构成威胁的危险的犯罪人，所以惩罚未遂与既遂犯罪没有什么意义"）；Stephen J. Morse 著：《因果关系和结果的道德形而上学》（The Moral Metaphysics of Causation and Results），88 Cal. L. Rev. 879（2000）。

[281] Robinson 和 Darley 著：《正义、责任和谴责》（Justice，Liability & Blame），见注释 223，第 14 ~ 28 页，第 181 ~ 196 页（报告实证研究）。

[282] 对于刑法问题，与道德哲学家的观点相悖的公众观点，参见 Paul H. Robinson 著：《哲学和经验主义惩罚之间的竞争中道德哲学家的作用》（The Role of Moral Philosophers in the Competition Between Philosophical and Empirical, Desert），专题讨论会问题，48 Wm. & Mary L. Rev. 1831（2007）。

能够产生真正独立于个人或社会观点的正义原则的能力。

下一章审视经验主义惩罚作为分配原则的工具主义犯罪控制价值，但也只是简要地勾勒出这些争论。这也许有助于厘清为什么经验主义惩罚从根本上区别于道义惩罚。在发挥影响力方面，在避免对一个被认为不公正的制度进行反抗和破坏方面，在促进、传达和维持对于什么是可谴责的、什么是不可谴责的社会舆论方面，以及在通过遵守其道德权威而获得对不明确案件中判决的遵守方面，刑法效力的大小在很大程度上依赖于刑法在其所进行规范的人们心中的道德信誉。这样，如果现实责任的分配被认为是“实现正义”，如果分配的责任与刑罚的方式与社会正义直觉相一致，那么刑法的道德信誉对于有效控制犯罪是至关重要的，并且可得到提升。相反，偏离社会对公正的刑罚的看法，责任的分配就破坏了该制度的道德信誉及其犯罪控制效力。

虽然经验主义惩罚在犯罪控制效用方面具有优势，但其对社会正义直觉的依赖则呈现出严重的劣势。即使社会正义直觉高度一致，该直觉也可能是错误的。经验主义惩罚可以告诉我们：只有人们的想法才是公正的，而只有道义惩罚可以告诉我们什么是真正的公正。特别是在一个人的观点与很多人的观点相同的时候，如对南部的奴隶主或第二次世界大战中纳粹党成员的看法，他可能当时没有认识到其观点中的不公正，但后来认识到了。甚至是最流行的责任规则都有可能是不公正的。只有道义惩罚可以发现人们直觉中的这些不公正错误，并提出了一个惩罚概念来超越时间、社会和文化。只有道义惩罚可以教给我们方法，让我们以此对于什么是应该受到的惩罚说出实话，让我们从人类的非理性的变迁中隔离出来。

第二节　关于应得惩罚的性质的混乱结果

这里讨论的内容是，如果不重视有三种不同的惩罚概念的存在，在评论这三种惩罚概念作为责任与刑罚的分配原则时，一般会导致困惑。也就是说，对“惩罚”进行评论时，有时没有注意到，该评论可能对其中一种惩罚概念是有意义的，而对其他概念却是无意义的，因此作者一般都会拒绝“应得惩罚”，而实际上，从他们的评论中可以看出，他们只是拒绝某一个特定的惩罚概念。另外，当一个问题不是关于应得惩罚作为分配原则的正当性，而是暗示着另一个问题，如是否需要使用监狱或死刑。在这种情况下，由于没有重视惩罚的不同概念，作者们会对某一个惩罚概念进行分析进而得出结论，而后却会将该结论适用于其他不同的惩罚概念。

思考一下对惩罚的一系列评论。

一、苛刻吗？

对以应得惩罚为基础的分配的最常见抱怨就是它必须提供“苛刻的”或“严厉的”刑罚。

在实践中，报应与严厉相关。当人们想到刑罚政策，给罪犯公正的惩罚，人们一般会设想罪犯要服完全部刑期或更长的刑期，而不会想到他们会因善行折减（good time credits）、良好记录等因素，在服刑前获得减刑或假释。[283]

因为报复性惩罚的核心是在所造成的损害上，而不太考虑犯罪人的情况和能力，这样就很容易明白为什么损害所导致的刑罚被理解为是过于严厉的（至少从道义或经验主义惩罚角度看），因为它忽略了许多因素，而这些因素在道德哲学家和公众看来都与评估可谴责性有关。这样，当有关苛刻的评论似乎对一些人发生作用时，而它只是在适用报复性惩罚时起作用，当适用于道义和经验主义惩罚时，它就被误导了。的确，道义惩罚的基本标准是刑罚，就是应得的惩罚不会多也不会少。同样，经验主义惩罚力图根据来自于社会正义直觉的公正原则给予犯罪人所应受到的惩罚。然而，奇怪的是对此也有抱怨：这种观点认为建立在经验主义惩罚之上的责任和刑罚分配在体系上是苛刻的。

当然，每一个作者都会对应得惩罚的确切要求有自己的看法，他们的观点与道德哲学家或社会的不同。批评“惩罚”过于苛刻或严厉（或不苛刻或不够严厉）常常只是某个作者个人的观点。一个作者会认为“经济的、社会的、文化的或心理的剥夺”应该使犯罪行为免受惩罚，并得出结论认为没有体现这

---

[283] 参见 Edward Rubin 著:《对报应惩罚说不》(Just Say No To Retribution), 7 Buff. Crim. L. Rev. 17, 58 (2003)。其他作者有类似观点,参见 Craig Haney 著:《心理和监狱痛苦的限制:面对即将来临的第八修正案法中的危机》(Psychology and the Limits to Prison Pain: Confronting the Coming Crisis in Eighth Amendment Law), 3 Psych. Pub. Pol. and L. 499, 525, 528 (1997) (认为以惩罚为基础的量刑指南有必要提供“严厉的刑罚”); Michael Tonry 著:《削弱指南系统的理论和政策》(Theories and Policies Underlying Guidelines Systems), 105 Colum. L. Rev. 1233, 1264 (2005) (惩罚“需要施加过度的严厉处罚”)。

一观点的刑事司法体系是“苛刻的、具有惩罚性的”。[284] 但是这种评论必须要有针对性：这不意味着根据道义或经验主义惩罚所做出的强制性控告在体系上是苛刻的，而只是证明该作者对于这种惩罚的要求与其他人不同。

同样，另一个作者抨击应得惩罚，认为应得惩罚不公正，在设置犯罪等级时，对犯罪未遂与犯罪既遂的惩罚是不同的。他认为：“在对人们进行惩罚时，政府确实使其罪有应得了吗？即使是在我们超自然的惩罚性年代，我们都拒绝像惩罚那些道德上相当、但实际行动超出的犯罪既遂者一样惩罚那些软弱的犯罪未遂作恶者。”[285] 但是，这只说明该作者认为实现正义要求要有不同的规则，而在这个案件中，则不应该考虑损害结果。当然其他作者不同意他的观点。[286]（实际上，道德主义者之间对于惩罚的要求在很多方面都有不同意见，见下文第二节第五部分）不是所有的道德哲学家都同意他个人对这种惩罚要求的观点，一般来说这几乎不可能成为对道义惩罚的批评。

当这种批评指向经验主义惩罚时就不再有更大的影响。我们只知道一个人对惩罚的观点是什么，那么该观点也许会、也许不会影响社会的观点。这种反对意见对于社会科学家可以作为一个有用的数据，但只是一个数据而已。在第一个例子中，所持观点

---

[284] David Dolinko 著:《报应主义的三个错误》(Three Mistakes about Retributivism), 39 UCLA L. Rev. 1623, 1657(1992):“那些深思熟虑的报应主义者,诸如 Morse, Morris and Dressler 很快就不再讨论经济、社会、文化或心理不健康会使犯罪行为得到宽恕或罪责减轻的建议，这说明过度惩罚的态度不是错误地使用了报应主义，而是其自然的逻辑结果。报应主义没有能力将犯罪人所应受到的惩罚具体化，并强调痛恨和愤怒，更说明了这一点。”

[285] Rubin 著:《对报应惩罚说不》(Just Say No To Retribution),见注释 284,第 33 页。

[286] 见注释 281。

是“经济的、社会的、文化的或心理的剥夺”应该使犯罪行为免受惩罚，这个例子中的数据点（data point）是一个重要的离群点（outlier），很少有人会持这种观点。同样，对于每一个正义原则不能达到完全一致的意见，不能视之为是对经验主义的指责。

将之与对报复性惩罚的抱怨进行对比，对报复性惩罚的抱怨不只是针对责任规则之间的不一致，而是针对分配的刑罚所基于的基础标准，即针对与给受害人带来的痛苦相匹配。在这种语境下，该抱怨会有吸引力，因为报复性惩罚的分配标准没有考虑诸如可谴责的精神状态和免责条件等因素，这样就会经常性、体统性地产生过分苛刻的刑罚，至少从道义和经验主义惩罚角度看是这样。

二、是建立在愤怒和痛恨之上吗?

反对应得惩罚作为分配原则的指责之一是把“愤怒和痛恨合法化甚至美化”。[287]

“愤怒和痛恨被合法化，使其成为对犯罪做出的适当反映和刑罚的适当依据，把所施加的刑罚呈现为其本身的效力，这种理论在罪犯具有强烈的恐惧和厌恶时，是鲁莽和危险的混合物。除非精心地进行限定，否则它会使公众和法律体系纵容那些没有道德疑虑的报复发泄。”[288]“在我们这个最具有惩罚性反应的社会，继续坚持报复主义的思想模式会鼓励更加强烈的报复以及那些自以为是和自鸣得意的放任。”[289]

---

[287] Dolinko 著：《三个错误》（Three Mistakes），见注释 285，第 1651 页。

[288] Dolinko 著：《三个错误》，第 1652 页。

[289] 参见 David Dolinko 著：《对报应主义的思考》（Some Thoughts About Retributivism），101，《伦理》（Ethics），537，559（1991）。

指责应受刑罚是愤怒和痛恨的必然产物，这种指责在某些方面与前面提到的指责，即认为应受刑罚是苛刻的相似，但是这两种指责是不相同的。

人们会以相似的方式对上述两种指责做出反应：通过表明每一个指责都显示了报复性惩罚和道德与经验主义惩罚之间的混乱。也就是说，一旦到了把报复性惩罚与受害人的观点联系在一起的程度，就容易明白这种联想是如何展示对违法者的愤怒和痛恨的，这常常是受害人的一种反应。在这种情况下，人们会发现与报复性惩罚相反，道义和经验主义惩罚的观点与这种受害人的观点不同，因而这种指责对道义和经验主义惩罚不适用。道义和经验主义惩罚的关注点在犯罪人身上，特别是其可谴责性上，而不关注受害人及其损害，当然也关注受害人的愤怒和痛恨。实际上，他们的目标是尽可能地评估犯罪人的可谴责性，随后愤怒或痛恨的出现会是对这些惩罚概念的强烈谴责，因为它有歪曲可谴责性判断的准确性的风险。[290] 换句话说，指责应得的惩罚是愤怒和痛恨的必然结果，其反映出来的问题是，没有把报复性惩罚和道德与经验主义惩罚区分开来，这与对指责应得的惩罚必然要苛刻的反映相同。

但是，指责应得惩罚是基于愤怒和痛恨存在着问题，原因是，这是一个有关惩罚动机的指责而不是一个有关刑罚分配的指责。尽管该指责掺杂着对缺乏公正的实质性抱怨，但与公正却没

---

[290] Feinberg 和 Coleman 著：《法哲学》（Philosophy of Law），见注释 271，第 794 页：如果一个人所受到的惩罚大于其应受到的惩罚，那么这个人就受到了不公平的惩罚。不能因一个人犯罪而遭到痛恨，再根据痛恨的程度认为他是可谴责的（是否伤害一个敏感的人是非常应该受到谴责的，而伤害一个淡漠的人则可把谴责性降到最低?），这样，任何考虑痛恨的刑事判决（就像任何报复制度所做的那样）都违反了基本权利，是不公平的，在原则上也是错误的。

有关系。在任何特殊案件中或由于任何特殊的惩罚者，与道义或经验主义惩罚相一致的分配可以是被愤怒所激发的，但是该动力本身不使惩罚更公正或更加不公正。基于报复性惩罚分配之上的刑罚也一样。如果报复性惩罚分配恰好产生了与犯罪人的可谴责性相匹配的判决，那么虽然愤怒与痛恨激发了判决，但这个事实并不会使判决不公正。相反，如果报复性惩罚分配产生了不公正的判决（从道德或经验主义惩罚的角度看），缺乏愤怒因素并不使判决公正。社会有充分的理由使其刑罚的决定因各种原因不受愤怒和痛恨的影响，但是这种感情本身的出现仅可以作为批判惩罚者的依据，而不是批判刑罚的依据。

三、优先选择监狱还是更差的刑罚？

有时人们倾向于把应得惩罚与监禁联系起来[291]或与更严厉的刑罚联系起来。[292] 例如，在近期的讨论中，建议将《示范刑法典》变成分配原则，一个作者解释道："修订《示范刑法典》（以下简称《法典》）的计划否定了《法典》起初作为刑罚指导原则的改造选择，并建议用改造原则来替代它。无论对《法典》还是对国家来说，这都将是个严重的错误。因为这将把《法典》

[291] 《法律的发展：关押的替代方法》（Development in Law：Alternatives to Incarceration），111 Harv. L. Rev. 1967，1971（1998）（"在赞成报应的文化中，关押是一种惩罚选择。由于关押的惩罚性可以很容易地通过调整监禁期来进行调整，所以关押十分符合报应的核心：比例性前提。"）；David McCord 著：《设想对死刑的报应主义替代》（Imagining a Retributivist Alternative to Capital Punishment），50 Fla. L. Rev. 1，82（1998）（"对于任何设想其他替代死刑的具有足够报应性的做法，有两个限制，第一个是任何替代做法都必须建立在关押之上。"）。

[292] Rubin 著：《对报应惩罚说不》（Just Say No To Retribution），见注释284，第69页（2003）（"报应令人想到的第一件事是犯罪人应该在监狱期间受折磨。…… 通过折磨囚犯，社会对他所犯的错误进行报复，使其受到公正的惩罚。"）。

与当今美国刑法实践的最差的特征相提并论。现在没有必要重提这个做法的荒谬。众所周知，美国有着西方国家中最高的监禁率。重要的是我们要认识到，这个趋势已经被摒弃改造目标和信奉报偿原则的立法合法化了，有时甚至被恶化。如果《法典》也要信奉这个原则，就不可避免地被认为是支持我们目前的非理性、不道德和无效率的关押。”[293]

根据报复性惩罚的概念，如果“刑罚与犯罪相适应”，就会有人认为，监狱应该在刑罚方法中具有首选的地位，因为它最好地复制了受害人的痛苦，在有自由民主对刑罚方法的限制的情况下，任何较轻形式的刑罚都不能匹配犯罪人给受害人带来的痛苦。同样，从逻辑上，报复性惩罚的概念建议应对谋杀科以死刑。

但是，由于道义或经验主义惩罚都没有兴趣对把受害人的痛苦加到犯罪人身上，它们没有理由对监狱或其他刑罚方法做出优先选择。它们的兴趣只是根据其相对的可谴责性，保证对其科以一定量的刑罚，这个量要使犯罪人处于适当的等级排序中。任何获得这个结果的刑罚方法都会完全与道义和经验主义惩罚的要求相一致。

实际上，由于道义和经验主义惩罚的核心是惩罚量而不是刑罚方法，因而它们在实施方法上可以有更大的弹性，可以允许量刑制度和量刑法官在形成任何特殊的量刑方法或方法的结合中有完全的自由裁量权，只要根据犯罪人的可谴责性所科刑罚总量是他应该承受的。全部需要就是一个表格，根据某个方法的相关的惩罚“力”对每一个惩罚方法给出刑罚“学分”。一旦这种刑罚

---

[293] Rubin 著：《对报应惩罚说不》（Just Say No To Retribution），见注释284，第17页。

对应表建立起来，即设立罚金、周末监禁、监督下的缓刑、社区服务和任何其他制裁方法（这种表早已存在[294]）的等价表，只要总的惩罚“力”满足了所应得的惩罚的量，量刑法官就可以把监狱刑改成任何其他方法或几个方法的合并。理想的刑罚对应表应该是设定刑罚比率，这样犯罪人和社会就不在乎到底使用哪种刑罚方法了。[295]

如今的时代是对促进非关押制裁感兴趣，这种量刑弹性特别

---

[294] Harlow, Darley 和 Robinson 著:《中级刑事惩罚的严厉性:获得公众理解的心理测量办法》(The Severity of Intermediate Penal Sanctions),见注释 118, at 71, 85（给出一个刑罚对应表）; Paul H. Robinson 和宾夕法尼亚大学法学院刑法研究小组著:《马尔代夫刑法与量刑项目结项报告》(Final Report of the Maldivian Penal Law 和 Sentencing Project), Vol. 1, at 14 (2006), 可登陆网址: http://www.law.upenn.edu/cf/faculty/phrobins/（“该表格……（惩罚方法对应表 Punishment Method Equivalency Table）识别每一个非关押惩罚方法的时间长短与量所对应的监禁期”）; 同上注释，第 130 页（给出对应表）。

[295] 人们可能会认为，每一个犯罪人对惩罚的感觉不同，因此，实际上不可能构建一个惩罚体系，使每一个犯罪人受到应有的惩罚。参见 Michael Tonry 著:《刑事理论和政策的退化和内在性》(Obsolescence and Immanence in Penal Theory and Policy), 105 Colum. L. Rev. 1264 (2005)。换句话说，就是不可能构建一个惩罚“对应表”，因为每一个犯罪人对惩罚的体验都是独一无二的，这就意味着对于每一个犯罪人“对应表”必须是不同的。虽然对于道义惩罚这是正确的，道义惩罚关注对犯罪人施加其应受的惩罚，但却不适用于经验主义惩罚。经验主义惩罚关注的不是每个犯罪人实际应受的惩罚，而是符合社会公正直觉所要求的惩罚量。这样，重要的就是社会对刑事司法体系道德权威的看法，而不是犯罪人应得的惩罚这个至高无上的真理。经验主义惩罚所要求的不是根据每个犯罪人对每一类惩罚的反应程度所设置的对应表，而是根据社会对不同惩罚方法中相对具有惩罚“力”的集体判断。

有用。[296] 这种制裁不仅一般情况下比监禁成本低，而且通过改造、关押或威慑也有机会避免未来犯罪，而不破坏正义。

---

[296] 有关量刑制度的论述，参见 Paul H. Robinson 著:《惩罚、犯罪控制、不一致和惩罚单位》(Desert, Crime Control, Disparity, and Units of Punishment),《刑事理论与实践:刑事司法的传统与改革》(Penal Theory and Practice: Tradition and Innovation in Criminal Justice) 93 - 107 (Andrew Duff 等编，曼彻斯特大学出版社 1994)（论述了许多非关押方法及其惩罚“力”,以及对惩罚和工具主义者的关注点的适应性）; Paul H. Robinson 著:《21 世纪量刑制度?》(A Sentencing System for the 21st Century?), 66 Tex. L. Rev. 1, 41 - 61 (1987)（详细论述了如下观点：考虑犯罪严重性、数量以及其他相关判断和特点会导致与犯罪和犯罪人相适应的制裁量，但是，可以合并采用各种（许多非关押性的）方法来完成适当的制裁）。其他作者以不同形式发展了这一观点，参见 Norval Morris 和 Michael Tonry 著:《监狱和缓刑》(Between Prison and Probation) 73 - 81 (1990)（概述了依靠制裁的“合理的可交换性”的观点,包括非关押制裁以产生综合的量刑制度）; Andrew von Hirsch, Martin Wasik 和 Judith Greene 著:《社会中的刑罚与惩罚原则》(Punishments in the Community and the Principles of Desert), 20 Rutgers L. J. 595 (1989)（解释量刑电子网，涵盖了关押和非关押制裁，并介绍了在关押与非关押制裁之间的三个层次的替代可能）。

几个州已经采纳了或正在测试那些部分依赖非关押解决办法的量刑制度，参见新泽西州最高法院关于制裁和法律规定的司法会议,《制裁委员会报告》(Report of Committee on Sanctioning) (March 1992);《路易斯安那州量刑委员会指南》(Louisiana Sentencing Commission Guidelines), 22 La. Admin. Code tit. 22: IX(1) §403 (1992 年 5 月修订);《俄勒冈州行政规则》(Oregon Administrative Rules) §§253 - 05 - 011 et. seq. (Nov. 1989)。

四、只是模糊的要求?：设置刑罚连续统一体的终止点是“限制报复主义”

对应得惩罚作为分配原则的主要反对意见是其所谓的模糊性。[297]

每一个人都会认为5年监禁对于入店行窃是不公正的而且是苛刻的，或5美元的罚金对于强奸是不公正的而且是过轻的惩罚，但是除了这些事实清楚的案件之外，我们的直觉看起来帮不了我们。对于强奸来说，2年、5年或10年哪个刑期更合适？我们的公正应得惩罚直觉帮不了我们。[298]

有些像Norval Morris[299]那样的作者可能更愿意承认，应得惩罚不是一个无可救药的模糊概念，它具有一定的重要性，但他也会对此做一些相关的但略有不同的批评。应得惩罚不能说明详细的应科刑罚量，只能识别那些不应该进行的刑罚，因为这种惩罚与犯罪过于不相称。实际上，这是对美国法律协会最近对《示

---

[297] 参见John Braithwaite和Philip Petit著:《非应得的惩罚:共和理论的刑事司法》(Not Just Deserts: A Republican Theory of Criminal Justice) 180 (1990)(“惩罚的模糊性……使错误出现”)；R. A. Duff著:《刑罚交流:刑罚哲学的近期成果》(Penal Communications: Recent Work in the Philosophy of Punishment), 20 Crime & Just. 1, 7 (1996) (“仅仅求助于所谓的共同直觉是不够的，因为这种直觉尽管具有广泛性，还是需要解释：为什么他们应该受到折磨？为什么?”)

[298] Leo Katz著：《刑法》，《法哲学与法律理论指南》(A Companion to the Philosophy of Law and Legal Theory)第80~81页(Dennis Patterson编，1996)。

[299] Morris著：《监禁的未来》(The Future of Imprisonment)，见注释205，第75~76页(1974)：“当然惩罚是不能精确计量的。在评估和论证惩罚的过程中，法官应该反映出立法和公众对犯罪严重程度的看法，因此法官的作用是不确定的。另外，在不同的国家、不同文化、次文化群体和不同时代，对报应惩罚的最大强度的看法也存在着重大差异。但不管怎样，惩罚的概念在犯罪与刑罚之间总是保持着一个基本纽带。超过一个社会所认可的应得的惩罚的惩罚就是暴虐。”

范刑法典》Section 1.02（2）(a）的修正的基本假设，它指出了量刑条款的目的和规范其解释以及适用的原则：Subsection (2)(a)采用了Morris的研究资料发现，在特殊案件中实现正义的道德直觉总是粗略的、近似的，并且大部分人都有这样的体验。即使一个决策者对某一个案件的所有情节都熟悉，对犯罪人了解深入，对于决策者来说都几乎不可能（极端案子除外）说什么恰好就是犯罪人应得的惩罚。用Morris的话来讲，人类所拥有的"道德测量器"没有充分地精确调整到每一个判决。相反，他的假设是，对于大部分犯罪来说，大部分人的道德敏感性会使他们走向一系列所允许的制裁。在这个系列中，有的刑罚会清楚地表现出实现正义过度，而有些则看起来太宽松，但两者中间总是有灰色地带。

Subsection 1.02(2)(a)(i)在涉及比例适当刑罚的"严重性幅度"时，把Morris近似报应范围的观点列入了法典。[300]

如果人们还记得报复性惩罚的概念，刑罚要与所导致的损害相适应的要求为灵活适用留下很多空间，根据这一理论，模糊的主张会起作用，成比例的要求表明只需要近似值。另外，以牙还牙报复法并不这样模糊，即刑罚"应该在程度上和种类上都与犯罪人所犯罪行相对应"。[301] 不可否认，这会存在一些适用问题：即怎样准确地测算受害人的痛苦，如何复制痛苦？每一个受害人都以不同方式经历了犯罪，对吗？

但是，道义和经验主义惩罚都注重犯罪人的可谴责性而非受害人的痛苦，当适用于这两个概念时，尽管对模糊的指责也涉及

---

[300] 美国法律协会(American Law Institute),《示范刑法典修正案》(Model Penal Code Amendment）(2007年5月16日采纳），第8页。

[301] Robinson著：《互竞概念》（Competing Conceptions),见注释268,第261页。

犯罪人的可谴责性，那么同样的对模糊的指责很显然被误导。

在我们寻求道德敏感范围时，注重主观犯罪，把犯罪个体在长长的连续统一体中进行归类，从无瑕疵的美德到不可减轻的罪恶，刑法不适用于这种问题。在没有处理这种伦理差别的情况下，刑法面临着很多困难。刑法必须是普遍的，而不是与特殊行为的道德质量相关的。

罪行的问题就这样在刑法这架不精确的天平上被衡量着。刑法允许一些针对犯罪的客观严重性进行主观限制。[302]

但是，产生这种指责的一部分原因是他们没有重视这两个惩罚概念的特殊要求：即等级排序的要求。那些指责惩罚模糊性的人似乎错误地认为道义和经验主义惩罚力图提供一个犯罪所应承受的、全面的、绝对的刑罚量。[303] 尽管这种设想听起来是关于报复性惩罚的，而道义和经验主义惩罚没有要求这种绝对的、全面的刑罚量，经验主义惩罚和道义惩罚主要关心的是保证具有不同可谴责性的犯罪人受到不同的量的刑罚，每个刑罚都要与其相对的可谴责性相关。从整体上讲，等级排序不要求明确的刑罚量。如果在社会中有刑罚连续统一体的终止点，就要求明确惩罚量，使犯罪人处于适当的等级排序。Morris 等人发现，产生应受刑罚量的不确定性，并不是因为根据犯罪人可谴责性所做出的犯罪等

---

[302] Morris 著，见注释 205，第 74 页。

[303] 例如，看一下下面这段文字，作者认为他们正在揭示一个惩罚理论中的关键瑕疵："报应主义不能告诉我们，对于谋杀，什么样的刑罚是正确的，是否应该比入室盗窃高 20%，或者是入室盗窃的 2 倍。对于入室盗窃者，18 世纪的法官判处酷刑致死，阿拉巴马州的法官判处 10 年监禁，阿姆斯特丹法官判处赔偿被害人，这些法官都宣称他们给予犯罪人应有的惩罚。报应主义者没有回答哪个法官是正确的。报应主义者的观点是：只要他们对入室盗窃所做的判决在比例上高于较轻犯罪或低于较重犯罪的判决，他们就是正确的。"，参见 Braithwaite 和 Petit 著：《非应得的惩罚》(Not Just Deserts)，见注释 298，第 178 页。

级排序是模糊的，而是社会所接受的刑罚连续统一体的终止点是不同的。一旦终止点被设置，应受刑罚量的模糊性即消失。

设置刑罚连续统一体的终止点的计划可能包括各种目的，如威慑、关押、改造或惩罚。例如，全面威慑会把连续统一体的终止点定得很高以使威慑最大化。这样，从单纯的、全面威慑的角度看，折磨和砍断手可能是非常有用的。在这个语境下，惩罚的作用可能是有限的，沿着“有限的报复主义”路线标出不可接受的极端的范围。当然，设置刑罚连续统一体的终止点不是判决过程的一部分，进而也不是刑法典中所包括的分配原则的一部分，如改革《示范刑法典》试图使用“有限的报复主义”的概念。换句话说，那些造成该概念的错误是没有看到它只适用于这个有限的角色，即设置刑罚连续统一体的终止点，而不适用于这些惩罚概念的主要功能，这些惩罚概念用于决定如何沿着刑罚连续统一体来分配刑事责任和刑罚。

道义和经验主义惩罚对于设置刑罚连续统一体的终止点会有某种作用，但是在这一点上它们的成分的性质不同于它们作为刑罚分配原则：在这里，它们只识别极端情况，超越该极端的终止点就会是有问题的。[304] 换句话说，就是以这种有限的方式，用“有限的报复主义”来描述它们，设制范围标出不可接受的极端情况。

---

[304] 例如，Andrew von Hirsch 认为：“总体严厉程度高不符合刑事谴责的道德功能。通过刑罚的谴责特点，刑事制裁为人类停止某种行为提供了一个规范性理由：即实施某一行为是错误的，因此应该停止实施。…… 但是，刑罚的水平越高，刑事谴责所提供的停止该行为的规范性理由的重要意义就越小，而且该体系实际上就变得越发只是一个威慑体系了。……接受这个观点，就是要把刑罚保持在适度的水平上。”参见 Andrew von Hirsch 著：《比例量刑：原则性量刑中的惩罚观点》(Proportionate Sentences：A Desert Perspective in Principled Sentencing)，《理论和政策读物》(Readings on Theory 和 Policy) 174 (Andrew von Hirsch & Andrew Ashworth 编写，1998 年第二版)。

例如，经验主义惩罚理念说明了对于范围的限制，在这个范围中，应该设置刑罚连续统一体的终止点。终止点的设置不能太低也不能太高，否则会破坏社会对刑事司法体系是否在实现正义的集体判断。注意，这个判断必须是以文化为依托的。一个地方可能会以石刑作为可接受的终止点，[305] 另一个地方却会拒绝15年监禁，认为以此作为终止点太苛刻。[306] 另外，即使在同一种文化中，对刑罚严重程度的社会态度随着时间的推移也会有变化。[307]

无疑，对于把终止点设置到哪里，同一个地方的人都会有不同的意见。办法之一就是把这些不同意见进行平均，集中到一个适当的终止点以使认知偏差最小化，这种认知偏差会引发无效。人们也可以说，在这里分析不应该是对称的。例如，过高的终止点会比过低的终止点产生更多的反抗和破坏。按照这个观点，应该将终止点设置得足够低来避免大部分人的反对。这种完全不对称的情况不全是真实的，因为设置过低的终止点也有可能产生不同类型的破坏。例如，这会促使那些不受法律支配的惩罚过程被适用，如处私刑和治安维持的行为、过度的侵犯性指控、正常调查事实认定的破坏、使唯恐受到补充足刑罚的犯罪人受到“适

---

[305] 对于实施奸淫的已婚者，传统的回教法惩罚是石刑。Ibn Rushd 著：《优秀法律学者入门》（The Distinguished Jurist's Primer）523（Imran Ahsan Khan Nyazee 译，1994）。

[306] 例如，各个国家的一般监禁刑都有很大的不同。1999 年要求美国犯罪人被定罪后平均服刑 29 个月。《联合国犯罪倾向与刑事司法体系运作调查》（United Nations Survey of Crime Trends and Operations of Criminal Justice Systems）at 480。相反，荷兰犯罪人 5 个月后即被释放（同上注释，第 308 页），而哥伦比亚犯罪人平均要到 140 个月之后才能获释（同上注释，第 66 页）。

[307] 参见 Michael Tonry 著：《量刑是重要的》（Sentencing Matters）137（1996）（指出在 1975 年至 1989 年期间，在美国暴力犯罪的平均监禁刑增长三倍）。

当的刑罚”的决策过程。研究显示，人们的结论是终止点设置过高比设置过低对该体系的道德信誉更危险。

回到最初的问题，即对道义和经验主义惩罚的模糊性的指责，目前的讨论不能完全解决问题。有些作者甚至认为，只用模糊的术语就可以做出等级排序，认为设立明确的等级是不可能的。

通过把犯罪分级，如谋杀比强奸应该受到更重的刑罚，强奸比武装抢劫应该受到更重的刑罚等。也许报复主义可以决定大概要进行的刑罚，但是却决定不了强奸应受的刑罚是20、30或40年监禁。尽管报复主义不能设置主要的或绝对的刑罚水平，其倡导者坚持认为他们可以设置有序的或相对的刑罚（如谋杀罪比盗窃罪的刑罚要高）。但是，报复主义不能令人满意地决定刑罚程度的顺序。例如，即使我们认为所有其他方面都是相等的，谋杀罪比武装抢劫应该受到更重的刑罚，那么过失杀人比故意强奸或故意武装抢劫要受到更严重的刑罚吗？…… 报复主义对于下列问题没有做出回答：带有较低可责性的较重犯罪（如过失或放任）比带有较高可责性的较轻犯罪（如故意或意图）要受到更重还是更轻的刑罚？在这种情况下，报复主义不能决定犯罪顺序，也不能决定犯罪的等级以及所伴随的刑罚程度。[308] 很多道德哲学家对这个异议会做出答案，也可以对如何做出判断给出理由

[308] Russell L. Christopher 著：《预防报应主义："公正"刑罚的非正义》(Deterring Retributivism: The Injustice of "Just" Punishment), 96 Nw. U. L. Rev. 843, 893 (2002)(脚注省略)。

充分的描述，[309] 但是不可否认，这是类型的问题，不同的道德哲学家会给出不同的答案。无论如何这不是模糊性的问题而只是意见不同的问题（道德哲学家之间的不同意见会使建立在道义惩罚概念之上的刑事司法体系的构建很困难）。但是，在原则上却没有表明，为犯罪的等级排序，道义惩罚不能形成一个原则性很强的体系。

对经验主义惩罚提出模糊性指责时，反映截然不同。批评者认为，犯罪的可谴责性等级是超越人的正义直觉的，那些直觉太模糊以至于不能区分“严重”犯罪和“不严重”犯罪，也不能提供所需要的细微差别。但实证研究却描绘了一个令人瞩目的不同画面。

证据来自各种各样的实证性研究。[310] 在有些研究中，让受试者把犯罪或犯罪情节放到预先确定的类别中。在另一类研究中，让受试者给每一个犯罪或犯罪情节指定数值。[311] 所有这些研究的结果都是一致的，受试者的判断显示出大量的细微差别。[312] 事实中的小变化产生刑罚上的可预期的大变化。Durham 对调查的总结是：“事实上没有例外，市民们似乎能够为极其特殊的事件分

---

[309] 参见 von Hirsch 著：《比例量刑》（Proportionate Sentences），见注释 305，第 173～174 页：“有关比较等级，比例顺序提供了很好的指导：因类似犯罪被定罪的人应该受到严厉程度类似的刑罚（除了特殊情况下的特殊加重或减轻情节改变损害或行为的有罪性）；因不同严重程度的犯罪而定罪的人所受到的惩罚应该对应其严重程度。…… 当应受谴责的行为明显受到不同的惩罚时，犯罪人的权利就受到侵害。

[310] 详细论述参见 Robinson 和 Kurzban 著：《和谐与矛盾》（Concordance and Conflict），见注释 277，第 1～3 部分。

[311] 同上注释，第 1 部分和第 2 部分。

[312] Robinson 和 Kurzban 著：《和谐与矛盾》，第 1 部分。

配极其具体的刑罚。”[313] 试验的证据所显示的结果是，人们考虑了大量不同的因素，并且在不同的情况下赋予其不同的作用。这就是说，人们的正义直觉并不像批评者所认为的那样，是模糊的或过分单纯的，而是非常精细和复杂的。这表明，对报复性惩罚模糊进行指责可能是有效的，但当用于道义惩罚时这就是误导，至少在原则上是误导，而当适用于经验主义惩罚时，无论在原则上还是在实践中都是错误的。

五、属于深层次的不调和？

另外一个对应得惩罚作为刑事责任和刑罚的分配原则的反对意见是，担心即使每个人对应得惩罚的要求有清楚的概念，但是人们之间还是没有达成一致意见。应对这个指责，报复和道义惩罚的回应都很弱。报复性惩罚的问题来自其标准的模糊性：受害人痛苦“比例”的模糊性和受害人看法中固有的主观性（当然，报复性惩罚会通过坚持其严格与受害人痛苦准确匹配的形式而减轻上述批评，但这加强了认为其“苛刻”的反对意见）。

道义惩罚的问题略有不同。其分配原则的核心是固定的和具体的，即犯罪人的道德可谴责性，但是道德哲学家只是不同意，在已有案件中，这个原则如何转化为特定的刑罚。“报复主义者的标签似乎并不是特别有用，因为在报应主义者之间对具体问题的争论看起来比报应主义者和功利主义者之间的争论还要大。”[314]

人们对于正义直觉的不同意见也特别多，这使经验主义惩罚存在类似的情况。显然，人们对于正义的直觉意见不一致，这一

---

[313] Alexis M. Durham III 著：《公众的犯罪量刑观点：它存在吗？》（Public Opinion Regarding Sentences for Crime: Does it Exist?），21 J. Crim. Justice 1，2（1993）。

[314] Mark Tunick 著：《刑罚：理论与实践》（Punishment: Theory and Practice）107（1992）。

点是公认的。

“有理由怀疑，人们是否对犯罪行为严重性意见一致。虽然人们对损害的相对程度会有一致意见，但对于各种犯罪行为所导致的绝对损害量的意见看起来有很大的不同，同样对各种犯罪行为人所实施犯罪的相对或绝对水平也有不同意见。”[315]

即使假定分配中的报应是适当的，但也总是存在认识上的问题。我们怎么才能知道犯错误的人应承受什么样的刑罚？也许上帝知道，但是无数量刑实践表明，人们对于每个案子的直觉相差甚远。[316]

但是人们的共识与观察到的现实并不吻合。实际上，实证性研究显示了大部分人所共有的直觉，即严重的错误应该受到惩罚；也显示了大部分人所共有的另一个直觉，即不同案件的可谴责性是相对的，特别是犯罪的核心：违反社会伦理道德的犯罪（malum in se offenses）。近期的研究体现出，对于正义直觉的认同程度达到惊人的一致，该研究让受试者根据应受刑罚量把24个犯罪情节（crime scenario）按等级排序，特别是那些核心损害，如身体侵害、财产的剥夺和交易欺骗。受试者的成对等级判断与等级模型达到96%的一致。人们会认为，最普通的偏差是受试者“翻转”一组等级模型中两个相邻的情节。例如，受试者可能会把情节的等级列为S6、S8、S7、S9，“翻转了”情节S7和S8。如果这些简单的相邻“翻转”被排除，与小组等级模型相偏离的所有等级的百分比是2.7%。也就是说，抛开“翻

---

[315] John Monahan 著：《修改的刑事量刑的惩罚模式预测情况》（The Case for Prediction in the Modified Desert Model of Criminal Sentencing），5 Int'l J. L. 和 Psychiatry 103，105（1982）。

[316] Tonry 著：《退化与内在性》（Obsolescence and Immanence），见注释296，第1233页，第1263页。

转"，受试者的成对判断与小组等级模型达到了97.7%的一致。

在肯德尔一致性系数（Kendall's W coefficient of concordance）中发现了更加复杂的一致性统计方法，该方法中的1.0表示完全一致，0.0表示不一致。在这项研究中，在肯德尔一致性系数中，当面测试（in-person testing）结果是0.95，在线测试（on-line testing）结果是0.88（$p < 0.01$），这两个结果是惊人的一致。如果让受试者判断不同组里的点的相对亮度，人们也会预期有这么高的一致性。在让受试者进行更加主观或复杂的对比时，如让旅游杂志的读者对八个不同的旅游目的地进行恐怖风险排名，结果是0.52。如果让经济学家根据质量对20个经济学杂志进行排名，结果是0.095。[317]

在人口统计学，包括与本土研究相同的跨文化研究所审视的文化差异中，根据应受刑罚对不同情节进行的等级排序所达到的一致性一般都很高。[318] Newman 报告说，这些研究中的典型结论是，"每个行为及其相应的刑罚量都是相当的一致，"[319] 而且相对等级表明"在等级方面，全国是一致的"。[320]

对于"核心"犯罪，一致性最为明显，"核心"犯罪是指刑法所主要关注的犯罪，如人身侵犯、财产的掠夺和交易欺诈，但由于犯罪的本质离犯罪的核心越来越远，一致性变得不那么明显了。[321] 但是，如果出现不一致，经验主义惩罚提供了一个现成的

---

[317] Robinson 和 Kurzban 著:《和谐与矛盾》(Concordance & Conflict)，见注释277，at Parts Ⅱ. A. ,B. and Ⅲ。

[318] 同上注释，第3部分。

[319] Graeme Newman 著：《比较越轨行为：六种文化中的认识和法律》（Comparative Deviance：Perception and Law in Six Cultures）140（1976）。

[320] 同上注释，第141页（见表12，142－143）。

[321] Robinson 和 Kurzban 著：《和谐与矛盾》（Concordance & Conflict），见注释227，at Part Ⅳ. B. 和 C。

办法来解决不一致问题，即通过采纳大多数人的意见来解决。在道义惩罚中没有这种解决矛盾的办法。从经验主义惩罚角度看，最好是避免偏离社会观点，但是如果社会中存在着不一致，那么对公众观点的偏离是不可避免的，法律应该采纳对其道德信誉破坏最小的规则。这就是通常所说的采用多数规则（majority rule）而不是采用少数规则（mainority rule）。

如果人们的正义直觉有很大的差异，公众的共识把事情搞错了会是什么情况？有些表面上的不一致的原因就是误导的。例如，人们会错误地认为，如果人们不能区分等级排序和设置刑罚连续统一体的终止点，那么就会存在着不一致。虽然人们可能对一系列案件的相对可谴责性意见相同，但其中一些人会比另一些人倾向于更加苛刻的刑罚。这样，人们对连续统一体的终止点的不一致意见就掩盖了他们对连续统一体中案件的等级排序的一致意见。

另一个表面不一致意见的原因来自对案件中基本事实的不同看法。这种看法上的差异一定会低估而不会高估意见的一致性程度。当测试情节写得不清楚时，测试参加人就会有不同的理解，他们所共有的正义直觉本身也会预测参与人之间的判断差异。同样，当登在报纸头版头条的案件具有社会或政治含义时，不同的人所认识到的相关事实也是不同的。人们对 O. J. Simpson 和 Rodney King 案件中警察证言的看法是基于人们根据自己的生活经历对警察的态度。如果人们从证人证言中得出不同的结论，他们就可能对案件的相关事实有不同的认识，这可以预测他们对责任和应受刑罚有不同的观点。

如果人们不能分清楚报复性惩罚的焦点是绝对严重性，而道义和经验主义惩罚的焦点是等级排序，那么他们没有注意等级排序的高度一致性是有道理的。即使在后两个惩罚概念的语境中，也容易看到人们对刑罚连续统一体的适当终止点的不一致意见是如何自然而然地使已有的，对连续统一体中犯罪排序的一致意见变得不明显了。从新闻的描述和我们自己的讨论中，我们都能意识到，当新闻中提到应受刑罚时，我们经常与他人意见不一致。但是，这里要说的是，这些不一致一般不是对不同犯罪人的相对可谴责性的不一致意见，而是对刑罚的严厉性或对案件事实的不一致意见。

六、没有避免可避免的犯罪吗?

功利主义对应得惩罚分配原则的最根本指责就是认为它是无效的。考虑倡导刑罚与错误行为相适应的报应正义的观念。较高程度的刑罚可能会减少或者消除错误的发生。假定该理论对刑罚的要求是由于与错误行为相关的罪恶引发的（即错误行为本身是非正义的），坚持公正刑罚会导致可避免的错误行为应该会遇到麻烦。[322] 这种无效（disutility）对于功利主义来说是反对的主要原因。

"如果刑罚不起作用，刑罚即故意施加痛苦，就是无意义的、甚至是残酷的。可是，报复主义者恰好支持这一点，就是说，施加痛苦不导致未来利益。社会的目标应该是去减少整个人类的痛苦，而不是有意地去引起更多的痛苦。"[323] 从传统上看，工具主义者的倾向是通过分配责任来优化威慑、改造、使丧失犯

---

[322] Louis Kaplow 和 Steven Shavell 著：《公平与福利》（Fairness Versus Welfare），114 Harv. L. Rev. 961，1007（2001）。同样，一直有人抱怨说："即使刑罚的公平惩罚体系要大幅度增加犯罪率或制造无限多的无父亲家庭，报应主义者也会漠然视之。"参见 Luna 著：《刑罚理论》（Punishment Theory），见注释 265，第 221 页。

[323] Joshua Dressler 著：《认识刑法》（Understanding Criminal Law）22（4th ed. 2006）。

罪能力或几种分配的结合。[324] 那些寻求减少未来犯罪的结果主义者可能是正确的，他们指出，作为分配原则道义惩罚会允许未来犯罪发生，而该犯罪本来是可以用工具主义者的分配原则来避免的。例如，依赖传统的工具主义者分配原则。

当然，功利主义对道义惩罚的传统挑战并不反对经验主义惩罚，因为经验主义惩罚的责任和刑罚分配是专门用于减少未来犯罪的，其手段是利用构建刑法道德信誉所产生的对犯罪控制的社会影响力。也就是说，经验主义惩罚为采纳其为分配原则提供了功利主义的、结果主义者的观念。相反，道义惩罚分配实际上在优化有效犯罪控制上是无效的。犯罪控制的好处不仅来自道德意义上的“实现正义”，也来自经验主义、惩罚意义上的“实现正义”。公众认为是已经实现的正义给犯罪控制带来了好处，而不是该体系实现正义的成功给犯罪控制带来了好处。

七、不道德吗？

正如工具主义者反对效果差的犯罪控制，并将矛头指向应得惩罚分配原则，这在适用于道义惩罚时具有一定的作用，而在适用于经验主义惩罚时却没有反映，相反类型的反对意见也可以做出，即惩罚分配是不道德的。[325] 有些作者抱怨“应得惩罚[326]的非正义”。

---

[324] 例如，《示范刑法典》§1.02（1）（1962）（列举了条款的一般目的）。

[325] 参见 Luna 著：《刑罚理论》（Punishment Theory），见注释 265，第 207～208 页；Dolinko 著：《三个错误》（Three Mistakes），见注释 285，at 1635。Dolinko 提出因为报应主义者不能详细说明特定犯罪人的惩罚量，只能指定范围，因此不能说报应主义者的举动是道德的，因为他们不能给犯罪人确切地指出其所应该受到的惩罚是什么。

[326] Russell Christopher 著：《预防报应主义：“应得的”刑罚的非正义》（Deterring Retributivism：The Injustice of ‘Just’ Punishment），96 Nw. U. L. Rev. 843（2002）。

如人们所预期的，对于不道德指责的反应实质上是对上述无效指责的反应的颠倒。该反对意见可能会对经验主义惩罚起作用，但是对于道义惩罚却没有什么作用。虽然道德哲学家之间对如何把惩罚变成公正的特殊原则会有不同意见，但都会同意道义惩罚分配的主要目标是产生道德的刑事责任与刑罚。

另外，在适用于经验主义惩罚时，该评论是公平的，认为经验主义惩罚所产生的不是正义而只是符合了公众对正义的看法的责任和刑罚。即使社会正义直觉达到高度的一致，它也可能是错误的。在某个特定的时间和地点，一个行为的道德性可能会得到广泛的支持，只是后来才被揭示为是不道德的或不公正的，拥有奴隶这个行为就是这样一个例子。为了防止这样的错误，为了能够识别人们正义直觉是不公正的，一个体系必须求助于道义惩罚对其责任规则进行超验的检验。只有道义惩罚可以不受人类非理性和感情变化影响地告诉我们真正应得的惩罚是什么。

但是审视道德哲学家的现代方法论的结果表明，他们没有重视道义和经验主义惩罚之间的差异在实践中的重要性。他们在分析中总是过多地依赖正义直觉，因此其结论偏向于与人们共有直觉相一致的正义原则。这降低了对道德哲学的依赖程度，以提供经验主义惩罚所需要的超验检验。

道德哲学家目前所使用的方法依赖各种方式的正义直觉。道德哲学家现在所采用的标准形式是根据哲学家自己对每一个解决方法的直觉来检验一系列假设中的变量，如 Rawls 的“沉思的平衡”（reflective equilibrium）[327] 对不同假设的直觉解决办法所做出

---

[327] John Rawls 著：《正义论》（A Theory of Justice）48（1971）（解释：正义的最佳感觉是那种一个人在深思熟虑状态中的判断，即一种考虑了各种正义概念之后所达到的状态）。

判断的差异被用作数据点，哲学家从这些数据中得到道德原则，而这些道德原则再次被检验和提炼，途径是检验新的系列假设中的道德原则与哲学家的直觉。

但是，在方法上对正义直觉的依赖造成了有利于与直觉一致的道德原则的偏向。不管怎样，那些原则性强的、理由充分的道德原则没有在哲学家中广泛传播，甚至可能被放弃，仅仅因为哲学家作为一个群体认为，他们的结果与直觉不一致，这是对哲学家共有直觉的实际否决。[328]

具有讽刺意味的是，现代道德哲学的弱点所起到的实际作用是，使作为分配原则的经验主义惩罚不那么具有吸引力。在道德哲学没有预先识别社会共有道德是错误的情况下，经验主义惩罚更有可能导致后来被证实是不公正的结果。尽管经验主义惩罚优点较多，缺点较少，但经验主义惩罚仍不是理想的分配原则。

八、执行是不切实际的？

作者们一般都认为构建一个以惩罚原则为基础的刑事司法体系是不切实际的。在起草《美国量刑委员会指南》的过程中，委员之间的争论一般就是围绕这个问题进行。因为“应得的惩罚”的“不切实际”以及“与量刑的管理和程序要求不相容”，它不能用作起草指南的根据。[329] 但是如前面所指出的，美国法律

---

[328] Paul H. Robinson 著:《哲学和经验主义惩罚竞争中道德哲学家的作用》(The Role of Moral Philosophers in the Competition Between Philosophical and Empirical Desert), 48 Wm. & Mary L. Rev. 1831 (2007)。

[329] Ilene H. Nagel 著:最高法院审查:前言:构造量刑自由裁量权:新联邦量刑指南 (Supreme Court Review: Foreword: Structuring Sentencing Discretion: The New Federal Sentencing Guidelines New Federal), 80 J. Crim. L. 和 Criminology 883, 920 (1990)。

协会最近将惩罚作为《示范刑法典》量刑方案的分配原则。[330] 执行以惩罚为根据的分配原则是可能的还是不可能的？答案要看人们头脑中惩罚的概念是什么。

（一）报复和道义惩罚

产生一个建立在报复性惩罚之上的刑事责任和刑罚制度是困难的，至少在被冲淡的“比例”形式上，这种形式在自由民主中、在政治上可能是合适的。报复性惩罚没能就分配责任和刑罚的确切标准提供足够详细的规定。确切的含义是要求刑罚与犯罪的伤害或受害人的痛苦相适应吗？如果比例是指固定连续统一体中的等级排序，就像在道义和经验主义惩罚中那样，那么它就可以变成具体的量刑，但是看起来它只做出了一般性的指导，因其自身仅与受害人痛苦程度的概念相关。也许更加麻烦的是该标准所具有的潜在主观本质。如果犯罪人的刑罚要与受害人的痛苦相匹配，应受刑罚的决定就不能建立在犯罪的客观事实上，而是要求检查这个犯罪中的特定受害人的痛苦是多少。这些不是不可超越的障碍，但是这种障碍会在有严重分歧的情况下出现，严重的分歧一般涉及什么是报复性惩罚的要求，在没有权威机制解决这些分歧的情况下，用报复性惩罚作分配原则来创制和运作一个有效的刑事司法体系是不现实的。

同样，道义惩罚是否可以为一个有效的分配原则提供依据，也是不清楚的，如《示范刑法典》中提供的依据。道义惩罚在原则上能够对每一个案件提供特殊的量刑，但是在实践中依赖它是不现实的。对于许多惩罚问题，道德哲学家的观点有着实质性的差别，又缺乏帮助非哲学家在互相冲突的观点中做出选择的有

---

[330] 《示范刑法典》§1.02（2007 年 5 月 16 日采纳）。此处的惩罚已经确定，其他原则只有在起作用或与惩罚不冲突时使用。

效方法，这些意味着尽管任何一个道德哲学家都能够创制一个分配刑罚的体系，但是创制一个权威的、以道义惩罚为依据的体系是困难的。

（二）经验主义惩罚

如何进行经验主义惩罚？它能够成为一个有效的刑事司法体系的实践依据吗？由于担心缺乏细微差别和前面讨论过的一致意见，大家都认为“不行”。例如，把美国量刑委员会的量刑指南建立在惩罚之上，而该惩罚又缺乏所要求的细微差别，大法官Breyer在他的反对意见中解释道：“公正的惩罚方法要求，委员会应该按严重程度列出犯罪行为的顺序，然后按比例地适用那些同样按等级排列的刑罚。例如，盗窃被视为比污染更加有害，那么盗窃犯应该受到比污染者更严厉的惩罚。……考虑到这种平衡（trade-off）过程的内在主观性，委员会很快意识到，在公平惩罚方面，只有未加工的行为排序才可以被发展。尽管由公平惩罚观念推动的指南在语言和形式上进行了理性包装，使用了诸如“严重性的等级顺序”等术语，但是，在大量的术语中可以看出，该等级还不完全是客观的。”[331] 他还认为，惩罚缺乏所需要的一致意见，他说：“一些刑事司法体系的研究者强烈地敦促委员会遵循他们所谓的“公平惩罚”方法。……运用这一方法的困难是，不同的委员会对不同犯罪严重性的等级排序意见不一致。”[332]

---

[331] Stephen Breyer 著：《联邦量刑指南及其所依赖的关键妥协点》（The Federal Sentencing Guidelines and the Key Compromises Upon Which They Rest），17 Hofstra L. Rev. 1，15 - 17（1988）（脚注省略）。其他主张犯罪不能按等级排序的作者，参见Dolinko 著：《三个错误》（Three Mistakes），见注释285。

[332] Breyer 著：《联邦量刑指南》（The Federal Sentencing Guidelines），见注释332，第15～16页。

一般各州刑法典都把犯罪分为12个等级。[33] 现代量刑指南可以使用几十个分类。[34] 假定量刑法官想要细化刑罚量，支持经验主义惩罚的非专业人士的直觉是否能够提供足够的细微差别来满足这个水平特殊性的要求？第四节和第五节明确指出，非专业人士正义的直觉是有细微差别的，并且是一致意见的主题，特别体现在构成实践中主要犯罪的核心错误上，即人身侵犯、财产掠夺和交易欺诈。从经验主义惩罚角度来看，个别的量刑委员会成员有不同观点是不重要的。社会共同的正义直觉才是应该起决定作用的，而不是量刑委员会成员的正义直觉在起作用，因为只有通过构建更大的社会道德信誉，该体系才能充分发挥其犯罪控制作用。

现有的实证研究告诉我们，人们不仅会对不同案件的相对可谴责性达成一致意见，还为我们描绘出人们一致意见与不一致意见的轮廓。他们不仅描绘不同错误行为的相对严重性还描绘增加和减少违法者可谴责性的因素。一组研究显示了公众对责任规则的看法，这些责任规则规范的内容很广泛，如未遂的客观要求、造成禁止风险的责任、共犯的客观要求、不作为责任的要求、自卫中的武力使用、保护财产中的武力使用、市民的执法权、犯罪的有罪性要求、共犯的有罪性要求、规范以下事项的责任规则，如自愿醉酒（voluntary intoxication）、精神病、未成年、非自愿

---

[33] Ariz. Rev. Stat. §13－601（2006）（分为6种重罪,3种轻罪和1种微罪）；Colo. Rev. Stat. §181104（1999）（列出6种重罪，3种轻罪和2种"微罪"）；Kan. Stat. Ann. §214704 et seq.（1995）（显示10种重罪，分为"毒品"和"非毒品"犯罪和3种轻罪）；Neb. Rev. Stat. 28105，106（1995）（8种重罪和7种轻罪）。

[34] 《美国联邦量刑指南》描绘了远端范围，包含43个犯罪等级。《美国量刑指南手册》（U. S. Sentencing Guidelines Manual）§5A（Nov. 2004），网址：http://www.ussc.gov/2004guid/gl2004.pdf。

醉酒、胁迫、诱捕行为、性犯罪要求、个人与所禁止结果的因果关系的重要性（因果关系要求），重罪谋杀规则和规范多方面相关犯罪的刑罚。[335]

但是，实际上需要更多的调查。就现有研究所覆盖的领域，每一个只涉及其特殊内容的基础问题。更重要的是，尽管有文献描述非专业人士作为一个群体的直觉，也有文献证明存在着很多意见高度一致的地方，这两个文献都需要结合。我们不仅需要更好地了解社会对于各种各样问题的共同直觉，还需要了解他们一致意见的大概情况和人口统计学数据。[336]

如果确实存在不同意见，有许多情况（特别是在核心错误行为之外）是这样的，经验主义惩罚逻辑表明一个解决这些意见不一致的明显机制是：采用反映大多数人意见的原则，按需要说明少数意见对一个问题所具有的较强烈的感觉。[337]

（三）与经验主义惩罚偏离

人们可以把一个体系建立在作为分配原则的经验主义惩罚之上，但这并不意味着人们愿意这样做。在某些情况下，人们想让

---

[335] Robinson 和 Darley 著：《正义、责任和谴责》(Justice, Liability & Blame)，见注释223；Linda Drazga Maxfield，Willie Martin 和 Christine Kitchens 著：《公正刑罚：公众观点和联邦量刑指南》(Just Punishment: Public Perceptions and the Federal Sentencing Guidelines)，美国量刑委员会研究公告(Research Bulletin for the United States Sentencing Commission)(1997)，网址：http://www.ussc.gov/research.htm（描述了一个研究项目，对比了美国公民对四种联邦犯罪的态度并用量刑指南进行比较）；A. Conaboy 致美国量刑委员会的信，《公众对联邦犯罪量刑的意见》(Public Opinion on Sentencing Federal Crimes)(1997)，网址：http://www.ussc.gov/research.htm（报告全国调查结果，对比个人如何对因联邦犯罪被定罪的人进行量刑，并将该制裁与《联邦刑法典》所规定的制裁相比较）。

[336] Robinson 和 Kurzban 著：《和谐与矛盾》(Concordance & Conflict)，见注释277，at Part Ⅳ（论述非专业人士的正义直觉之间不一致的表面原因和真正原因）。

[337] 参见以上注释 Section 7.B.5。

刑事体系的分配原则偏离社会的正义直觉（即使在直觉之间意见不一致）。首先，在超验的道德意义上，社会的正义直觉被证明有可能是不道德的。其次，明显存在着大量的社会利益，这很重要，因为这些利益超过了经验主义惩罚分配的犯罪控制所带来的利益，如公平的告知（fair notice）、程序公平以及控制警察和限制政府对私人生活侵犯的需要。[338] 最后，社会希望利用刑法来把社会的正义直觉改变成一种被视为更加与社会价值一致的观点。例如，公众决定他们希望积极地改变人们现有的、有关相对严重性的直觉，如醉酒驾车、家庭暴力、同性性交、知情人交易或网络版权侵犯。[339]

所以在任何现实世界中的刑事司法体系中，在有些情况下体系偏离社会的正义直觉是不可避免的。但是偏离并不意味着构建法律的道德信誉失败了。没有理由认为任何与社会正义直觉的偏离都会彻底毁坏刑事司法体系的道德信誉，而这个过程看起来更像是一个递增作用的过程。[340] 体系与社会正义直觉越吻合，其道

---

[338] Paul H. Robinson 和 Michael T. Cahill 著:《无正义之法》(Law Without Justice) 90, 137, 186 (2006)（解释那些社会利益高于严格遵守惩罚的情况，如法律不能预期所以不能予以注意的情况；适用法律过严致使某人所受到的惩罚超出了法律精神；需要促进对个人权利的尊敬而限制刑事司法官员的错误行为；允许外交豁免以预防在国外的外交官遭到报复；豁免国内政治家以保护其履行政治职责的能力)。

[339] 参见 Robinson 和 Kurzban 著:《和谐与矛盾》(Concordance & Conflict),见注释277,第1892~1893页。

[340] 参见 Joseph S. Hall 著:《注意:被引导至非正义？量刑指南对贫困被告人和共设辩护的影响》(Note: Guided to Injustice? The Effect of Sentencing Guidelines on Indigent Defendants and Public Defense), 36 Am. Crim. L. Rev. 1331 1364 - 1365 (1999):“但是，指责力量的主要要求是，市民把法律视为是公平而有道德信誉的。即当很小的不公正迹象都会在公众眼中变得明显起来时，刑法就丧失了其有效遣责的能力。……由于人们认为法律的不公平性增加了，所以他们无视法律的倾向也增加了。”

德信誉越高；它越偏离经验主义惩罚，并对偏离就越不在乎，其道德权威就越低。

这里所做出的结论不是因为偏离是必须的，所以把经验主义惩罚作为分配原则就没有价值，而是正好相反，即体系不应该偏离经验主义惩罚，除非偏离所带来的利益是足够的清楚和充实，以至于可以超过该偏离对体系道德信誉的破坏所付出的代价。

第三节　小结：三个惩罚的具体描述

前面已经作了详细的论述，但这里有必要再重新审视一下这三个惩罚概念，包括所做出的结论。

报复性惩罚的焦点是犯罪损害和受害人的痛苦，并使应受刑罚与受害人的损害和痛苦相适应，它倾向于通过与犯罪行为相同或相关手段来科以刑罚。方法和量的相等对于应受刑罚并不是必要的，只要在量上大致相适应，在方法上有相似性就足够了。一般来说，这意味着严重犯罪会要求进行监禁或更重的惩罚。确切的应受刑罚量一般是不清楚的，只有一个综合的刑罚范围，惩罚量总体上与受害人的损害和痛苦是相当的和相似的。由于“比例”要求的一般性和每一个受害人痛苦的唯一性，将惩罚的这个概念转化成有效的刑事司法体系可能是不现实的。即使是现实的，这种惩罚概念也会与道德哲学家和社会对正义的理解有很大的偏离。因此，这种分配会承受因偏离社会对公正的理解而破坏体系的道德信誉的犯罪控制代价。

道义惩罚和经验主义惩罚在很多方面不同于报复性惩罚。它们主要关注的是根据犯罪人的道德可谴责性对其所科以的刑罚量是否使之处于适当的等级排序中，它们对所科刑罚量不那么关心。一旦刑罚连续统一体的终止点确定，这是所有社会都要做的，道义和经验主义惩罚要求就是具体的。这些惩罚概念与报复性惩罚的另一个区别是，其关注点几乎完全在刑罚量上而不在所科刑罚的方法上，这样，它们不会优先选择监禁（这些惩罚概念在确定刑罚严重性时是起作用的，即确定刑罚连续统一体的终止点时起作用，但是一般只提出终止点所不应该超越的刑罚严重性的一个范围。也就是说，即使作为刑罚分配原则不合适，“限制报复主义”在这个语境下也是有道理的)。

道义惩罚与经验主义惩罚也不同，因为前者提出了正义的先验的真理，而后者只提供了社会的正义直觉。在这个方面，道义惩罚胜过经验主义惩罚，因为后者要忍受的是，在先验的道德意义上，社会的正义直觉有时是不公正的。不幸的是，道义惩罚则要忍受其自身的一系列困难，而经验主义却没有这种困难。道德哲学家之间对于正义原则有着不同意见，这使得以其为基础构建有效的刑事司法体系是困难的。有人批评说它没有避免可避免的犯罪。不管怎样，人们还是有兴趣使用它，也许是和经验主义惩罚一起用（来提供一个先验的检验查找社会共有的正义直觉中所存在的错误)，但是由于现代道德哲学严重依赖正义直觉，它是否能够有效地起到作用还是个问题。

经验主义惩罚是按照来自社会共同直觉的正义原则分配刑罚的。对于这些直觉，意见很一致，至少对于那些构成刑罚中心部分的核心错误是这样，并且基于这个概念来构建一个刑事司法体系是切实可行的。其主要关注点是保证犯罪人获得的刑罚使之处于其可谴责性适当的等级排序中。经验主义惩罚不承受对道义惩罚提出的那些权威的无效异议，因为它的设计是要通过构建体系的道德信誉所产生的社会影响来提高有效犯罪控制。但是对它的批评是，虽然反映了社会对正义的共同直觉，但是在正义的先验真理的意义上，该直觉是不公正的。

第四节　结论

这里要说明的是，没有重视报复惩罚、道义惩罚和经验主义惩罚这三个不同概念的存在，在评论应得惩罚作为刑事责任和刑罚的分配原则时，一般会导致困惑。对应得惩罚的评论一般都没有认识到以下问题：即对于一个惩罚概念，某个评论可能是正确的，但对另一个却没有意义。这样常常使得作者在评论中拒绝某一个概念时，拒绝了“惩罚”这个概念。当应得惩罚作为分配原则时，没有重视这三个不同概念会造成对它们如何适当运作的困惑。对一个惩罚概念所进行的争论被用于不同的概念，作者们在分析中，常常在不同含义的惩罚概念中转换，而他们并没有意识到这种做法不妥。

希望通过区分应得惩罚的这三个现代概念能厘清辩论中的术语，但是实际却做不到。鉴于此，笔者在观察有关应得惩罚的困惑原因时发现了惊人的巧合，报复性惩罚概念的那些现代学者通常是反对它的那些人，很难说这是原因还是结果。他们反对应得惩罚分配原则是因为他们把惩罚理解为报复性惩罚吗？或者他们在文章中把“惩罚”视为具有报复性惩罚的特点是因为他们反对惩罚分配，而且报复性惩罚提供了最丑陋的稻草人来帮助他们聚集反对的力量吗？即使在目前的争论中有些错误理解不是偶然的，但对现代惩罚概念的重要区别的描述至少使其不容易误导了。

无论是什么导致了困惑，很清楚的是，区分这三个惩罚概念可以提高对应得惩罚作为分配原则的争论的有效性。在应得惩罚越来越常用的情况下，净化争论不仅对学术重要，而且对实践也重要。

第八章　应得惩罚的效用

第七章区别了经验主义惩罚与道义惩罚和报复性惩罚，在某种程度上主张经验主义惩罚具有后两种惩罚所没有的工具性犯罪控制价值。在前几章中已经说明会在本章更为详尽地介绍为什么遵循公众共同的正义直觉的分配原则会有效用。本章中第一节就列出了论点，简单来说，即只有并且只能在刑事司法体系在公众中获得其是可信赖的道德权威的信誉时，该体系的许多特定的犯罪控制力才有效。第二节研究该种信誉是如何获得和失去的。第三节探讨创立什么样的分配原则才能获得道德上可信的信誉以及在原则创立过程中可能遇到的一些问题。[341]

第一节　经验主义惩罚作为分配原则的犯罪控制价值

我们有理由相信如果刑事司法体系的责任刑罚分配与社会共同的正义直觉相符，那么该体系将会有很大的效力。这种分配方式可能比遵循更为传统的、通过将威慑和使丧失犯罪能力最佳化的工具主义分配方式更为有效。当人们考虑为什么即使违法不太

---

[341] 本章大部分节选自 Paul H. Robinson 和 John M. Darley 著:《惩罚的效用》(The Utility of Desert),91 Nw. U. L. Rev. 458 (1997);Paul H. Robinson 和 John M. Darley 著:《正义的直觉:对刑法和正义策略的暗示》(Intuitions of Justice: Implications for Criminal Law and Justice Policy), 81 S. Cal. L. Rev. 1 (2007)。

可能导致被逮捕、定罪或惩罚，而大多数人通常都会“守法”的时候，就会出现这种情况。即既然第三章中分析的威慑性威胁通常都很弱，为什么大多数社会成员仍然按照法律的要求行事?社会科学家给出两种解释：人们守法是因为：（1）人们认为法律代表了道德人所坚持的准则，社会化的人们希望自己符合这些道德准则。（2）如果法律承认了道德上正当的行为，人们自然倾向于认为社会相信“法律的正当性”，因此人们担心违法会使自己受到其所在社会团体的非难。这两个因素在社会科学上被称为个人内化的道德标准和规则产生的“内在行为”。“规范的社会影响导致的顺从”，这通常包括出于对个人触犯公认的行为准则时承受的来自其他人的社会谴责的考虑。刑法可以通过这两种机制影响人们的行为。

一、利用规范的社会影响和谴责的能力和效力

行为者通常将社会规范视为侵犯自己的外在强制力，这与刑事威慑体系将给违法者以处罚这一基本认知的压力有相似之处。然而，违反社会规范而害怕遭受的制裁一般来自社会，而不是取决于逮捕和定罪。

人们基于一些原因而遵守所生活的社区中的社会规范，违反这些社会规范的后果可能包括失去个人从过去的成就中获得的在社区中的地位，因为与他人的重要关系的破裂而失去伴随这种关系而带来的利益以及因在社区中受到谴责而承受被孤立。如果被认为做了什么应该被谴责的事情，一个人可能会失去工作、失去借贷的能力以及从其他人和可能的商业伙伴中博得信任的能力，其成家立业的前景也会变得渺茫。

其他学者基于社会资本和相互信任的概念也得出过类似的结论。他们曾经写到“普遍的信任依赖于个人坚持自己社区的社

会规范的意愿，而且信任和社会资本被视为人们遵守社会规范的产物。”[342] 逐渐地，社会科学家认识到“值得信赖的信誉”的社会价值。不值得信赖的人被认为不能完成其社区生活所依赖的无数的社会交换中的份额。因此，除了其他事项，一个不遵守社区规范的人被视为不愿意履行其未来的义务以换取目前其他人对他可能做出的积极待遇。社区认为应该受到谴责的行为，即使不会导致正式的刑事责任，也是一种强烈的信号，表明社区对该行为人不应给予信任和信心。

Eric Posner 将这种一般的观点规范化，创立了社会规范理论的标志性版本。个人遵守社会规范是向其他人表明自己在将来的社会交换中会合作，而参与到这些交换中的做法对个人的利益至关重要。换言之，个人试图建立一种在规范上值得信赖的行为的信誉，以期能够在将来以此信誉为基础进行贸易或获得利益。[343]

该论点的核心是：人们一般不想违反社会规范，如果他们认为法典映射了这些社会规范，他们就会遵守这些法律。刑事司法体系对行为的控制力的很大部分来自这样一个事实：社区的普通成员将会谴责违反刑法的人——这种谴责对潜在的犯罪人来说很

---

[342] Jack Knight 著：《社会规范和法律准则：在多样化社会中促进信任，社会中的信任》(Social Norms and the Rule of Law：Fostering Trust in a Socially Diverse Society, in Trust in Society)，第 354～373 页（Karen S. Cook 编，2001）。

[343] Eric Posner 著：《法与社会规范》（Law and Social Norms）第 18～27 页（2002）。（此处要注意对个人利益动机的依赖，这是法律以及经济运动的特点）。规范不同于法律，不是以法典的形式出版的，我们可能奇怪人们是如何得知这些似乎不可见的社会规则的。人们一般从观察员 observer 对该规范被遵守与否的反应得知这些规范。有经验的演员懂得如何解读这些表现，并相应地调整自己的举止。此外，观察员通常不仅有所表现，还会立即奖励规范的实践者及制裁未能遵守该规范的人。人们知道，社会规范被违背时，担忧或鄙视的直接暗示通常预示着长期制裁的可能。人在幼年时期对社会生活的适应，很大一部分是学习如何看待各种最初的表示不赞同的信号，并相应地调整自己的举止。

有效力，而且与需要财政和社会成本的刑事司法体系中的逮捕、审判、定罪和监禁手段相比，这种行为控制机制根本不需要任何成本。

然而，要注意这种奇妙的效力只存在于公众认为违法即违反社会规范的情况下。这个体系的社会影响力依赖于它在公众中的道德信誉。对引起谴责的违法行为，法律必须赢得一种信誉，即按照公众的观点，法律准确体现了什么样的违法应受或不应受道德谴责。偏离社会共同的正义直觉的责任和刑罚规则会削弱这种信誉。[344]

二、避免被视为不能实现正义的刑事司法体系导致的抵制和破坏

与公众的正义直觉相冲突的刑法导致的第二个后果是推动了抵制和破坏刑事司法体系的趋势。刑事司法体系的有效运行依赖于合作，或者至少是相关人员——证人、警察、陪审员、检察官、法官、罪犯以及其他人——的顺从。一旦人们认为刑事司法体系与他们的正义直觉相冲突，不公正或者不能实现正义，这种顺从和合作就会减少甚至消失。此外，如果经常出现偏离正义的

---

[344] 例如，在一些内城区的社区的年轻男性美国黑人中，因为一些在本社区中不被认为是犯罪的行为而入狱的人占有很大的比例，这样在该社区中有“前科”就不再是一个人的污点。一般参见 Dina R. Rose 和 Todd R. Clear 著:《监禁、社会资产和犯罪:对社会无组织理论的含义》(Incarcerations, Social Capital, and Crime: Implications for Social Disorganization Theory), 36 Criminology 441 (1998), 36 Criminology 441 (1998)(描述对罪犯的社会歧视),以及 James P. Lynch 和 William Sabol 著:《社区中非正式的社会控制对集体监禁影响的评估》,(Assessing the Effects of Mass Incarceration of Informal Social Control in Communities)3 Criminology & Pub. Pol. 267 (2004)。

情况并引起道德上的后果，社会就会出现活跃的破坏和抵制力量。[345]

广义来说，刑事司法体系可能以两种方式偏离公众对适当刑法的直觉：对公众认为道义上该罚的行为未能受罚或重罪轻罚，或对公众认为道义上无辜的行为加以处罚或对不道德行为轻罪重罚。根据被侵犯的直觉的不同，公众可能做出不同的反应。一方面，如果法律容许公众认为该罚的行为，某些情况下，社区将寻求调动非正式的社会方法以限制或制裁这种行为，下面要讨论到的治安维持行为就属于这种方式。另一方面，如果法律宣告某些公众认为道德上可以接受的行为是违法的，这些行为很可能会被继续实施，不过是被转到“地下”而已。这又导致了其他后果：为人们沉迷于这些活动提供便利以获利的经营者的兴起，促使这些行为的场所的出现以及付给愿意无视这些行为的官员的报酬等等。

但是除了试图从事这些行为或试图避开控制这些行为的机制等不良反应，被视为与民意格格不入的刑事司法体系还会带来一种不明显却更常见和麻烦的反应：该种体系会导致自身道德信誉的丧失。通常，这些反应可被概括为司法系统在品行指导上的缺失。起初，这些反应可能只限于对某个触犯公众道德的愚蠢规则的定论，但是随着政府的社会控制机构，如警方和法庭被用于执行这些不合情理的法律，或者这些机构对道德犯罪袖手旁观，就会产生出一种对这个系统的各个方面的普遍的鄙视和对所有规则

---

[345] 参见 Daniel J. Bell 著：《小城市里的家庭暴力：对 12 个警局案例的探索性研究》（Family Violence in Small Cities：An Exploratory Study），12 Police Stud. 25（1989）。（发现从经验来看，小城市的警察可能通过不报告事件，不逮捕暴力罪犯或将案件推到其他机构等方式，在家庭暴力方面破坏法律，还说警察这样做是因为他们相信家庭暴力是家庭问题。）

的普遍怀疑。

"如果在罪犯这一标签通常被认为格格不入的情况下，太过宽松的定罪范围会给刑法机构带来不好的信誉。同样，如果将社会认为应该受到惩罚的人无罪释放，这些机构的信誉也会被削弱。这不是说对有关道德谴责和刑罚不相称的情况下，刑法可能无法教育民众，而是说在没有危及对这些机构的接受和应用的情况下，结果可能不会与社会的正义认知有太大的偏离。"[346]

如果认为司法体系是失败的，那么对这种失败的反应会广泛散播。陪审员可能会无视法官对陪审团的指示，出于自己的判断而不是根据法律规定做出惩罚或者不惩罚的裁决；警察、检察官和法官可能会制定自己的规则；犯罪的人可能受到鼓舞，对判决和矫正过程进行反抗而不是参与和顺从。

实证研究支持这种观点。研究表明，如果将法律视为一种正当的道德权威，人们会更倾向于服从法律。[347] 同样，人们如果认为法律与自己的道德准则相符，会更倾向于把法律视为正当的道德权威。正如 Tyler 所总结的："遵守法律的最重要的规范性影响是人们认为守法符合了自己对正确和错误的理解。"[348]

这转而暗示，那些相信法律准则严重偏离自己的道德准则的人的守法意识更为淡薄。如果某个个体发现现行的法律准则和自己对正义的道德直觉之间有冲突，就会对其抵制。最近的两个试验提供的证据说明了这种个体抵制过程是如何开始的。在这些研究中，要求参与者阅读一则生效的法律但与其道德直觉不符的案

---

[346] Joseph M. Livermore 和 Paul E. Meehl 著:《M'Naghten 规则的优点》(The Virtues of M'Naghten), 51 Minn. L. Rev. 789, 792 (1967)。

[347] 参见 Tom Tyler 著:《人们为什么守法》(Why People Obey the Law), 68 (1990)。

[348] Id. 第 64 页。

例，该案中的不符程度让很多参与者感到震惊。该案例来自生活中的真实事件：一个年轻男子将一个年轻女孩拖到一个半私有的地方强奸并杀害，他的一个朋友知道整个事件却未采取任何干预措施或将事件报告给可能采取措施的机构，在随后的两天中，这个观望者和他的朋友一起在赌场中赌博，在回家的路上，观望者向其他朋友吹嘘了这次犯罪。因为法律中没有针对事件中观望者的行为的规定，所以对他没有采取任何法律措施。[349] 许多被测者都对制裁这种行为的法律的缺失感到难以置信。Robinson 和 Darley 在研究公众正义直觉时发现，像本案中这样的干预行为不会对潜在的解救者带来严重不便或危险的情况下，如果行为人未能履行解救不幸的人的责任，被测者通常都会对其处以惩罚。[350]

知道这个案件和其他不公平案件的参与者在读了这些违背直觉的案件之后，非常不情愿与警察合作，也不愿意用法律指导自己的行为。[351] 更特别的是，参与者读了这些与他们自己的道德直觉相悖的法律体系中的案件后，更可能采取试图改变法律的措施(包括参加演示时，取代立法者和起诉人并违反法律)，不太可能与警察合作，更容易成为治安维持者或加入观望群体，不太可能用法律指导自己的行为。总的来说，参与者在读了其中有与自

---

[349] 有关该案件事实的描述和由此引起的相关问题的讨论，参见 Paul H. Robinson 著:《刑法:案例分析和争论》(Criminal Law: Case Studies & Controversies), Section 15,“忽略的法律要求和责任”(The Act Requirement and Liability for an Omission) (2005)。

[350] Robinson 和 Darley 著:《正义、责任和指责》(Justice, Liability, and Blame), 见注释 223,第 42～50 页。

[351] 对比研究的被测者阅读的案件内容类似，但是案件结果却是他们认为公平的。例如，对照被测者读到的案件结果是，观望者被起诉为该犯罪的从犯，被判一年监禁。Janice Nadler 著:《蔑视法律》(Flouting the Law), 83 Tex. L. Rev. 1399, 1417 (2005)。

己的直觉不符的法律的案件之后，看似更不可能认为法律是有益的。[352] 在另一项研究中，一个类似的法律与个人正义直觉不匹配的案件“使参与者表现出鄙视任何生活中常见的与该案件无关的法律的意愿和充当行使陪审团法律否弃权的陪审员的意愿。[353]

这些研究显示，个体在得知法典不能伸出实现正义的第三只手的实例后，是对法律准则产生轻视的过程的开始阶段。但是，在相反的情况下公众也可能对司法系统产生轻视——在法典把公众认为道德上可以接受的行为认定为犯罪的时候。美国在 19 世纪 20 年代开始“试行”的禁酒令，示范了法典和很多人的道义直觉具有灾难性的不一致可能产生的最严重后果。人们希望能继续饮酒，而出现的允许饮酒的机构必然是不合法的。禁酒令无意中造成的令人无法预见的后果包括以走私和非法制造贩卖酒精为核心的犯罪行为的迅猛发展，以及由此导致的大量与酒精有关的起诉案件充斥法庭。[354] 犯罪增多，犯罪变得“有组织化”，最终，犯罪团伙的犯罪行为超出了仅仅与酒精有关的范畴。与试图消除社会中腐化影响的目的相反，禁酒令反而增强了这些影响，因为它使许多人鄙视一项法律在道德上的正确性，进而扩展到对执行法律的机构的鄙视，最终导致对法典的普遍鄙视。

有人曾经指出美国国会一直在做这种类似的“过度定罪”的事情。John Coffee 肯定地说：“过去十年中，联邦实体刑法最

---

[352] Erich Justin Greene 著:《法典和非专业人士直觉之间的分歧对尊重法律的影响》(Effects of Disagreements Between Legal Codes and Lay Intuitions on Respect for the Law), 64 Sci. & Engineering 2B (2003)。

[353] 参见 Nadler 著，见注释 352,第 1399 页 (2005)。

[354] Paul L. Murphy 著:《社会道德观和个人自由,关于法律、酒精和秩序:对全民禁止的视角》(Societal Morality and Individual Freedom, in Law, Alcohol, and Order: Perspectives on National Prohibition)第 67 ~80 页 (1985)。

显著的发展是民法和刑法之间任何明确界线的消失。”他还带着生气的语气总结道：“侵权和犯罪之间界线的模糊必将导致不公正，最终将削弱刑法作为社会控制工具的效力。”这是因为“区分刑法的最显著因素是它作为一种道德教育和社会化的体系。人们遵守刑法不是因为刑法包含的法律威胁，而是因为公众认为它的规范合理而值得服从。”

Coffee 引用了其他学者的类似观点。“我们主要的刑法学者，其中如 Henry Hart，Stanford Kadish 和 Herbert Packer，都不时地警告‘过度定罪’的危险，即对刑事惩罚的过度依赖，尤其是涉及道义上本来不应受到惩罚的行为。这三位学者都认为需要一个基本的‘方法’将刑法区别开来，包括刑法和一般公众认为道义上不应受到惩罚的行为之间的密切联系。”[355]

这不仅适用于民法和刑法相模糊的情形，也适用于许多“道德主义的”刑事禁令。Charles Murray 在《纽约时报》上发表的一篇文章中评论最近刚被签署为法律的一项“试图通过禁止美国银行向赌博场所转账来阻止在线赌博”的议案。他首先评论说，这将使通过这项法律的人失去很多在线赌博的人的选票，这些在线赌博的人认为他们的行为在道义上是可以接受的。但是他接着说：“长期来看，会出现一些更为不妙的事情。在一个自由社会中，绝大多数人必须对遵守法律形成条件反射，这种条件反射不是由于人们畏惧法律，而是因为他们认为法治使社会

---

[355] John C. Coffee Jr. 著：《“非法的”意味着“刑事的”吗？——对美国法律中侵权和犯罪界限消失的思索》(Does“Unlawful”, Mean“Criminal”? ——Reflections on the Disappearing Tort/Crime Distinction in American Law), 71 B. U. L. Rev., 193, 193 (1991)；同样参见 Tyler 著：《人们为什么守法》(Why People Obey the Law)，见注释 348（用研究调查的方法找出公众遵守刑法不是基于刑法的威慑威胁，而是在于其道德信誉）。

稳定成为可能。在法律被限制在获得一致认可的核心目标上时，即使人们可能对其方式有不同意见，这种条件反射式的守法行为也会被强化。

因此，每次很多理性的有责任感的人都认为，通过的某项法律很蠢时，社会职能就会被弱化。这样的法律使好公民选择知法犯法，而且相信自己道义上没错。

对20世纪最愚蠢的法律——禁酒令的反应，就是一个典型。但是激进的政府在上个世纪中的扩展创造了更多的类似的法律。

在法律不能被强制执行时，助长了好公民无视愚蠢的法律的行为。在这一点上，试图阻止网上赌博就很具典型性。在我玩扑克的四个网站中，其中的一个因为这项法律而对美国消费者关闭，但是其他的三个仍正常运作，并相信他们可以继续运行。这三个网站不在美国，因此很容易就想出了对策：先将钱从美国的银行账号上转到国外的其他机构，然后再转账到赌博网站。

因此，联邦政府又一次在未能达到目的的同时疏离了很多认为自己没有做错事的公民。“我的自由意志观使我因这种现象而振作，希望将有新的政治联盟使政府回归其职能。但是作为一个公民我却深感忧虑。对法律规范条件反射般的忠诚是文化资源不可或缺的一部分。认为违背法律理所应当的正直公民越多，对法律的忠诚、对创造法律的政府的忠诚受到的侵蚀也就越大。”[356]

刑法可以最有效地将其道德信誉最大化，从而通过采用遵循公众共同正义直觉的刑法规则使抵制和破坏最小化。如果不能使刑法典和正义直觉互相协调，两者之间的冲突可能有导致法典失去普遍信誉的危险，从而在广义上危及其效用。

---

[356] Charles Murray 著:《共和党的赌注》(The G. O. P. ’s Bad Bet) N. Y. Times, Oct. 19, 2006,第27页。

三、避免治安维持行为

对刑事司法系统的幻灭感导致的最极端的反应形式是治安维持行为。[357] 治安维持者的正义，具体来说，指一群公民联合起来强制执行未能被正式的法律体系的力量强制执行的规则的情况。历史上的治安维持团体经常出现在新建立的、没有真正的法律执行机构的地区。然而，即使有警察和法庭，如果公民认为刑事司法体系不能履行保护公民不受不法行为危害的责任，治安维持行为也会发生。

正如 Peter French 指出的那样，有三种心态会激起人们的行动冲动:[358] 第一种是公民具有的强烈的自身被剥夺感，这种情况就是正义被剥夺的感觉。第二种是长期的无力感，在这种情况下，确立多年的法律令人震惊地不能体现正义的无力感。最终，这两种感觉产生了第三种感觉，即对犯罪人的“蔑视、敌意、鄙视、鄙弃和憎恶”。

这些都是很强烈的反应，最终会激起强烈的行为。如果司法体系容许某些公民认为道义上不当的行为发生，那么人们对这些行为的行为人在认知或感情上的评价和对司法系统的评价是不同的，对行为人是敌意和憎恶，而对容许这些行为的司法体系则是蔑视、鄙视和鄙弃。当司法体系惩罚公众认为道义上可以接受的

---

[357] 参见《非正式正义》，(Informal Justice) 25 - 40 (Dermot Feeman 编,2002)(讨论治安维持行为和广泛的“非正式刑事正义”);id. 在 99 - 134(更具体的考察南非的治安维持行为);Elisabeth Ayyildiz 著:《当受虐妇女的特有行为不够充分:作为治安维持者的受虐妇女》(When Battered Woman's Syndrome Does Not Go Far Enough: The Battered Woman as Vigilante),4 Am. U. J. Gender 和 L. 141, 146 (1995),(讨论治安维持行为和受虐妇女的特有行为与该理念的相契合之处)。

[358] Peter French 著:《复仇的美德》[The Virtues of Vengeance 6 (2001)]。

行为时，人们同情和支持受到不应受到惩罚的人，而对司法系统却是蔑视、鄙视和鄙弃，以及恐惧和愤怒。

一些事例可以生动地向读者阐明这种促使公民采取行动的动力。1981 年，在密苏里州的一个小镇上发生了这样一件事：一个男人很多年来一直对这个小镇实施恐怖统治，他强奸年轻姑娘；为了得到古董抢劫农场，公然恐吓威胁任何起诉他犯罪的人以及可能在各种他被起诉犯罪的案件中提供对他不利证据的人(该事件还牵涉到一个一直操纵法律，使法律有利于该人的律师)。小镇上的警察可能也受到了恐吓，而且显然不能阻止这个人的犯罪和恐吓。一天，这个人将卡车停在一个杂货商的摊位前面，站在车里盯着这个他以死亡相威胁的可怜人。事实证明，这个时刻对他来说糟透了。镇上的人对这种状况无计可施，逐渐在周围聚集起来，许多人聚在一起看着这个坐在卡车里对杂货商咄咄相逼的人。然后，他就被很多武器击中，死掉了。[359] 这是一个典型的对明显忍无可忍的情况做出的治安维持反应。

遗憾的是，治安维持行为的出现并不意味着刑事司法体系的混乱，这种行为本身就是该体系的新问题。如果公众认为治安维持行为是必要而公正的，惩罚这种行为的体系就会被认为是不公正的。然而，系统不能惩罚这样一次未经认可的杀害本身，这样做只能增加体系的软弱和不称职的名声。不过这结果可能已经不是很坏了，因为刑事司法体系永远不需要选择是否要对上述杀死恶霸的案件进行起诉。尽管事实是许多人都目击了这次杀戮，但是没有任何人承认自己目击了这次事件。但是，即使是这样的结果也无声地加深了法律与公民之间的疏离。

---

[359] 参见 Harry Maclean 著：《光天化日》(In Broad Daylight),1990。

四、在形成社会规范中的作用：法律的说服力

遵循公众正义观点的重要影响包括强化谴责能力和避免抵制和破坏，尤其是避免治安维持行为，但是经验主义惩罚分配最重要的效力可能来自一种更微妙却可能更强大的途径。正如上面所提到的，顺从社会对特定行为的规则的真正力量不在于官方刑事制裁的威胁，而在于各种互相关联的社会力量和个人道德控制的影响。人们的行为受到置身其中的人际关系网的控制，受到这些关系中共同的、并通过社会网传播的社会规范和禁令的控制，以及这些规范和道德戒律的内化的表现的控制。

法律与这些社会以及个人力量并不是毫无关系。尤其是刑法，它在创立和坚持维持道德规范所必需的社会共识上具有核心的地位。事实上，在我们这样一个多元的社会中，刑法或许是唯一一个超越文化和伦理差异的社会性机制。因此，刑法最重要的现实作用可能是其帮助建立、形成和保持这些规范和道德准则的能力。刑法有助于推动人际关系和个人道德观中产生服从的力量，但是这只有在刑法在公民中赢得道德信誉的时候才可以实现。

有关刑事司法体系的很多讨论都注意到该体系区别于其他社会机构的一个特点是其在对公民合法使用强制力上的垄断。事实可能确实如此，不过刑事司法系统作为一种牵涉到立法、法哲学、众多的犯罪学专家以及各种执法部门的机构，同样有权说服公民相信什么行为在道义上是合适的、什么行为在道义上是不当的。社会科学家无论是对成功地说服还是失败的说服都了解的很多，他们已经将自己的理论应用到非常具有启蒙意义的问题上。

把刑事司法体系视为一种“说服源泉”。大量的研究表明，一种具有鲜明特色的源泉具有强大的能力说服人们相信自己结论

的正确性。尤其是一种被视为权威上合法、知识上专业和动机上可信的来源，其说服力更强。[360] 如果刑事司法体系，或者更广泛地说，政府的刑事责任和惩罚规则可以说服指导公民的行为，那么在公民关于什么是主导的社会规范的争论中，了解“法律说了什么”可以起到很大的作用。正如另一个作者所提出的：“（刑法执行过程中）不是所有的都是武断的和命令式的。刑法只有在获得道德威望时，才能真正形成规范。即使每个角落都有一个警察，仅仅拥有超前于现有正义和道德理念的法律也不能成功影响行为。”[361]

五、在边缘问题上获得服从

刑法同样可以通过其他的相关机制获得对其命令的服从。如果刑法赢得信誉，被认为是值得信赖地传达了公众关于什么行为应该惩罚的认知，人们便更可能服从刑法的命令，将其视为道德权威，认为在那些行为人对某种行为的可行性不确定或模棱两可的边缘问题上应当遵从法律。我们不应该低估这种作用的重要性。在我们这样一个复杂的、相互依存的社会中，一个表面上看来没有危害的行为也可能导致毁灭性后果，因此法典起草者可能将该种行为定为“犯罪行为”。法律体系将某种行为定罪时，希望公民即使没有立即意识到为什么这种行为被禁止，也会在这件事上“尊重法律”。如果公民愿意相信法律能准确地引导适当的

---

[360] Richard Petty 和 John Cacioppo 著：《态度和说服，经典的现代方式》（Attitudes and Persuasion, Classic and Contemporary Approaches），第 62 ~ 69 页（1996）。

[361] Joseph E. Kennedy 著，51 Emory L. J. 753，838 – 839（2002）（省略脚注）。

审慎和道德行为，这种尊重就会容易得多。[362]

有关“说服”的社会科学研究支持这一结论并阐述了这种想法的产生机制。最近，研究说服的人员对两种类型的说服进行了区分，一种更为深入直接，另一种则更为浅显而具有启发性。[363] 第二种类型的说服与我们的讨论更为相关。这种说服方式常常是给人们以暗示，引导他们相信讨论中的行为应该被视为是正确的还是错误的，是犯罪还是不是犯罪，而不直接论证为什么应该是怎么样。这种方式通常极为依赖人们对信息来源的评价。特别是在信息的来源可靠而值得信赖的情况下，人们就可能接受信息的正确性。[364] 这是一种直接的接受和服从，Murray 将其称为“对法律规范的条件反射式的忠诚”。国家在某些情况下要依赖人们的这种接受和服从。例如，当国家通过一项基于公众还不知道的消息反对股票“内部交易”的法律时，尽管不太确定为什么“内部交易”在道义上是错误的，但是因为有关当局认为如此并宣称它是错的，我们大部分人还是会接受它是错误的这一结论。或者，当我们在不熟悉的公路上看到“小心，碍视弯路”的标志时，我们都认为别人和我们一样也会减速。从某种意义上

---

[362] 参见 Kent Greenawalt 著：《刑罚》（Punishment），74 Crim L. & Criminology 343，359（1983）（从人们自然地用报复性措辞想问题的时候，他们就会不再抱有幻想，最终在法律不能确认违犯者不会获得他们认为应该受到的惩罚时，他们就不太会守法）。

[363] Tilmann Betsch，Henning Plessner 和 Elke Schallies 著：《态度形成的价值解释模本，在态度心理学的现代观》（The Value – Account Model of Attitude Formation，in Contemporary Perspectives on the Psychology of Attitudes），251，252（Geoffrey Haddock 和 Gregory Maio 编，2004）。

[364] Richard Petty 和 John Cacioppo 著：《对可能的说服模本的详尽阐述》（The Elaboration Likelihood Model of Persuasion），19 Advances in Experimental Social Psychology 第 123～205 页（Lennard Berkowitz 编，1986）。

说，这是一种“盲从”，但对社会来说这种盲从却很有意义。这种盲从是基于对信息来源的信任态度，而这种信任态度是基于以往的该来源提供的信息都很可信这样的经验。

公民倾向于将法律视为一种可信的引导者，指导人们该如何作为。这在 Tyler 1990 年对芝加哥市民的调查中的一份随机样本中表现了出来。[365] 抽样调查中，82% 的人同意或非常同意“违背法律极少被证明是有理由的”，85% 的人同意或非常同意“即使法律违背自己的意志人们也应该守法。”然而，要注意到这项调查同样揭示 Tyler 调查的人们给法典赋予了很高的道德权威，正是这种“道德信誉”赋予了法律社会学上所称的“信息影响”，这种道德信誉使市民即使在不确定这种行为是否错误的情况下，也会遵守法律。

六、结论

刑法在各个方面的效力程度——带来要承受的谴责，避免不公正的体系导致的抵制和破坏带来的体系衰败，避免诉诸治安维持行为而对刑事司法体系的摒弃，促进、沟通和保持社会对什么该惩罚什么不该惩罚的共识，通过对道德权威的尊重在边缘问题上获得服从——很大程度上依赖于刑法在其统治的市民中获得的道德权威的等级。因此，刑法的道德信誉是其有效控制犯罪的根本。在刑事责任分配被视为“实现正义”的时候，即刑事司法体系的责任和刑罚分配被公众认为与自己的正义直觉一致时，这种道德信誉就会得到强化。相反，如果这种责任分配与公众的公正刑罚的认知相背离，体系的道德信誉和犯罪控制效用就会被

[365] Tyler 著：《人们为什么守法》（Why People Obey the Law），见注释 348，第 46 页。

削弱。

第二节 刑法道德信誉的决定因素

如果刑法利用自身对管理的公众的社会影响力依赖于刑法在公众中的道德信誉，那么刑法如何才最能获得这种信用？这种信用又是如何失去的？

提高刑法的道德信誉，首先要求刑法向公众清楚表明它最主要的目的是实现正义。因此，建立刑法的道德信誉的最重要的改革可能是那些分配刑事责任和刑事处罚的条文。刑法必须赢得以下信誉：（1）根据被认为公正的条款惩罚该惩罚的；（2）保护不该受罚的人免受惩罚；（3）惩罚必要时，适量惩罚。

一、模糊刑事民事界线的不利影响

结构方面最重要的改革可能是重新明确刑事和民事的界线。这两者之间的界线在过去的20年中越来越模糊。民法变得刑事化，惩罚性损害赔偿使用得越来越多，但最主要的还是刑法的民事化，即判处民众认为不应受惩罚的行为有罪的趋势。正如Jack Coffee所指出的，现在有一股很强的对管理性犯罪定罪的趋势，导致了令人震惊的多达30万项的联邦“犯罪”[366]。问题在于现行法律已经将定罪扩展到传统的法律禁止的违法行为的范畴之外，将一些只在引起官僚主义不便的意义上“有害的”行为定罪。因此，现在大多数联邦规则都程序性地转化为联邦犯罪以在执行上给管理者更多的衡量权。对严格法律责任和转承法律责任使用

---

[366] Coffee Jr. 著，见注释356，第216页（1991）。

的越来越多，就具有类似的作用，这是民法上的一般概念，却不适用于刑法体系。

具体的案例可以清楚说明这一点。我们都知道，联邦、州和当地的政府均要求个人以及组织提供大量的信息。提供错误信息有时会被判定为管理性犯罪。如果提供明知是错误的信息以逃避污染管理、避税或逃脱安全保障措施，公众就会同意这种行为被定罪。但是，如果错误信息是无意中提供的，或者这些错误信息中不含有什么重要信息，公众就不太可能将这种行为视为犯罪。比如说，考虑这样一个案件：一个雇员由于疏忽没能在一份联邦要求的文件中包括所有要求的信息（而不是在报告中故意加入错误信息）。这可能对社会造成一定危害，但是却很难说清是如何危害的；即使真的有危害，危害的程度也非常小，以至于没有人——即使是清楚知道报告要求的人——会认为这种错误造成的危害严重到需要受到通常与刑事犯罪相连的道德谴责。如果一个拿着伪造得很好的假身份证，看起来很像成年人的二十岁的年轻人，从一个很累的酒保那里买到了酒精饮料，尽管严格法律责任条款规定酒保具有刑事责任，转承法律责任法规认为不在场的酒吧所有者具有类似的责任，公众也很难将其视为犯罪。

如果由于与很多民法中的惩罚无关的原因，一个体系中的刑事和民事之间没有清晰的界线，那么该体系中的法律就不会获得道德信誉，如尽管对这个问题有一些争论，但是人们还是可能认为侵权法体系中使用严格法律责任和转承法律责任是正当的。侵权法体系是关于遭受损失的一方和导致损失的一方之间对确定损失的分配的，是一种赔偿体系。即使公平是侵权责任中最主要的分配原则，也不能说侵权责任只限于该受到道德谴责的情形。

一个刑事民事混合的体系不可避免地要使有一些案件的结果受道义惩罚的驱使，而另一些案件的结果与道义惩罚无关。这样的体系要在公众中建立一种信誉：专门致力于审判道德可谴责性。如果不是不可能的话，肯定也是很困难的。每一次基于非惩罚准则分配责任，都将损害体系的道德信誉，"罪犯"这一标签不再是一种明确表明应该受到道德谴责的信号。在刑法体系希望摇动道德谴责的红旗的地方，却只能在自己的队列中有一面模糊的粉色旗子。刑法体系和民法体系的分离使刑法能够专门致力于刑罚，更为重要的是，这种分离向公众清楚地表明，刑法就是专门致力于刑罚的。这样"罪犯"这一标签就能真正成为一面红旗。[367]

因为目前这种模糊界线的趋势即使是对定罪扩张中出现的案例来说，也几乎或根本就没有长远利益，所以就显得格外的荒谬。例如，对管理性犯罪、严格法律责任和转承法律责任这样的案件不太可能或者根本就不会判处监禁，对这些案件的典型惩罚就是罚款和赔偿这种民法中早已存在的制裁方式。因此，通过对民事侵权进行定罪，并不能有效地使用更为严苛的制裁。

但是，很多人要求将刑事制裁扩展到这些案件上的原因当然不是为了使用更为严苛的制裁，民法体系也可以采用更为严苛的制裁。对刑事扩展的争论往往集中于刑事责任导致的道德谴责，

---

[367] 参见 Paul H. Robinson 著:《刑民事界线和危险清白的罪犯》(The Criminal Civil Distinction and Dangerous Blameless Offenders), 83 J. Crim. L. & Criminology 693 (1993); Paul H. Robinson 著:《刑事民事界线和惩罚的效用》(The Criminal - Civil Distribution and the Utility of Desert) (犯罪和侵权相互作用的专题讨论的), 76 B. U. L. Rev. 201 (1996)。

这是民事责任所没有的。[368] 根据之前的阐述，很明显这种谴责在决定潜在犯罪人的行为上可以具有重要的意义。但是试图利用这种谴责，效果可能不大，因为这种谴责触犯了而不是培养了公众的道德准则。通过一项法令定罪某一种新行为，这本身不能导致人们认为这种行为是不道德的。正如之前的讨论所提到的，法律不能创立规范，它只是共识达成过程中的一个参与者。将一个管理型违法行为定为“犯罪”并不能使人们立即将这种标签与该种违法行为的法律责任联系起来。将30万种管理型违法行为定为“犯罪”更不可能使人们将导致的法律责任视为应该受到道德谴责的依据。同样，判定一个只从严格法律责任和转承责任的角度来看的行为是违法行为还是犯罪，不能给这些违法行为打上犯罪的标签。这种法律的集合不仅不是道德权威独立而值得尊敬的源泉，反而成了一幅自欺欺人的讽刺画。

对我们来说，更为重要的是刑法将刑罚扩展到各种违法行为上不仅不起作用，反而非常具有破坏性。刑法的谴责效用在不该惩罚的行为上使用得越多，这种谴责的功效就越低。每在不该受到谴责的案例上使用一次，“罪犯”这一标签与应受谴责的联系就越弱，也就更不能激起谴责。每定罪一件严格责任案件，或转承责任案件，或无辜或微不足道的案件——例如，一个女人在一

---

[368] 参见 John C. Coffee Jr. 著:《“没有灵魂可被谴责,没有身体可被报复”:法人惩罚问题的正常调查》(“No Soul to Damn: No Body to Kick”: An Unscandalized Inquiry Into the Problem of Corporate Punishment), 79 Mich. L. Rev. 386, 424 - 434 (1981); Brent Fisse 著:《利用宣传作为对企业公司的刑事制裁》(The Use of Publicity as a Criminal Sanction Against Business Corporations), 8 Melb. U. L. Rev. 107 (1971); Ernest Gellhorn 著:《行政机构的不利宣传》(Adverse Publicity by Administrative Agencies), 86 Harv. L. Rev. 1380, (1973)。参见 Michael K. Block 著:《最佳刑罚、刑法与公司行为控制》(Optimal Penalties, Criminal Law and the Control of Corporate Behavior), 71 B. U. L. Rev. 395 (1991)。

个笼子底部捡到一根鹰羽并将其用于她随后卖出的一件工艺品上而被指控犯罪[369]——就会有更多的人认为刑法体现的不是公众对刑罚的认知，而是被当成一种强大的政府工具，给普通人的生活造成破坏性的干涉。将刑法扩展到超出被理解的惩罚的界限，从一开始就弱化了定罪扩大化想达到的谴责效果。

最终，定罪扩张破坏了它所谋求的谴责效果。对不该受惩罚的行为的刑事处罚导致了公众对被指控人的同情和对发起这种指控的法律体系的鄙视。对不该受惩罚的违规行为的刑事定罪不仅削弱了强加到这些违法行为上的责任，而且削弱了所有刑事定罪所传达的惩罚性信息。

二、公众中的道德分歧问题

即使法律没有采用犯罪化政策，在某些情况下法律的道德信誉也会受到威胁。如果一个社会中有若干具有严重道德分歧的群体，就像现在我们社会中对堕胎的道德观的分歧，法律的道德信誉以及法律获得服从的能力就会受到破坏性的影响。更严重的是，其中的一个群体会认为法律是不道德的，因为法律不仅为无辜的行为定罪，还不能将道德上可憎的行为定罪，涉及堕胎这一问题，就是法律没能将一种特定的谋杀定为犯罪，这种观点预示着这种冲突所具有的破坏性后果。确切地说，“失败”的一方将失去对立法程序的尊重、对执法法庭的尊重以及最终对整个刑事司法体系合理性的尊重。

当个人认为法律没有阻止谋杀时，就倾向于“将法律纳入自己的掌控”之中，反对堕胎的人就是如此。注意可以称之为

[369] “他们俯冲而下”（They Swooped），《经济学家》（The Economist），Aug. 19，1995，第27页。

"反堕胎"个体激进化进程的一系列步骤。这个过程可能始于在堕胎的诊所设置纠察线，然后发展到更具有强迫性的可以被认为是对他人权利的侵犯的纠察行为。晚上向诊所泼有害物质的行为就越过了界线，这是一种不可否认的、更具有实体法意义的违法行为。接下来就是向堕胎诊所纵火，尽管这可能发生在晚上，以确保"没有人员伤亡"，但这确是一种可能会有生命危险的纵火罪。然后会发展到以死亡相威胁，最终发展到对做堕胎手术的医生或护士的谋杀。

目前，在英国也有类似的一种具有破坏性的紧张状态。那些相信动物应该得到更人性化对待的人对《共同市场法》容许人们对待动物的某些行为感到愤怒。他们提出抗议，试图在运输动物的卡车越过英吉利海峡之前将其封锁。正如最近的一篇文章所评论的那样，对激进主义分子来说，"这个问题很偏激……它始于对虐待动物的抗议。但是如果法律容许这种义愤，这种行为就具有道德上的合法性吗？如果警察保护这些暴行，难道他们不是同谋吗？"[370] 同样注意这个动态的激进化进程。上面提到的这些激进分子最初都是正统的守法公民，典型的中产阶级，中等年纪、保守，但是其中的有些人却开始愿意触犯法律，因为他们相信自己的行为在道德上是必要的。激进化进程最容易发生在那些在道义上反对刑法的某些方面的群体中，而且也最为激烈，但是反对法律的个人也可能出现这种激进化过程。

三、蔑视的普遍化

这种道德分歧的危险可能被低估，理由是不赞同某一特定法

---

[370] "创造力的一部分"（A Part of Creation），《经济学家》（The Economist），Aug. 19，1995，第21页。

律——禁酒令或允许堕胎——的人能够将这种“恶”法与司法体系中的其他法律区别开来。但是，这种区别对待的可能性却很有限，更为可能的不是区别对待而是“蔑视的普遍化”。例如，从具有在特定场合饮酒的文化传统的人的角度和本身就支持饮酒的人的角度，考虑一下禁止饮酒的宪法修正案被通过之后这些人的心理过程。

如果一个人认为某种行为不违反道德，而法律却将该种行为定罪，那么对这个人来说，这个法律就显得很孤立而且异常，其道德有效性也将被否定。而且，这个人不能否认此定罪行为是由制定整个刑事法典的权力机构作出的，他现在一定会怀疑这些权力机构对其他行为定罪的道德正当性。这可以通过一个即使逻辑上不容易理解心理上却容易理解的过程来说明。一个因触犯饮酒令而被警察拘捕的人会获得一种具有启发性的经验，他将不再像之前那样，带着犯错的人的恐惧对所有的警察行动一视同仁。如果法庭宣告这个人有罪，这个人就会将自己在法庭上看到的伪善普及到其他的法庭上。如果这个人知道了另一起违反其道德意识的法律实例，所有的这些或其他的普遍化都可能出现。读者可以感受到这个自然的蔑视普遍化的蔓延过程。

如果不同观点不是针对某一个特定的有争议的法律，鄙视的普遍化出现的可能性就更大。如果因为高度公开和极具争议的立场，一个体系判定的案件结果令人厌恶，正如禁酒令或堕胎权，至少在有争议的法律上，这个体系有失去信誉的可能。但更常见的是，令人厌恶的结果的原因不是很明显，这样根本就不可能出现蔑视的区别。刑法可能就犯罪的定义或一般的责任原则在无数个方面与公众的观点相抵触，如对强奸有争议的界定，规范犯罪的可责性要求、共犯责任或对有害结果的因果问责制等违背直觉的规则，或者任何一个大部分案件都适用的一般规则都会导致有异议的结果。不过，对观察者来说，尽管自己认识到的错误的特定来源可能不明显，但是结果不恰当确是毫无疑问的。既然不能责怪一个单独的可见的“恶”法，观察者只有对整个体系产生怀疑。

对刑法和刑事司法体系的鄙视的普遍化会导致什么样的后果呢？Johannes Andenaes 说：“对社会的正常运作来说，对正式法律有一定程度的尊重或许是必要的。如果缺少对法律的尊重，法律执行机构所扮演的角色就像入侵其他国家的占领军所扮演的角色。”[371] 第二次世界大战帮助人们确立了这样一个普遍的观点：用武力反抗占领军强制推行的规则，不仅不是不道德的，反而是极为道德的。不被视为是公正的法律可能被视为是不公正的。如果刑法触犯了主导的公众道德直觉，整个刑法典都很难获得公众的服从。

鉴于不可避免地存在着一些对刑法的道德信誉造成损害的原因，更重要的是，应该在立法者所能控制的、公众达成共识的其他所有方面，制定刑法以使其道德信誉最大化。

四、说服与轻视

上文提到法律有时可以使人们相信自己应该尊重和服从刑法典的规定，并将那些禁令内化为自己道德准则的一部分。但在其他的时候，法典和个人的道德直觉之间的冲突可能导致人们坚持自己的判断而轻视法典。这两种不同的结果在什么情况下会出现？法典什么时候会令人信服？又在什么时候会被摒弃？有关说服和态度变化的心理学著述提供了一些见解。

---

[371] Johannes Andenaes 著：《刑罚与威慑》（Punishment and Deterrence），第 34 页（1974）。

社会科学研究提出，有两个因素与之特别相关：试图说服信息接收人信息来源的可信度，以及接收人坚持自己观点的确定性或坚持的程度。根据直觉和研究，这两个因素之间的相互作用是：来源的可信度越高，接收人越可能被其信息说服；[372] 接收人对自己的观点越确定坚持，越不可能被说服而改变自己的观点。[373]

现在的案件都很直接地用到了这些因素。法典和法典背后起草者的目的和动机是信息的来源。这些信息实质上是说某种行为是错误的、应该被定罪、被处以某种程度的惩罚。什么时候法典会被视为一种可信的来源呢？到目前为止，大量争论都被引向回答这个问题。人们可以推断出具有道德信誉的法典是可信的。讨论这个问题时，要注意道德信誉的两个要素。首先，法律的信誉取决于审判的可靠性。法典是通过分配与其想说服的人的正义原则一致的刑罚赢得信誉的。其次，法律的信誉取决于其专业性。与之相关的情况是，法典宣称某种表面上不具有危害性的行为应该被视为具有危害性，因为这种行为表面上看危害性较少但却真正具有危害性。法律实质上是在说："相信起草法典的人，我们已经全盘考虑过了，这种行为确实有害或者邪恶到应该被定罪的程度。"

另一个影响法律能使人信服还是招来轻视的因素是在该问题上的原有观点的强度。在刑法领域，个人什么时候会比较确信自

---

[372] 广泛回顾有关态度的著作，作者得出这样的结论："如果这些信息的来源被描绘为具有更高的专业性和可信度，那么主体通常更为赞成说服信息中的信念和态度"。Alice Eagly 和 Shelly Chaiken 著：《态度的心理》（The Psychology of Attitudes），第429～430页(1993)。

[373] Eagly 和 Chaiken 总结说，"我们相信几乎没有研究者不会同意人们先前的态度是一种抵制态度转变的重要源泉。"Id. 第589页。

己的观点？人们可能对杀戮、纵火和偷窃等行为的犯罪性质很确定——在历史上这些行为被称为自然犯，即“本质上违法的行为”。然而，正如第七章第二节第五部分所讨论的，随着违法行为的性质不再是核心，不同的人对问题的看法可能会有所不同（例如，很多人确信堕胎和虐待动物是错误的）。通常对历史上被称为法定罪行的行为，人们的确定性要小一些，而且确定程度因每个人过去经历的不同而不同。如果自己的孩子是死于醉酒司机的手里，那么这样的父母可能会强烈坚持酒后驾驶是一种严重的错误的观点。

因此，社会科学文献提出了五种普遍化，大部分都重申了前面得出的结论。第一，法典的信誉在于它被视为是一种可信赖的指导，在于它分配责任是基于公众对行为道德与否以及不道德的行为该被处以何种程度刑罚的认知；第二，法典的信誉越高（法典根据被认知的刑罚分配责任的信誉越高），使人们相信其审判正确性的说服力就越大，人们也就越倾向于按照法典的要求去行动，真正认为判决在道德上是合适的；第三，因为人们相对容易对“法定犯”（*malum prohibitum*）的犯罪性质不太确定，法典更可能就这些罪行说服人们；第四，如果法典判定人们确信道义上不应定罪的行为有罪，或者没能判定人们确信道义上应定罪的行为有罪，至少其信誉也已经处于危险之中，通常信誉会降低，最终可能通过上文提到的激进化进程的散播而被破坏；第五，当刑法坚持自己的专业性，判定一个没有明显危害的行为为犯罪时，如果人们后来发现这种行为没有导致他们通常认为确实是犯罪的后果，法律就会失去其信誉，尽管这种信誉的失去不像第四种情况那么决然。

假如法典起草者希望批准某个特定的提案，而这个提案被认为与公众或部分公众的道德直觉相冲突，他们就要面对一个困难，而非不可能完成的任务。他们必须使公众相信自己的直觉是错误的，按照新的原则分配责任更能实现正义。为了确保效力，他们必须直接而强行地说服公众并断定自己会成功。如果他们未能成功说服公众，却坚持通过了这项提案，他们的信誉就有降低的危险。如果没有经过这种具有教育意义的讨论就通过了某项法典条款，就可能出现对法典的轻视。在第一次公开起诉违犯新条款的行为时，这种可能性就可能成为现实。

五、信誉的脆弱：与应得惩罚相偏离的代价

一些功利主义者显然相信只有刑罚的威胁或缺失才能决定人们是否会犯罪。[374] 但是其他功利主义者可能认同个人道德观和人际关系在其中的作用，认为改变公众对刑法道德信誉的认识能够影响上述作用。无论如何，一个故意而经常性地与应得惩罚分配相偏离的体系可能引起他们的注意。他们可能主张与应得惩罚相偏离的犯罪控制价值要比不断流失的刑法道德信誉更重要。

相对于我们目前这种几乎不关注与应得惩罚相偏离的影响的状态，一个有选择的偏离的体系算是一种进步。尽管如此，仍然要小心犯罪控制的功利主义理论。如果我们有这些起作用的力量的动态变化及其相关影响的完美数据，成本效益分析就会很清楚。但是事实上，我们不太可能对生活中的动态变化有一个哪怕粗线条的了解，我们只能推测其相关的影响。

什么条件能够决定一个体系会在何时被认为确实在实践着自己的准则，例如实现正义？什么会导致这个体系失去作为道德上可信赖的权力机构的“信誉”？人们关心的是这种偏离是否重复出现。我们都知道，一个体系可能会由于许多原因而偶尔得出一

[374] 参见 Shavell 著，见注释 6。

些错误的结果，罕见的偏离不能说明什么。然而，反复出现的偏离却意有所指，尤其是在所有的偏离好像都指向同一个潜在的原因的时候，落入规律的解释套路的规律出现的偏离，即使很小，也可能极大地损害体系的信誉。即使与体系作出的所有判决相比，偏离的数目和程度都很小，该体系的信誉也可能受到损害。[375]

这反映了这样一个事实：要维持一个人或一个组织的信誉，很大程度上是要使其他人认为该组织或个人确实是在按照其赞同的规则行事。如果一个错误被认为是“难以预料的”，就可以被原谅，那么个人以及较大主体的信誉亦是如此。[376] 人们知道自己不可能知道刑事司法体系随时在各个方面进行的所有事情。他们对该体系的看法可能受到他们认为该体系正试图去做的事情的影响，以及他们认为的体系实现正义的动机的影响。刑法的信誉可能依赖于它的公开承诺，在承认非故意的偏离是不可避免的同时承诺绝不有意偏离已知的惩罚原则。如果刑法承认在判处应受刑罚时有意认可失败的政策，那么这将使该体系所有的工作都受到质疑。

六、低估道德信誉的力量

人们不仅容易低估蓄意偏离应得刑罚的不利影响，也容易对维持体系道德信誉的效益估计不足。不同于法律制裁的威胁，此处讨论的服从的源泉不依赖于该体系在逮捕、定罪和惩罚罪犯上

---

[375] 涉及刑事司法体系处以的判决，这个过程会因为大众媒体集中在自己认为的失误上而恶化。非专业人士倾向于不关注全局，很少全面地看待媒体的报道。（评论越愤世嫉俗，越夸大司法失败的意义和程度，新闻就越有“新闻价值”。）

[376] 参见 Bernard Weiner 著：《责任判断：社会行为理论的基础》（Judgments of Responsibility: A Foundation for the Theory of Social Conduct），第 212 ~ 214 页（1995）。

的效力。服从力的真正源泉——个人、家人或朋友的良知——即使在权力机构不知道或不能证明的情况下，也能够感知某个犯罪人的违法行为。因此，利用社会团体和个人道德观的顺从力可以降低犯罪水平，即使追捕和起诉也不能比这种方式更为有效。

同样要注意的是，如果要通过威慑（或者使丧失犯罪能力或改造）减少犯罪，那么越来越多的执行、审判和监禁所需要增加的成本会十分的惊人，而这些服从力的源泉则不需要如此巨大的成本。再次重申，他们的力量不是源自抓获和惩治每一个罪犯，而是来自体系中明显想实现正义的道德力量。对该体系中任何案件的审判都可以发挥这种具有教育意义和象征意义的作用，尽管很多案件没能发挥这种作用。而且，这些机制在减少犯罪时也不会像更有效的犯罪侦查那样需要侵犯更多的隐私，或者像更宽松的起诉规则那样会在审判中犯更多错误。换言之，利用社会和个人的顺从力可以在较低成本的基础上获得更好的服从。

上文提到，建立在已知应得惩罚的社会理念之上的刑法能够提高法律的服从力量，而被视为系统地偏离这些理念的刑法的服从力则会降低。这样描述刑法的作用使它在产生守法行为方面的作用看起来要弱于传统理论。例如，威慑理论具有吸引力的一个原因就在于其声称自己更有能力独立产生服从力。我们不对法典做这样的声明。法典对守法行为的作用是第二位的、促进性的，不是主要的、决定性的。这似乎准确体现了事物的真实状态，如果被采用，可能有利于从公开辩论中消除一些对运用刑事责任和刑罚的不现实的高预期。

结论是，我们有充分理由认为，与其他任何法律相比，刑法在产生新规范方面起着核心作用，在被视为是道德权威时，刑法能直接获得服从。刑法的这两个作用——建立和维持规范以及通过道德权威获得服从——的源泉都依赖于刑法在公众中的道德信誉。刑法在公众中的道德信誉要求责任分配遵从公众对应受惩罚规则的认知，要求刑事司法体系能独立于其他体系之外，专门致力于应受到的惩罚，有效传达刑事判决中的特别定罪。如果司法体系判处公众不认为是犯罪的行为有罪或判处公众认为严重侵犯道德而需要定罪的行为无罪，刑法的道德信誉就处于危险之中。社会中的各个群体如果对刑事犯罪的定义有严重分歧，其刑法的道德权威就处于紧张和危险中。在这样一个社会中，更为重要的是法律要遵循公众的观点，而且不仅限于这种很强烈的争议之中。

第三节　确定公众的应得惩罚认知

如果刑法遵循人们共同的正义直觉有其价值所在，那么这种共同的直觉又是如何得出的呢？首先，要考虑经验主义惩罚是如何的不确定，它不取决于公众对新闻中案件的反应，也不取决于本节第一部分阐述的对美国刑事政治标准程序的操控。而且，经验主义惩罚也没有降低为本节第二部分中说明的工具主义者关于优化威慑或危险使丧失犯罪能力的判断。经验主义惩罚是关于实现正义——以一种使公众对公正判处刑事责任和刑罚的信心最大化的方式实现正义。本节第三部分和第四部分讨论其在实践中的意义。

一、误认为经验主义惩罚必然严苛：不公正的无效

一些人反对在刑罚中赋予经验主义惩罚一席之地，是因为如下推理：我不喜欢许多现代犯罪控制改革，如三振出局法案、降低可作为成年人起诉的年龄限制、毒品犯罪的高额罚金、定罪扩

展到原本为管理性犯罪的趋势；这些改革是体现公众观点的近期立法的结果；明确表明遵从经验主义惩罚只会增加公众对这种严苛措施明显偏爱的影响。

然而，这样的推理不仅误解了经验主义惩罚的本质，也错误地认为美国现代犯罪政治（crime politics）遵循了公众的正义直觉。事实上，经验主义惩罚与公众对案件和新闻头条以及政治争论的事件的看法就算有关系，其关系也是微乎其微的。而美国现代犯罪政治与人们的正义直觉就算有关系，其关系亦是微乎其微。上面提到的普通现代犯罪控制措施不仅没有体现公众共同的正义直觉，反而与其相冲突。[377]

经验主义惩罚体现人们在判断是否该受谴责时凭直觉所依赖的正义理念，而不是他们对公开讨论的问题所声称的观点。确定公众正义直觉的最可靠的方法是给出一系列事实情况。这些情况都基于同样的基本事实，但是每一种情况都有一点变化，观察测试者对待这些情况时有何不同，然后从这些情况的不同点推导出影响人们判断是否该受谴责的因素。[378] 重点是人们实际上是如何评定可以信赖的应受谴责程度，而不是那些他们可能公开声称自己用到的抽象规则。此外，人们对刑法规则的政治观点或他们对新闻头条中案件的反应与他们真正的正义直觉关系不大。政治立场和新闻头条中的案件本身往往就会左右人们的观点。例如，对

---

[377] 参见 Robinson 和 Darley 著：《正义、责任和谴责》（Justice，Liability，and Blame），见注释 223，第 139～147 页（调查 13 表明人们的直觉不会支持降低可以作为成年人起诉的年龄），第 189～197 页（调查 18 表明人们的直觉不会支持三振出局法案；Paul H. Robinson 和 John Darley 著：《非正义无效》（The Disutility of Injustice ）（将于 2008 年出版）（检验注意研究显示现代犯罪控制政策是如何与非专业的正义直觉相冲突的）。

[378] 有关该研究的方法论的更多细节描述，参见 Robinson 和 Darley 著：《正义、责任和谴责》，见注释第 7～11，第 217～228 页。

死刑的态度是一个需要在更大而复杂的社会政治环境中考虑的问题，人们是否支持死刑，不是他们的正义直觉可以决定的。新闻头条中案件的涉案人员的社会政治背景，包括种族、性别、社会地位、政治观点、性取向等等，通常都会影响人们对案件的判决。

或许更为重要的是，人们的正义直觉不是驱动美国犯罪政治的引擎。其首要的引擎是犯罪控制政策，该政策中最显著的威慑和使丧失犯罪能力通常都与道义惩罚和经验主义惩罚相冲突。三振出局法案、降低作为成年人起诉的年龄、毒品罪的高额罚金、定罪扩展到原本为管理性犯罪的领域，以及其他最近流行的改革，都是因其减少犯罪的能力被合理化了，而不是因其宣称实现正义而被合理化。增加定罪和处罚被合理化是因为需要产生更强的威慑性威胁，监禁期的加长据说能更有效的使看起来可能再次犯罪的人不再犯罪。如上文所述，实证研究使人们有理由相信这些改革与公众共同的正义直觉相冲突。

第一节中有关惩罚效用的观点认为这些犯罪控制改革目光短浅。长期有效的犯罪控制不在于试图把与人们的正义直觉相冲突的威慑作用或使丧失犯罪能力作用最大化，而在于实现正义，从而树立刑法的道德信誉，以利用强大的社会影响力。

二、人们是根据应得惩罚凭直觉做出刑罚判断还是考虑威慑和使丧失犯罪能力的作用？

批评反对使用经验主义惩罚分配原则的一种观点是，人们的正义直觉与威慑和使丧失犯罪能力理论没什么不同，即人们凭直觉对公正的判断是根据传统的功利主义模型，而不是根据对犯罪人道德可谴责性的考虑。然而，研究显示了完全不同的观点：人们做出的直觉判断是基于应得惩罚标准，而不是根据威慑或使丧失犯罪能力标准。[379]

一组研究将公正的应得惩罚和使丧失犯罪能力作为司法判决的模型，探究直觉的使用。每个参与者都有关于十个刑事案件的简短描述，这些刑事案件的道德严重程度分为五个等级，“案件严重程度”（偷唱片、偷贵重物品、袭击、杀人和行刺），犯罪人的犯罪前科分为两个等级，“重复犯罪”（无前科，有与该犯罪相关的行为史）。参与者分别阅读每一个案件描述，然后按照提示将案件分别划入两种等级，第一种是关于应科惩罚的严重程度，从“根本不”到“非常严重”分为 7 个等级；第二种是关于刑事责任，从“无责任”到“死刑”分为 13 个等级。提交对责任的判断等级后，要求参与者再次斟酌这些案情，然后分别从惩罚公正和使丧失犯罪能力的角度分配刑罚。对惩罚公正标准的描述是，分配“罪犯因为自己的错误而应得的公正刑罚”，对于使丧失犯罪能力标准，要求参加者做出“一个能够保护社会不受这个人伤害的足够长的判决”。[380]

结果显示参与者对案件严重程度比对重复犯罪更为敏感。更为重要的是，参与者基于应受惩罚的刑罚分配与他们原本基于直觉的决定密切相关，而基于使丧失犯罪能力模式的刑罚却非如此。“这意味着默认的直觉判决与应受惩罚角度的判决很难区

---

[379] 参见 Darley, Carlsmith 和 Robinson 著:《作为动机的监禁和应得的惩罚》(Incapacitation and Just Deserts as Motives), 见注释 207, 第 659 页; Kevin M. Carlsmith, John M. Darley 和 Paul H. Robinson 著:《为什么我们要惩罚? 作为惩罚动机的威慑和公正的应得惩罚》(Why Do We Punish? Deterrence and Just Deserts as Motives for Punishment), 83 J. Personality & Soc. Psychol. 284 (2002)。

[380] 《监禁与公正的应得惩罚》(Incapacitation and Just Deserts) 见注释 380, 第 681 页。

分，但是都与使丧失犯罪能力角度的判决有很大不同。”[381]

另一组研究探究被测者对应受惩罚模式的依赖和对威慑作用的反对。该组研究包括三个调查，给参与者的犯罪描述都是2×2版式，各有不同：这些描述中的惩罚高低不同（罪行轻重、减刑情形），威慑因素也不相同（侦破率、公开程度）。要求参与者根据不同的威慑和惩罚因素，用上一组研究中的评定等级，对这些案情作出判断，同时，他们还要回答一些特定的问题，包括：他们是否同意对这两种理论的一般性描述，他们对犯罪的道德接受程度，若要抓获犯罪人或阻止犯罪再次发生需要用到多少资源。

这些研究结果强化了这种观念：人们分配刑事责任的默认直觉与应受惩罚的模式一致。尽管参与者支持抽象的惩罚的威慑论据，事实上，他们却给出这样的句子“基于严格的应受惩罚”。[382]三个调查研究都表明人们分配的惩罚与行为者应受惩罚有关而不是为了对将来的犯罪事件造成威慑性威胁。尽管参与者支持威慑这一理念及其目的，但这种支持并没有体现在各种惩罚分配中。

最后，在第三种试验中，研究人员使用“判断跟踪方法”检验刑罚直觉是否是基于应受惩罚的考虑。[383] 例如，在该方法中，被测者最初只被告知某个罪犯贪污了雇主一笔钱。面对与该案件相关的各种信息，被测者按照自己选择的顺序分析这些信息，然后做出自认为合适的判断。然后，研究人员检查被测者使

---

[381] 《威慑与公正的应得惩罚》（Deterrence and Just Deserts），见注释380，第295页。

[382] 《威慑与公正的应得惩罚》（Incapacitation and Just Deserts）。

[383] Kevin M. Carlsmith 著：《报应的作用和在刑罚决定中的效用》（The Roles of Retribution and Utility in Determining Punishment），42 J. Experimental Soc. Psychol 437（2006）。

用信息的顺序，得出首先被使用的最重要信息。研究中用到的信息"位"（bits）都与应受惩罚、使丧失犯罪能力或威慑有关。结果显示被测者最开始使用的信息都与惩罚有关。随后才有一些人使用与使丧失犯罪能力有关的信息，几乎没有人使用与威慑相关的信息。

参与者每次使用信息的时候都会被问到他们对自己的刑罚判断的信心程度。被测者对自己建议的惩罚的信心的增加受惩罚的信息影响最大。出现这种结果是因为应受惩罚的信息最先被使用，而最初的时候被测者最不确定。然而，在随后的调查中，这种不确定消失了，惩罚信息仍然能最有效增加被测者对自己的判断的信心。[384]

综合所有调查，我们可以得出这样的结论，即对刑罚的直觉判断主要是基于对应受惩罚的考虑。[385]

三、使用公众的正义原则起草刑法典和量刑指南

我们应该清楚，将刑法立足于社会标准并不意味着解决具体案例时要采用公众或媒体激动之时的观点。本书观点也不支持立法者因为公众对最近引起公愤的诉讼案件的反应而仓促通过某些法案。

假设让律师、刑法专家和社会科学家组成的委员会来起草刑法典和量刑指南，他们将通过调查研究的方式获得公众的观点。要求接受调查的人对一系列案件做出自己的判断，通过这些判断可以得出人们对公正的责任分配的直觉原则。至少起草者会注意

---

[384] Kevin M. Carlsmith 著:《报应的作用和在刑罚决定中的效用》,第 447 页。

[385] 有关表明市民对犯罪量刑的判断受到他们对犯什么罪应该受到什么样的刑罚的认知的强烈影响的进一步研究,参见 Norman J. Finkel 著:《正义的共识:陪审员对法律的认知》(Commonsense Justice: Jurors' Notions of the Law)(1995)。

到公众对必需的最低刑罚的判断、对其他犯罪行为的正当理由的判断、对什么情况下应该免除对不法行为惩罚的判断以及对违法行为的相对等级和量刑的判断。除非有充分的理由排除这些判断，否则起草者将把这些共有的社会直觉融合到法典或指南当中，而且他们将清楚说明这些理由，试图使公众理解和接受这些理由的有效性。委员会的考虑将是公开的，将引起公众的注意。当然，委员会得出的结论将被提交给由宪法授权的制定刑法的常务机构——立法机关。

委员会的多数建议，如果不是绝大多数的话，将不会有争议，主要是因为他们一般将遵循公众的观点。但对于公众有分歧的问题，委员会因为没有共识可提交，将不得不判断出最好的、将对刑法的道德信誉损害最小的立场或构想提交，这通常意味着采取多数意见。但在少数意见太过强烈，而多数意见不很强烈的情况下，也可能采取少数意见。无论何种情况，实证研究都可以给予帮助。例如，社会科学了解到什么更可能或什么不太可能破坏刑法的信誉。这在第二节的第四部分和第五部分已有论述。

任何情况下，起草者都应该以公众的道德直觉为重要的开始，随后是公众参与的具有教育意义的公开辩论和分析过程。公众对刑法的理解是刑法典或量刑指南获得社会尊重的最好基础，即使偶尔会有强烈反对的情况，刑法也可以经受住考验。

我们承认，确立可以迎合公众共同的正义直觉的责任规则是一个复杂的任务。但是，正如以往的研究所显示，考虑到目前的社会科学方法论，[386] 这个任务是可行而重要的。长期来看，通过这种方法，刑事司法体系将在社会中赢得道德信誉。

---

[386] Robinson 和 Darley 著：《正义、责任和谴责》（Justice, Liability, and Blame），见注释 223，第 217～228 页（1995）。

四、公众的正义原则与现行法律

如果这是刑法典或量刑指南应有的起草过程，这个过程的结果将如何呢？根据目前的研究，一个立足于社会的刑法典或量刑指南将保留很多传统的刑法学说以之为基础的基本原则——集中于个体的有责程度、可能发生危害的程度、实际的危害程度、以及任何开释或免责情况。不过，研究可能提出一些建议对现行法律在许多方面做一些改变或修订。以下是一些事例：

例如，罪犯的责任大小很大程度上取决于该犯罪行为的有责程度，这似乎成为一种强烈的共识。然而，对杀人以外的其他大部分犯罪现行刑法都设立了一个最低的、通常不附带任何条件的有责标准，一旦犯罪行为达到这个最低标准，就要承担一定程度的责任。在调查研究中，随着罪犯的有责程度超过最低标准，被测者判定的责任一般也会更高。[387] 被测者对故意犯罪而非过失犯罪人的监禁判决更为严厉。这是一般情况，并不仅仅针对命案。刑法若想提高道德信誉，就要在更大范围内区别犯罪的有责程度之间的差异。

另一个例子是，研究同样表明被测者认可许多刑法承认的阻却责任事由的有效性。具体来说，像大多数（但不是全部）法典一样，被测者也基于是否根据认知和控制官能障碍承认精神错乱抗辩权，认为可以免除精神障碍导致的后果的罪责。[388] 同样，被测者也认可广泛意义上的阻却违法事由辩护的正当性，这些辩护赞成并因此在特定情况下免除某个正常情况下被视为不合法的

---

[387] Robinson 和 Darley 著：《正义、责任和谴责》，第 169 ~ 170 页。

[388] Robinson 和 Darley 著：《正义、责任和谴责》，ch. 5。

行为的罪责，如自卫或市民逮捕以预防犯罪的实施。[389]

然而研究表明，基于公众的法律在其他一些重要的方面将不同于现行法律。例如，调查研究中的被测者不同意《示范刑法典》对强奸罪的处理。例如，强奸罪中如果受害人是强奸者的“自愿社会伴侣”且“之前允许强奸者有自由性行为的权利”或受害人是强奸者的配偶，根据《示范刑法典》强奸者会被从轻判处。[390] 被测者的观点与之不同。[391] 根据该法典，向犯罪迈出的重要一步本身就应该是判决的充分依据，被测者不赞同这种观点。而且，即使这一步已经非常接近犯罪，被测者也不认同法典将犯罪未遂等同于犯罪既遂。[392]

法律的道德信誉同样可能依赖于程序和制度改革。对现在的道德实践或趋势可能发生的变化有：可以通过较少使用排除规则排除可靠的证据，较少基于与真正的事实争端无关的理由进行辩诉交易，根据相关市民的要求较少限制警察的权力，以及坚持如果适用非监禁式制裁，处以应受惩罚时应该有足够的惩罚力，增加刑事司法体系在公众中的道德信誉。另外，体系可以更有力地保护囚犯免遭监狱暴力，确立刑期时减少对危险性的考虑并增强警察的训练、纪律及领导，以使警察在与市民打交道时更加尊重市民，行为更为克制。当然，除了犯罪控制，社会还必须考虑共同利益，而且通常情况下，要在犯罪控制和这些利益之间进行取

---

[389] Robinson 和 Darley 著：《正义、责任和谴责》，ch. 3。

[390] 《示范刑法典》213.1(1),1(1)(d)(ii)。

[391] Robinson 和 Darley 著：《正义、责任和谴责》(Justice, Liability, and Blame)，见注释 223，第 160 ~ 169 页。

[392] 同上注释，Study 1。

舍并不总是那么容易。[393]

更为重要的是，对经验主义惩罚分配的任何偏离都会加速降低刑法的道德信誉，这将反过来损害刑法帮助建立和内化规范以及通过道德权威获得服从的能力。因此，不同于过去有关功利主义的辩论的明显假设，偏离惩罚需要付出代价，决定哪一种责任和刑罚的分配将最有效地提高社会最大利益时，这种代价必须被计算在内。

第四节　概要和总结

人际关系和内化的规范阻止犯罪的能力明显大于正式制裁的威胁，这一点已经被明确证实。但是我们对法律利用这些力量的能力却不是很清楚。研究表明，增加法律的道德信誉能够促进其服从力，但是这些研究还处于初始阶段，许多重要的问题还没有被解决。进一步的研究能够证实通过本书所描述的明显机制道德上可信的刑法能增加服从吗？能够证实本书分析的最能削弱和最能提高体系的道德信誉的做法吗？

要确定地回答这些问题，需要花费社会科学家的一些时间，但是在我们对现在的做法做出一些改变之前，不需要等待这些答案。最重要的是，很明显决定刑事责任和惩罚分配原则的工具主义计算方法必须考虑现实中偏离公众对应受惩罚的观念的代价。道德信誉的代价和收益可能很难去衡量，但是忽视这些风险的成

---

[393] 参见 Paul H. Robinson 著:《道德信誉和犯罪》(Moral Credibility and Crime), The Atlantic Monthly, Mar. 1995, at 72. Paul H. Robinson 和 Michael T. Cahill 著:《不公正的法律:为什么刑法不能处以人们应得的》(Law Without Justice: Why Criminal Law Doesn't Give People What They Deserve)(Oxford 2006)。

本效益计算方法将使这种衡量变得毫无意义。

尽管不能确定刑法道德信誉的重要程度，我们却有理由确定道德信誉确实有其重要意义之所在。因此，如果偏离没有清晰的重大益处，人们必然不应该容忍任何对经验主义惩罚的偏离，也不应容忍任何可能损害道德信誉的其他行为。即使这样，仔细地同时考察长远影响和短期影响也是明智之举。这意味着要做许多改革，这样的一些例子上文已经提到。

这将把长期的有关应得惩罚与刑事责任和刑罚分配的功利主义原则之间的争论置于何处呢？本书的分析本质上是利用了功利主义推理来支持基于应得惩罚的刑法体系。说得更具体一点，本书认为，人们遵守法律很大程度上不是因为他们害怕被刑事司法系统逮捕，而是因为他们担心自己所在的社会团体会如何看待自己，因为他们把顺从视为道义上应当的行为。刑法如果是以应受刑罚的社会标准为基础，那么就会增强这种顺从。我们可能得出结论：刑罚的应得惩罚分配恰恰是犯罪控制力最强的分配。因此，功利主义者应该支持基于应得惩罚的体系分配的刑罚。

如果这些论证被接受，那么在某种意义上，这些论证使两种原本被认为完全没有可能联合在一起的刑事司法理论家联合起来。支持基于应得惩罚的刑罚的人们坚持责任和量刑中重要的是实现正义；功利主义者要求分析责任分配体系的影响以证明其合理，尤其是要表明该体系是如何最有效地预防未来犯罪的。尽管双方在科刑的理由上未能达成一致，可如果他们同意本书的分析，那么他们就能够难以置信地对如何分配刑罚达成一致意见。

如果应该根据应得惩罚来分配责任和刑罚，那么传统的应得惩罚倡导者对此可能不会满意。本书中建议的经验主义惩罚体系与传统的道义惩罚极其不同。对后者来说，罪犯应受惩罚源自某些潜在的道德信念体系，而经验主义惩罚不是来自任何具有哲学基础的、清晰理性的体系，而是基于公众在评价应受谴责时的原则。这不是超验意义上的正义，而只是公众理解的正义。

如果体系采用经验主义惩罚为分配原则，功利主义者就赢了吗？在某种意义上来说，确实是这样。基于应得惩罚的责任和量刑的合理性是由功利主义观点证明的。然而，这种分析结果确立的责任分配体系却是功利主义者几十年以来一直反对的。更糟糕的是，按照功利主义观点，他们不能像过去抵制道义惩罚观点那样摒弃经验主义惩罚分配。如果本书主张的法律的道德信誉被证实，这种道德信誉力就会迫使功利主义论点支持基于惩罚的刑法。

如果采用经验主义惩罚分配原则，那么与过去的方式相比，功利主义刑事司法体系在执行时就会受到限制。然而，它也摆脱了其他方面的束缚。在过去几十年中实行的传统的功利主义方式中，为了严格的功利主义目的，一些刑事司法体系和机构设置其章程似乎把对惩罚的考量排除在外。[394] 这里提供的论文提出了预防犯罪的要求，实际上就是要求首先实现正义——考虑应受惩罚，因为这将减少犯罪而不仅仅是忽视惩罚分配标准。因此，该论文同意这些体系和机构在不违背自己的章程的同时要考虑应得的惩罚。确实，他们的章程现在需要这种考量。

本书的中心论点是：坚持刑法要着重于实现正义不仅有"哲学上的"价值，也具有实用价值。过去对某些人不公正的事例，在违犯公正的应得惩罚原则的情况下，可以理解为是对我们所有人的不公正，因为这种事例侵蚀了刑法的道德信誉，进而损害了刑法保护我们所有人的能力。

---

[394] 参见 Alaska Const. art. I, 12；State v. Chaney 案，477 P. 2d 441 (Alaska 1970)；G. A. Res 152, U. N. GAOR, 46th Sess. Supp. No. 49, at 12, U. N. Doc. A/152 (1992)（建立了联合国犯罪预防委员会 UN Commission on Crime Prevention）。

第九章　“恢复性正义”

严格来说，学术发起人所说的“恢复性正义”，提出的不是一种分配原则，而是一种分配过程。它没有清晰地表达决定刑罚的标准，而只是一个过程，受害人犯罪人调解（victim-offender mediation）、审判圈（sentencing circles）或者家庭团体会议（family group conferences）都是这样的过程。[395] 这些过程的结果不取决于任何表达清晰的规则，却依赖于牵涉到现有过程中的特定人的直觉和喜好。

这些恢复过程与经验主义惩罚有一些有趣的相似和不同之处。恢复过程似乎给了参与者他们想要的东西，而且以一种反映非专业人士观点同样重要的认知方式，这是恢复过程的部分吸引力和成功之所在，也是作为分配原则的经验主义惩罚的潜在主旨。确实，人们甚至可能推测，既然非专业人士之间对正义原则

---

[395] 参见 Leena Kurki 著：《美国的恢复性正义和社区正义》（Restorative and Community Justice in the United States），27 Crime and Just. 235，280 - 281（2000）（解释涉及受害人、罪犯和主要社区成员的审判圈；说明这是面向公众的；表明这个圈子中达成的共识是对法官以及最终裁决的建议）；Ilyssa Wellikoff 著：《记录，刑事和解和暴力犯罪：通往正义之路》（Note，Victim - Offender Mediation and Violent Crimes：On the Way to Justice），5 Cardozo Online Journal of Conflict Resolution 2（2004）（详细说明，对于刑事和解来说，受害人能够质问对其侵犯的人并讨论这种侵害如何影响了自己的生活）。其他的机制包括会议、被害人援助、前科犯援助、赔偿和社区服务。参见 Restorative Justice Online—Introduction，网址 http://www.restorativejustice.org/intro；Paul H. Robinson 著：《恢复过程的优点，恢复性正义的缺陷和恢复性正义的专题讨论》（The Virtues of Restorative Processes，the Vices of Restorative Justice，Symposium on Restorative Justice），2003 Utah L. Rev. 3.

达成了很多共识，恢复过程中达成的处理方式自然就可能会遵循这些共同的正义直觉，换言之，可能遵循经验主义惩罚分配。

另外，恢复过程的参与者包括受害人和罪犯，通常还有他们的家人和朋友，这些人之间的关系使他们必然带有偏见。这种偏见可能使人们的观点偏离那些他们在自己没有偏见的案件中通常会采用的正义原则（或者，就算没有偏离正义原则，至少人们对相关案件事实的看法也会有所改变）。因此，尽管某种处理方式可能满足目前的参与者，却可能与社区一般的正义观点严重冲突，这都发生在报道过的案件中。然而，在其他情况下，如果参与者对案件任何一方都很忠诚，这种忠诚就可能相互抵消，经验主义惩罚可能产生的偏离就会受到抑制。那么，实际操作中，恢复过程的结果可能实际上就是经验主义惩罚的原则，并遵循公众共同的正义直觉。鉴于第二节中将说明的，“恢复性正义”运动的学术发起人很大部分是由反惩罚的议题引起的，这是极具讽刺意味的。第三节中将会说明，恢复过程不是必然不能与实现正义的体系相容。与其他相比，某些恢复过程可能会更好地实现正义——尤其是有更多参与者而不是更少参与者的过程——如果恢复过程成为刑事司法审判过程的组成部分而不是完全替代该过程，正义就更可能实现。

最后，笔者认为恢复过程可以与实现正义达到完全的一致，可以而且应该被更广泛地应用。公开否定“恢复性正义”运动的反正义议题将是恢复过程运动的最好事情。[396]

---

[396] 本章主要来自 Paul H. Robinson 著:《恢复过程的优点,恢复性正义的缺陷和恢复性正义的专题讨论》(The Virtues of Restorative Processes, the Vices of Restorative Justice, Symposium on Restorative Justice),2003 Utah L. Rev. 375; Paul H. Robinson 著:《恢复过程和实现正义,专题讨论问题》(Restorative Processes and Doing Justice, Symposium Issue),3 Univ. St. Thomas L. Rev, 421 (2006)。

第一节 恢复过程的优点和“恢复性正义”的缺陷

恢复过程包括许多种不同的、在帮助受害人和罪犯上非常有价值的机制，能提供一些传统的刑事司法所不能提供的东西。对罪犯来说，这种过程能够使他们更好地理解自己罪行的真正后果，使他们的受害人带有人性色彩。这些过程还可以使罪犯获得对自己违反的准则的重要启发：在这个过程中他们看到自己认识和尊敬的人公开反对他们的作为。正如第八章所指出的，我们不应该低估这种社会互动的潜在影响。

恢复过程对受害人同样有特别的好处。有这样一个案例：一个年轻邻居进入一位老妇人的房子行窃。[397] 对老妇人来说，这种感情上的代价是具有毁灭性的。她害怕出门，然而现在待在家里也同样害怕，最后演变成对周围所有事情都恐惧。作为罪犯补偿的一部分，这个年轻人同意为这个老妇人做一些家务，两个人之间因此有了更好的了解。这种接触使受害人更好地理解发生了什么事以及事情是如何发生的，通过这种理解，老妇人的恐惧感逐渐消失了。

但是有些“恢复性正义”的倡导者将这些益处视为唯一相

---

[397] 参见 Kathy Elton 和 Michelle M. Roybal 著:《赔偿,正义的组成》(Restoration, A Component of Justice), 2003 Utah L. Rev. 43, 53 n.57 (2003) 引用 Mark S. Umbreit、Robert B. Coates 和 Boris Kalanj 著:《受害人与罪犯见面:恢复性正义和调解的影响》(Victim Meets Offender: The Impact of Restorative Justice and Mediation), 第 160 页 (1994)。(突出一个老妇人被邻居的一个年轻人入室盗窃的案件，将其作为恢复过程运用得成功和恰当的例子)。

关的影响，人们可能会对此提出异议。如何处理恶行不只是与受害人和罪犯有利害关系，刑事犯罪的审判不是私人问题，正是基于这个原因，刑事案件被视为国家检控，而不是民事纠纷。重要的社会利益都与之有利害关系，给出一个案例来帮助切入问题的焦点，在 Patrick Clotworthy 案中，[398] 这是“恢复性正义”的主要支持者 John Braithwaite 用赞扬的语调说起的一个发生在新西兰的案件，[399] 被告在一次恶劣的抢劫中刺了受害人六次，受害人的肺和胸腔以及腹腔之间的横膈膜都被刺穿并且被严重毁容。其中毁容对受害人的打击最具有毁灭性，因为这足以使与受害人被有正常的社会互动的人排斥。调解达成的处理结果是 Clotworthy 不需要进监狱，而是工作赚取 15000 美元以支付消除受害人的外貌损伤所需要的手术费。Braithwaite 认为这种处理方式好极了，是恢复成功的范例。然而，这个例子也正好可以用来说明他所认为的“恢复性正义”的错误所在。

我们可以理解为什么受害人会同意这样一种处理方式：他迫切需要恢复自己的外表，重建自己的社会关系。我们也可以理解，为什么 Clotworthy 认为这是一种很好的处理方式：这样看起来，被告只是支付了民事赔偿而没有为自己的攻击承受刑罚（这种赔偿甚至是不公平的，因为没有为受害人遭受的恐惧支付赔偿）。但是受害人绝不应该被放在这样一种情境中，即要么选择获得正义，要么选择恢复自己的生活。利用受害人的悲惨处境

---

[398] The Queen v. Clotworthy 案，T. 971545（D. C. April 24，1998）（N. Z.），网址：http://www. restorativejustice. org. nz/Judgements% 20Page. htm（follow “Sentencing Notes” hyperlink），参见以下注释（推翻 Clotworthy 一案中的处理方式）。

[399] John Braithwaite 著：《恢复性正义：乐观主义和悲观主义的考虑》（Restorative Justice：Assessing Optimistic and Pessimistic Accounts），25 Crime & Just. 1，87 - 88（1999）。

使其同意这样一种安排只是使其再一次受害——而这一次是由官方机构批准了这种卑鄙行径。

这种结果是令人不快的，就像Blaithwaite，将其作为一种可取的处理方式更让人厌恶。这显示了“恢复性正义”的支持者们是如何令人遗憾地对实现正义漠不关心。实现正义不仅对受害人很重要，对整个社会亦是如此。这种情况下社会实现正义这一利益就处于危险之中，像Clotworthy一案中的处理方式就损害了这种利益。公正的处理方式应该是让Clotworthy在监狱外面呆足够长的时间赚取手术需要的钱，然后进监狱服刑或者接受其他的应受刑罚。[400]

正如第七章和第八章所讨论的，社会在实现正义上的利益既是道义上的——超验的正义道德价值，也是实践上的——通过提高刑法的道德信誉以避免将来的犯罪来实现正义。采用使Clotworthy那样的作恶者通过支付受害人的医疗账单而免受刑罚的处置规则将严重削弱体系在公众中的道德信誉，并造成对之后的犯罪控制的损害。或许正是因为这个原因，Clotworthy案中的“恢复性”判决被支持监禁刑的监督法院推翻。[401]

---

[400] 有关“恢复性正义”如何与惩罚相冲突，参见David Dolinko著：《恢复性正义和刑罚辩护》（Restorative Justice and the Justification of Punishment），2003 Utah L. Rev. 319，331 - 334；Stephen P. Garvey著：《恢复性正义，刑罚和补偿》（Restorative Justice, Punishment, and Atonement），2003 Utah L. Rev. 303，306 - 308。

[401] The Queen v. Clotworthy案，CA 114/98（C. A. June 29, 1998）（N. Z.），http://www.restorativejustice.org.nz/Judgements%20Page.htm（follow “New Zealand Court of Appeal” hyperlink）。

第二节 “恢复性正义”和实现正义

对于“恢复性正义”的学术支持者来说，恢复过程的吸引力或许在于它可能削弱应受刑罚。许多支持者在使用“恢复性正义”这一术语时，都感觉它好像与恢复过程可以互换。但是文献清楚表明基于“恢复性正义”的体系的理想状态是禁止“刑罚”，显然，这意味着禁止基于应受惩罚的刑罚。尽管在实践中恢复过程的参与者在寻求可接受的处理方式时通常会考虑自己的正义直觉，支持者也不得不承认“恢复性直觉”的理想不过是原谅，而不是应受刑罚。屈从于他们认为是犯罪控制的现实要求，“恢复性正义”的倡导者勉强在恢复过程失败时导入威慑机制，在威慑失败时则导入使丧失犯罪能力机制，[402] 但是他们却坚决拒绝对罪犯施以应受刑罚，并将其视为任何情况下都不合适的选择。

这种反正义观点的核心由该运动的名字“恢复性正义”表

---

[402] 参见 John Braithwaite 著：《刑罚边缘化的未来：现实抑或空想》（A Future Where Punishment is Marginalized: Realistic or Utopian），加州洛杉矶分校法学评论（UCLA L. Rev.），第46卷（1999），第1727，1746页（区别恢复性正义和处罚性正义）；Burt Galaway 和 Joe Hudson 著：《刑事正义、赔偿和和解 1－2》（Criminal Justice, Restitution, and Reconciliation 1 － 2）（Burt Galaway 和 Joe Hudson 编，1990）（“‘恢复性正义’的核心观点是否定传统的辩护理由，无论是报复性的还是实用主义的... 建议国家在刑事问题中介入的目的是给各方带来和平和恢复损失”）；Howard Zehr 著：《变焦：犯罪和正义的新焦点》（Changing Lenses: A New Focus for Crime and Justice），第209～210页（1990）（“即使恢复性途径在刑罚中占有一席之地，也不是在中心位置。”）；同样参见 Steven P. Garvey 著：《刑罚的补偿》（Punishment as Atonement），46 UCLA L. Rev. 1801，1843 － 1844（1999）（“坦白说，恢复主义者实际上不太关注刑罚……找不到‘他们的’议题……作为道德谴责的刑罚”）。

现出来。这样命名试图将恢复过程视为一种实现正义的方式。但是，这样的文字游戏也只能做到这里。称之为“正义”并不意味着正义。“正义”这一措辞有其独立的意义和通常的用法，不容易被丢掉，即“应得的奖赏或处罚，公正的应得惩罚。”[403]（本文中，“恢复性正义”包括更为模糊和反正义的事项，“恢复过程”仅指其过程。）命名的动摇会引起歧义，或许这是所有的“恢复性正义”支持者的领袖都希望的：在他们的“恢复性正义”计划实际上是反正义变得太过明显之前，是在惯例中寻找立足点的时候了。但是这种文字上的诡计似乎还不足以获得长期的或更广泛的支持。这样，他们必须直面反正义这一问题，如果可能的话，来说服人们不应该再关心实现正义的问题。我们有理由相信这是不可能的。

“恢复性正义”将反应得惩罚议题加到恢复过程中有点古怪和令人遗憾。古怪是因为正如前面所说，完全有理由相信其处理方式是由参与到恢复过程中的人们的共同的正义直觉决定的。换言之，集体恢复过程实际上是经验主义惩罚在起作用。正如第八章中的社会科学研究所证实的，促使人们分配合适的刑罚的准则是应得惩罚，是罪犯应该受到谴责的程度。[404] 因此，当审判圈的成员寻求对某个案件的合适的处理方式时，在很大程度上影响他

[403] 《韦氏新世界美语词典》（Webster's New World Dictionary of the American Language），第766页（1970）。

[404] 参见Kevin Carlsmith, John M. Darley和Paul H. Robinson著:《人们为什么惩罚?》（Why Do We Punish?），见注释380，第284页。（结论是非专业人士对只与应得的惩罚相关的因素格外敏感，他们的刑罚判断基本是由这些因素决定的）；Darley, Carlsmith和Robinson著:《监禁和应得的惩罚的动机》（Incapacitation and Just Deserts as Motives），见注释207，第659，676页。（推断出应得的惩罚是主要的量刑动机，因为调查参与者随着犯罪的严重程度增加刑罚，而不基于以后犯罪的可能性的变量改变刑罚）。

们想法的是他们的正义直觉——应得惩罚。第八章还表明，研究显示这些直觉广泛而强烈。这样就显得很古怪，“恢复性正义”的支持者同意通常凌驾于参与者的共同的正义直觉之上的恢复过程，然而同时却又声称应得惩罚不应该被作为判定刑罚的基础。

应得惩罚作为分配原则与恢复过程中提倡的非监禁制裁也是一致的。对与罪犯的应受谴责程度相符的刑罚的分配可以通过任何方式完成。监禁是一种可能性，但是也有很多其他可能性，包括恢复过程可能同意的有利于犯罪人的所有事情。第七章交代得很清楚，应得惩罚的要求是所有刑罚的总和与罪犯根据自己应该受谴责的程度所应得的刑罚相匹配。因此，如 X 数量的刑期可能被“转化”为 Y 数目的罚款或 Z 小时的社区服务等。这些尝试的目的是在使判决者在选择判决方式时有尽可能多的灵活性，同时确保罪犯承受了他们应受刑罚的量，不多不少。

人们可能奇怪，如果恢复过程中没有什么是与应得惩罚不符的，为什么 Blaithwaite 和其他“恢复性正义”的支持者如此反对应得惩罚呢？人们可能推测他们对现代应得刑罚的理解有误，将其视为第七章中的“报复性惩罚”。这确实符合他们说起应得惩罚时的情形。[405] 但是，正如第七章的结论所暗示，因果可能颠倒了：他们将“报复性惩罚”作为自己的应得惩罚概念或许是因为这是最容易被攻击的稻草人。

---

[405] 参见 Braithwaite 和 Petit 著：《非应得的惩罚》（Not Just Deserts），见注释 298，第 178 页。

第三节 更广泛地应用恢复过程并将其用于更严重的案件

“恢复性正义”学派对应得惩罚的反对不仅古怪而且令人遗憾，因为这将不可避免地导致政治上的和大众的对恢复过程的抵制。这种反应得惩罚的立场将恢复过程与正义的失败联系起来，然后又转移成政治上的阻力。尽管恢复过程可以起很大的作用，但现在他们的应用却只限于青少年犯罪和轻罪。[406] 事实上，证据显示恢复过程用于受害人和犯罪人都处于危险的更为严重的案件上的益处可能最为重要。[407] 但是，很明显只要仍困于学术支持者的反应得惩罚议题，恢复过程就将永远没有机会被用于这些严重的案件中。

恢复过程有可能被允许拓展至严重的犯罪上吗？有理由相信如此。第一点，如果恢复过程认可的处理方式的严重程度增加，处理的案件就会增多。无论犯罪人的否决权是什么，有些人都可能对把如监禁等严苛刑罚放权给恢复过程机构犹豫不决。但是，我们可以构想出包括司法参与或确立裁量权的指南的恢复过程。

第二点对恢复过程的扩展来说可能最为重要。第七章已有论

---

[406] 参见 Paul H. Robinson 著:《恢复过程的优点》(Virtues of Restorative Processes),同注释 397, 第 384 ~ 385 页（回顾目前使用恢复过程的项目范围）；Kurki 著，见注释 396, 第 240 页（美国恢复性正义的主动性主要用于青少年的轻罪、非暴力犯罪和与性无关的犯罪的转移项目）。

[407] 参见 Heather Strang 和 Lawrence W. Sherman 著:《修复伤害:受害人和恢复性正义》(Repairing the Harm: Victims and Restorative Justice), 2003 Utah L. Rev. 15, 40（提到最近的显示恢复性正义在减少暴力犯罪上比减少财产罪更有效）。

述，正义关心的是刑罚的量而非方式。因此，在不损害到正义的情况下，人们可以任何方式处以应受刑罚——罚款、社区服务、软禁、宵禁、定期报告、记日记等等——只要总的处罚“元”（“刑法单位”）不多不少的恰好符合犯罪人应受的刑罚总量。

正义的这个特点对恢复过程有两个重要的含义。首先，因为任何形式的制裁都有“刑罚信誉”，至少在对犯罪人造成个人痛苦方面，对恢复过程的善意参与本身就可以被视为意图满足刑罚的要求。在亲人朋友相聚讨论自己的违法行为的场合，毫无疑问人们会感到不安。其次，恢复过程可能有效地帮助寻求怎样以最好的“消耗”完成惩罚总量，也就是说，在所有可行的处理方式中，可能有一种格外有效的方式最能修复受害人、犯罪人以及社会的利益。

第三点，恢复过程在处分权上的限制只有在恢复过程是唯一的处分过程时才是个问题，也就是说，在恢复过程取代了刑事司法体系的情况下才是个问题。然而，如果恢复过程只是刑事司法体系的补充——恢复过程与刑事司法体系并列或是其一部分，对可用的处分上就不会有实际的限制，也没有理由做这样的限制。例如，如果刑事司法体系仍然可以审查恢复过程提出的处理方式的公平公正性，那么即使最严重的处理方式，都是可用的。

从理论上说，只要恢复过程有益而且可以使用多种制裁方式，包括严厉的制裁，我们就应该采用这种过程。遗憾的是，只要恢复过程被推销为“恢复性正义”，以削弱正义而不是为各方达成正义为议题，就可能永远没有机会更广泛地利用于恢复过程。

第十章　各种分配原则的长处和弱点

前面的章节分别探讨了各种分配原则，本章回顾之前的讨论，并总结各种分配原则的长处和弱点。

第一节　一般威慑

作为分配原则的一般威慑的长处和弱点是什么呢？一方面，在目前的条件下，一般威慑可以预防将来的犯罪，有潜在的巨大效力。只需在惩治现有的犯罪人上支出，就可以威慑几千甚至数百万其他听说过该案件，并留意到其中的受警告的人（然而，这能够导致伦理上的反对，因为一般威慑过程依赖于仅仅将被惩罚的人视为影响他人行为的工具）。

另外，一般威慑只对有限的案件有效。第三章提出，要使一般威慑有效，必须满足三个先决条件。首先，只有在意中目标直接或间接地注意到基于威慑的规则时，规则才具有威慑力。其次，即使意中目标注意到基于威慑的规则，只有在目标有能力并愿意理性地考虑自己的最大利益时，才具有威慑作用。最后，即使目标注意到基于威慑的规则，能够并确实理性地评估了自己的行为，只有在目标得出犯罪的代价超过了预期的效力的结论时，规则才具有威慑力。正如第三章所总结的，正因为这三个条件很难全部满足，所以潜在的威慑效力的实现才受到质疑。

第一个先决条件要求潜在的犯罪人注意到基于威慑的规则。然而，证据表明事实通常不是如此。例如，谋杀重罪规则——甚至涉及谋杀等重罪中的意外杀人——的主要辩护理由是其假定的对可能的重罪犯的威慑作用。但是，极少有重罪犯可能知道在对他们的审判中是否有这样一条规则或者该条款是什么。

研究表明，大多数人都假定刑法遵循了自己的正义直觉。因此，如果威慑偏离了经验主义惩罚的要求，它将面临最大的困难，因为在威慑和经验主义惩罚冲突的情况下，人们最不可能知道法律的要求（无知则无畏）。然而，这些却正是一般威慑所必须依赖的情况来提供比惩罚分配内在的威慑更强的威慑。因此，只有在威慑分配表现最差的情况下，一般威慑才可能比应得惩罚更有威慑力。

更进一步说，即使潜在的犯罪人知道这些意在威慑的规则，第二个先决条件是他必须能够并意图权衡威慑所依赖的代价和利益。同样，证据显示通常的情况也不是这样。潜在的犯罪人这一群体比大部分人更不倾向于仔细考虑自己行为的后果，更可能受到毒品、酒精或精神病的影响。

最后一个先决条件遇到类似的问题：即使潜在的犯罪人知道基于威慑的规则，并能够权衡出自己的最大利益，各种因素通常会导致潜在的犯罪人得出已知的效力超过预期代价的结论。事实上，对大部分的违法行为来说，逮捕和处罚的概率非常低。而且即使这种概率很高，威慑作用依赖的也不是威慑性威胁，而是对威慑性威胁的感知。因此，即使真有威慑性威胁，如果意中目标没有完全领会到刑罚的可能或其结果，威慑也可能失败。例如，就像有低估将来益处的倾向一样，人们也自然地倾向于低估将来的危害。

总而言之，一般威慑要想有效地达到自己的目的，必须满足这三个先决条件。然而，每一个条件的满足都会遇到一般威慑难以克服的挑战。而且，即使这些先决条件被满足了，部分威慑作用也难以实现，因为与公众的正义直觉相冲突而付出的犯罪控制代价也可能超过威慑作用的犯罪控制效力。一般威慑的分配准则——例如，根据违法行为的破获率或者案件的新闻价值调整刑罚，使一般威慑原则必将与应得惩罚相冲突。因此，一般威慑比应得惩罚分配的威慑存在更大的问题——一般威慑与应得惩罚相偏离——正是其最难表现犯罪控制能力的时候。

第二节　特殊威慑

在目前情况下，尽管特殊威慑缺少一般威慑所具有的潜在的巨大效力，特殊威慑的分配原则也能够预防将来的犯罪，但是只对现有的罪犯起作用。和一般威慑一样，特殊威慑要想起作用，也必须满足先决条件——知道基于威慑的规则，理性地判断自己的最大利益的能力和意愿，犯罪的代价超过其效力的认知，同样这种情况通常是不存在的（然而，目标对象知道基于特殊威慑的规则的机会至少比知道一般威慑的机会要大，因为特殊威慑针对的目标是将要被起诉的犯罪人，如果在以后需要这些规则的话，将会给他们特别解释）。最后，和一般威慑一样，特殊威慑的分配原则似乎注定要以一种与道义惩罚和经验主义惩罚相冲突的方式分配刑罚，与经验主义惩罚冲突导致的犯罪控制代价可能超过特殊威慑的任何犯罪控制效力。

第三节 改造

改造如果成功的话，能够避免现有犯罪人的犯罪。然而，正如第五章所述，改造这一分配原则的潜在犯罪控制效力有限。改造没有一般威慑所具有的影响现有犯罪人之外的其他犯罪人的巨大效力。更为重要的是，改造项目成功的概率一般，通常仅限于很小范围内的犯罪人和犯罪。

还有，改造的分配原则，和威慑原则一样，注定要导致以一种与道义惩罚和经验主义惩罚相冲突的方式分配责任和刑罚。如果可能采用改造的话，轻罪需要的改造时间可能更长，而重罪可能只需要很短的刑期；如果不可能采用改造，而且改造是唯一的刑罚分配原则，那么犯罪人必须被释放（为了避免仅仅释放不能被改造的犯罪人，将改造与其他的分配原则相结合可能更有意义，这意味着如果一个人不能被改造，那么只要这个人还具有危险性就将一直被监禁。这种混合的分配原则将在下一章讨论）。

然而，改造可能不仅具有避免犯罪的价值，它也可能带来个人的满足感和自我实现，并使犯罪人的家人和朋友生活得更好。因为这样，一些人可能认为，改造具有超验的成分——一种即使不能减少犯罪也应该被追求的内在价值。当然，如果改造很难成功，那么这种价值的实现也同样很稀缺。另外，有人可能认为，强制改变一个人的天性会导致伦理问题，因为这意味着国家对个人自主的严重干涉，这种干涉比简单地被迫承受刑法更为严重。

人们可能得出这样的结论：没有必要将改造视为一种要达成很多的改造的目的的分配原则。相反，人们可以在根据任何其他的分配原则决定的判决中利用任何机会改造愿意服从的犯罪人。

换言之，通过不将改造作为一种分配原则而是作为一种矫正的方式，在改造方面可能会用最小的代价获得同样的效力。在不以改造为基础决定一个人的刑期长度的情况下，刑事司法体系也可以改造尽可能多的犯罪人。

第四节 使丧失犯罪能力

同特殊威慑和改造一样，使丧失犯罪能力只对现有的犯罪人有犯罪控制作用，它缺少一般威慑具有的潜在的巨大效力。然而，当我们极度担心其他传统的工具主义分配原则——一般威慑、特殊威慑和改造——的犯罪控制效用时，作为分配原则的使丧失犯罪能力却不会产生这样的疑惑。即使犯罪人没有进行成本效益分析或者不肯服从改造，使丧失犯罪能力只需把人拘留，就可以减少犯罪。

使丧失犯罪能力作为一种分配原则的弱点主要在于管理上的低效率和不公平，这在第六章已经讨论过。要使作为分配原则的使丧失犯罪能力有效，人们必须能够确定在将来会犯罪的人，而且“误报”（false positives，被预言为危险而实际上不会犯罪的人）最好最小。然而，目前行为科学做出这样准确预测的能力很有限。“误报”通常都超过“正报”（true positives）。如果刑事司法体系没有意识到现有犯罪人的危险性，反而试图“遮掩”其作为刑事正义（criminal justice）的预防性拘留，将之前的犯罪记录作为未来危险的粗略“替身”，“误报”尤其多过“正报”。

体系的高误报率意味着很多的资源被浪费在了羁押没有危险性的人，更遑论对这些人的自由的严重的不合理侵犯。更进一步说，和上述其他的工具主义分配原则一样，使丧失犯罪能力作为一种分配原则将以一种与经验主义惩罚和道义惩罚相冲突的方式分配责任和刑罚，既会违反道德也要付出犯罪控制代价。

正如第六章所说，人们可以更准确地实现预防性拘留的目标，从而更少地对自由进行不正当侵扰，并避免刑事司法体系与惩罚的经常的冲突而不是像现在这样依赖于公开的民事预防性拘留体系，拘留因为精神上的疾病、传染病或对毒品的依赖而具有危险性的人。如果离开刑事司法体系预防性拘留能够更为有效，如果这种分离能够避免犯罪控制成本与经验主义惩罚相冲突，这似乎很难证明将使丧失犯罪能力作为刑事责任和刑罚的分配原则的正当性。

第五节　经验主义惩罚

经验主义惩罚作为一种分配原则将遵循公众共同的正义直觉。这是公众根据定义认为在实现正义上最值得信赖的分配原则。第八章提到过，刑法道德信誉的增加可能从多个方面提高刑事司法体系的长期的犯罪控制效力。较高的道德信誉将减少刑事司法过程中被认为经常不能实现公正的体系引起的证人、警察、检察官、陪审员和罪犯的抵制和破坏。同样，它还将减少被认为经常不能实现公正的体系所导致的治安维持行为。体系的较高的道德信誉还可以增加其对刑事违法行为的谴责力。体系在判决刑事责任时“做对了”的信誉越高，能激起道德谴责的刑事责任就越多。对人们不太确定只是技术上应被禁止还是确实该受到谴责的灰色地带的行为，较高的道德信誉可能使刑法在有关这样行为的案件中获得更高的服从。关于这一点，可以以内部交易和从网上下载音乐为例。最后也是最重要的，较高的道德信誉使刑法在形成和强化社会规范的公众对话上更有影响。社会改变规范——例如，那些关于家庭暴力、醉酒驾驶或者约会强奸的规范——的能力最强的时候是在社会以刑法为工具形成人们对引起争议的行为的可责性的观点时。

经验主义惩罚作为分配原则的中心弱点在于它实现公正的潜能对公众来说不明显。公众共同的正义观点可能就是错的。想想独立战争之前，南方奴隶主的教训以及在战前德国对犹太人和吉普赛人的观点和待遇，只有仅源于正确和善意原则——道义惩罚——的对正义的超验的认知，才真正能够实现正义。

工具主义者可能提出的反对经验主义惩罚作为经验分配的第二个理由是，这将导致只是因为他们所科的刑罚在公众看来可能不公正就拒绝有吸引力的犯罪控制机会——例如，有效的一般威慑的三个先决条件确实得到满足的情况。更好的犯罪控制机会可能不会经常出现——经验主义惩罚分配本身就有威慑效果、改造机会和使丧失犯罪能力效果——但是看起来，这样的机会似乎会出现。如果偏离经验主义惩罚的犯罪控制效益确实大到能够超过削弱刑法的道德信誉的犯罪控制代价，那么善意的功利主义者将愿意偏离经验主义惩罚。

第六节　道义惩罚

道义惩罚明显的长处在于实现正义——真正的正义，而不仅仅是经验主义惩罚所依赖的公众的正义认知。然而，正如第七章所讨论的，这样一种分配原则遇到的实际困难很严重。首先，道德哲学家们在大部分问题上的分歧众所周知，法典或指南的起草者怎么知道该采取哪种立场。进一步说，道德哲学的现代方法论通常依赖于共同的正义直觉，这导致的危险是道德哲学构建的正义原则可能偏向于接受与人们共同的正义直觉相符的规则。因此，即使道德哲学家在某一规则上达成了共识，就像经验主义惩罚所要求的超验的正义检查一样，这种偏向使道义惩罚原则变得不太可靠。或许，道德哲学家们意识到存在这种危险，可能有助于将这种困难降到最低。

道义惩罚作为分配原则更为明显的弱点是不能阻止可以避免的犯罪。它以一种忽视工具主义分配原则的犯罪控制机会的方式分配责任和刑罚。道义惩罚不仅与更多的传统的工具主义威慑、改造和使丧失犯罪能力机制相冲突，而且也与经验主义惩罚相冲突。例如，非专业人士几乎一致认为评定可责程度时造成的伤害很重要，然而道德哲学家在这一点上却有很大异议。因为，道义惩罚作为一种分配原则可能会讽刺性地削弱刑法的道德信誉，它可能导致成本——抵制、破坏、治安维持行为的增加，却没有道德信誉可以带来的效益——谴责、赢得灰色地带的服从、影响规范的形成。

第七节　结论

人们可以得出这样的结论——之前章节中讨论的所有分配原则都不是完美的。每一种分配原则都有其长处和弱点，有些弱点似乎使其丧失了作为分配原则的资格。然而，有原则的刑事司法体系必须有一种清楚的支配原则，如果必须要选择一个的话，我们可以衡量每一种分配原则的长处和弱点，然后找出在总体上问题最少的分配原则。

幸运的是我们不需要被迫做这种艰难的选择。正如下一章将讨论的：我们有可能构建一种不依赖于某个单一的原则、吸取每一种原则的长处而不需要承担其代价的原则。我们该如何构建这样一种明确有力的混合分配原则呢?

第十一章　混合分配原则

依照第十章所述，各种分配原则既有优势亦有不足。那么，可否以一定方式将这些原则结合从而发挥各种原则的优势并使其不足以最小化呢？下文第一节将探讨几种可达上述效果的方法——运用一种具有原则性的，即对混合分配原则进行阐明的方式。

在第二章第三节中描述了非阐明性混合分配原则所存在的问题，即无法确定各选择性分配原则之间的相互关系，致使不受限制的自由裁量权代替表面的原则性成为实际的决策力量。裁决者可以选取，甚至引导出任何理由做出一项判决，而后再选择能产生该判决的分配原则或混合的分配原则，但这一问题并不是无法克服的。正如下文第一节所述，已经有一系列机制可以用来解决该问题，以区分众多分配原则之间的相互关系。

美国法律协会最近通过了修订后的《示范刑法典》第1.02条，这对于尝试构建一种阐明性混合分配原则是一次有意义的尝试。不幸的是，该提案同时包含结构和政策上的缺陷，本章第二节将就此进一步分析[408]。

---

[408] 本章第一节参见 Paul H. Robinson 著:《刑事制裁分配的混合原则》(Hybrid Principles for the Distribution of Criminal Sanctions),82 Nw. U. L. Rev. 19 (1987)。第二节参见 Paul H. Robinson 著:《美国法律协会的“限制性惩罚主义”分配原则在实践中是否等同于纯粹的惩罚原则?》(The A. L. I.'s Proposed Distributive Principle of “Limiting Retributivism”: Does It Mean In Practice Pure Desert?),专题座谈，7 Buff. Crim. L. Rev. 3 (2004)。

第一节　构建阐明性混合分配原则的几种方法

当选择性分配原则之间出现冲突，一种具有原则性的混合方法必须确定应遵循其中哪条原则。以下各种方法均可用来实现这一目的。

一、依据具有最重惩罚的原则

在量刑方面有些作者提出，依据各分配原则做出合适的量刑之后，为确保所有原则得以实现，应选择其中最重量刑作为最终判决[409]。根据这种观点，假设按照应得惩罚原则需量刑7年，威慑5年，使丧失犯罪能力1年，则最终刑期为7年。假设威慑期7年，使丧失犯罪能力5年，惩罚期1年，同样应适用7年刑期。这种观点认为，相同的原理也适用于刑法规则或原则的选取方面：在各分配原则下分别制定某规则后，可以采用责任最大化的规定以保证其符合所有原则。

然而，这个方法错误地假设：量刑要高于原则所要求的量就符合该原则。在制定原则性规则的语境下，这个方法同样错误地假设：制定大于原则所要求的责任就符合该原则。而事实上是，要“符合”某一原则有时是需要对惩罚或责任限度进行限制的。

---

[409] P. O'Donnell, M. Churgin 和 D. Curtis 著:《走向公正有效的量刑体系》(Toward a Just and Effective Sentencing System) 1977 年版，第 109 页（“法院对被告人所判监禁的时间长度应该是根据分款(d)(1)、(2)、(3)、(4)所判的4个刑期中最长的。该部分分别规定了仅为威慑、使丧失犯罪能力、改造和谴责原则确定的判决”）。(参见法规提案第2302（d）（5）节）关于提案如何适用，参见同书第52页。

在上述第一个假设中，根据威慑原则和使丧失犯罪能力原则，7年的应得惩罚要求显然是缺乏效率的、浪费成本的刑罚[410]。在第二个假设中，7年的威慑要求不仅违反有效地使丧失犯罪能力原则而且非常不公平。这样的量刑非但没有符合应得惩罚原则，相反还是对该原则的违背。

在原则制定方面也存在相同的问题。例如，客人醉酒后驾车（主人知其已醉），按照应得惩罚原则可以判主人承担责任。如果一般威慑提出更宽泛的责任，如杀人的责任是由醉酒客人引起的，这并不意味着这种更宽泛的责任会符合应得惩罚原则。该更宽泛的责任可能会推进威慑原则，但对于应得惩罚原则却是一种违背。

综上所述，这种遵循最重量刑或最大责任的混合原则不是一种能站得住脚的方法。它既不能减少犯罪，也不能像道义惩罚或罪犯改造一样促进犯罪预防。其之所以能博得关注是因为大家未能认识到，大于分配原则要求程度的刑罚其实和刑罚过低所造成的损害是相当的。这一点不仅局限于犯罪预防和应得惩罚的关系，即使在纯粹的犯罪控制原则中，浪费在实施大于某原则所要求的刑罚上的资金，就是那些原本可以用在其他能够更有效减少犯罪的方法中的资金。

二、建立优先权

一种相对较少受结果驱使的办法是建立事前优先方案，以确定在原则冲突时应由哪种原则来主导。按照所谓的“简单优先”

---

[410] 最终量刑大于分配原则所要求量刑的裁决可能不具效率性。通过威慑的实用评估法——比较追究责任的成本与追究责任所产生的预防犯罪的社会效益，可以得出在特定情况下的追究责任所产生的效益小于其成本。

办法，原则A（最高优先原则）与其他原则在支持原则或量刑方面出现分歧时，原则A起支配作用。如果原则A对两种原则或量刑持中立态度，而原则B与C各倾向一方时，那么应遵循原则B（次级最高优先原则），依次类推。这种办法给予了首选原则比其他次优先原则更大的优先比重，一旦发生分歧，具有较高优先权的原则起决定作用。

另外一种较为复杂的方法叫做“不确定优先”法。像简单优先方法一样，它也设定优先权，但同时设定一些先决条件。例如，只有一定程度的可靠性和有效性存在时，某原则才能被赋予优先权。举例来讲，使丧失犯罪能力可以被设为优先原则，但该优先权只有在一定情况下，如资料显示危险预测的可靠性达到一定程度时，才可以适用[411]。再如，一般威慑也可被赋予优先权，但要根据构成威慑的前提条件（第三章所述）是否具备来确定。按照这种不确定优先办法，裁决者将遵循符合先决条件的具有最高优先权的原则。这种方法的优点在于，它允许某种原则只有在其有效性和精确性的前提正确的情况下才能成为优先原则。

三、区分决定性与限定性原则

上述优先方法一般假定了某原则要求某一具体原则的制定或具体量刑的产生。然而，有些原则也许是用来限制而非确定刑罚分配的，也就是说，它们的作用不是推荐而是反对某原则或量刑的实施。一条限定性原则其本身不能决定惩罚分配，但当一条决定性原则确定某分配后，前者却可以限制部分分配的实施。

如七章第二节第四部分所述，一些评论家认为公正的应得惩

---

[411] John Monahan 已提出了此类限制能力的非应得惩罚性混合法。参见示范刑法典刑事量刑 5 Int'l J. l. & Psychiatry 103（1982）。

罚原则就应作为这样一种限定性原则，其要求应相对宽松，将公正的惩罚看做只是禁止某些“不公正”的原则或量刑，不一定要产生具体的裁决。但第七章也讲到，现代应得惩罚理论，无论是道义性惩罚还是经验主义惩罚理论都不采取这种形式。两者均严格采用了应得惩罚的秩序要求，即不仅进行惩罚而且按照特定数量进行（要求案件排序正确）：应负责任较大者所受刑罚大于应负责任较小者。

另外，限定性原则的概念对一些传统的工具主义原则也十分有效。例如，可将威慑作为一种限定性原则以排除一些会错过具有某种犯罪控制益处的威慑机会的量刑或规定。在这种情况下，威慑应设立一个失效的上限，一个社会出于道义惩罚而愿意容忍的限度。用威慑做限制原则可能会导致规定的公正性不足，但它将明显比单纯的应得惩罚规定更加有效。

而在实践运行中，决定与限定性方法在很多方面与不确定优先法类似。二者的不同既有形式上的也有实质性的。在不确定优先法中，只要构成不确定性的条件，可靠性和有效性就会得以满足，第一优先原则就可以一直发挥支配作用。但在决定与限定性方法中，现代性原则具有第一优先权却不具有支配性，只有当限定性原则的限定标准被违反时，限制性原则才发挥其优先权。

二者更为显著的区别在于：不确定优先法中，一种原则之所以具有优先权是因为该原则自身的缺陷无法保证其裁决能够按设想被执行。而在决定与限定性方法中，一条决定性原则可能会按其设想被实施，只有当它违反了另一条原则的限定性规定时，它所预想的刑罚或方案的执行才会被驳回。在不确定优先法中，只要第一优先原则能保持其有效性便可一直发挥作用，如其不能满足条件而被另一条原则取代其第一优先性，它也不会因此而有所牺牲。相反，在决定与限定性方法中，决定性原则在与限定性原则发生冲突时，前者则要有所牺牲。

最后，选择一种决定与限定性方法所产生的差异，是根据所选择的限定性原则的不同而有所不同的。倘若一条原则可以在各种情况下有效实施，如应得惩罚原则，那么作为首选原则它在不确定优先法中发挥的作用将更为显著。倘若一条原则只在某些特定情况下有效，如威慑和改造，那么作为首选原则它在决定与限定性方法中则会发挥更大的影响。

关于限定性原则需要另外强调的一点是：只应用某条限定性原则无法为刑事司法体系构建一个切实可行的分配原则。例如，中国学者正在进行一项意义重大的工作，发展刑法理论以作为新刑法典的基石。其中一项建议极力主张“刑法的人权理论[412]”。将人权置于这样一个核心地位是值得赞赏的，但该理论就其性质而言，只能为刑事司法体系设定一个职权的限度，不能对责任和惩罚规则提供具体内容。对于刑事责任与刑罚应该是什么，人权是没有足够发言权的，人权只能对这种规则不应该是什么给予一定的建议。

四、联合原则：遵循最大功效

不采用牺牲其他原则以突出其中一条原则的混合方法，我们可以通过一种将各原则进行结合的方法来产生裁决，该裁决将在一定程度上受到各条原则的影响。当然，这种既没有牺牲又能应用所有原则的方法似乎是最为理想的，但不幸的是这种想法虽然看来完美但其实现的可能性却是有限的。它们的结合在以下两种情况下才可行：所有原则的最终目标一致，如有效的犯罪预防；

---

[412] 参见何秉松、曲新久和陆敏著：《全球化时代的新刑法理论体系》，2007年版。

这些原则是可以通过统一的单位来衡量的，如避免或不避免某些犯罪所需要的资金“成本”。

并非所有的责任和量刑原则都具有犯罪预防的共同目标或者在成本效益方面具有统一的单位[413]。在道义性惩罚原则和工具主义分配原则中，前者旨在公正，后者意在犯罪预防，所以构建一种二者都被遵从的混合原则是不太可能的。同理，将改造和工具主义原则进行综合也是困难的。因为尽管有些人认为，改造主要就是一种工具主义性质的犯罪预防，但还有人视它为一种本身就有价值的原则而不能仅仅被犯罪预防作用所替代。

但在工具主义性质的有效犯罪预防的各原则之间，进行原则的结合的确还是一种可行的混合方法，如根据这种方法可以制定这样一条原则：当工具主义性质的分配原则间出现冲突时，应遵循能对当前案件起到最有效犯罪预防作用的分配原则。以一般威慑原则和使丧失犯罪能力原则的结合为例。假定根据一般威慑原则，原则或量刑 A 成本为 10 个单位，产生的犯罪预防收益为 15 个单位，即最终社会效益为 5 个单位；而量刑 B 需成本 15 个单位，产生犯罪预防收益为 15 个单位，即社会效益为 0 个单位。在这种情况下，一般威慑原则倾向于量刑 A。但假定在使丧失犯罪能力原则下，同样的量刑 A 成本为 20 个单位，预防危害 15 个单位，最终损失为 5 个单位；而量刑 B 成本为 10 个单位，预防危害为 15 个单位，最终收益为 5 个单位。因此使丧失犯罪能力原则将倾向于量刑 B。在出现这样的冲突时，也许就可以运用上

---

[413] 如示范刑法典注释：

（原文）人们认识到最终目标不只是犯罪预防。对罪犯的矫正与改造作为预防工具的同时也有其自身的社会价值。另外，出于公正的要求，法典保护罪犯免受过重、不相称或专横刑罚。

参见示范刑法典 1.02 条注释 4（Tent. Draft No. 2,1954）。

述的原理结合的混合方法来决定应将优先权给予哪一方。

但是上述冲突的解决并没有将完全的或假定的优先权赋予其中一种原则。因为两种原则具有相同的目标（犯罪预防）和统一的衡量单位，所以两种原则下每种规定的成本和效益都可以确定下来，这些数据可以用来对比以选出最佳方案。但与其他原则比起来，使丧失犯罪能力原则如果是以最低限度损害威慑原则的，那么这种影响程度的不同也许才会使使丧失犯罪能力原则最终胜出。此例可以通过以下综合分析来表述：

	量刑 A	量刑 B	
威慑	-10	-15	
	+15	+15	
	+5	0	使丧失犯罪能力原则倾向量刑 A
使丧失犯罪能力	-20	-10	
	+15	+15	
	-5	+5	威慑原则倾向量刑 B
综合评估	0	+5	综合的原则倾向量刑 B

综上，通过两种原则成本与收益的综合可以得出，选择量刑 B 将会最佳实现有效预防犯罪的共同目标。

当然，这里还存在一个很大的困难：这种进行原则结合的方法需要在具备某种知识的前提下才可以有效实施，即能确定各分配原则在现实世界中的影响，但正如第三、第四、第六章所讲，这种知识目前还不具备。

五、区分责任分配、刑罚量与刑罚方式

运用结合原则的方法将道义性原则与工具主义原则相结合时，可能二者固有冲突的一个方面被融合了[414]。这种可能性是因为所有分配原则必须解决一系列有关责任和刑罚分配的问题：谁应受到惩罚？应受到多少惩罚？该如何实施惩罚？第一个问题是有关责任分配——即该由谁来承担刑事责任。第二个是惩罚程度的问题既涉及责任标准（即某行为属于什么等级或程度的过错），也涉及量刑实践（如某特定案件中多长刑期或多少罚金是合适的）。这两个问题共同组成惩罚量分配问题——谁应承担多少。第三个问题有关惩罚的方式，不同于前面的数量分配。根据某些分配原则，两个违法者也许应受到相同数量的惩罚（如具有相同的应负责任或相同的危险），但如何实施这个数量的惩罚，也许采取不同的方式才是合适的。这两个方面的问题——谁应承担多少与采用何种方式——可以由体系内不同的分配原则来限定。

不同的分配原则在处理这两方面问题时也极为不同。例如，为实现有效犯罪预防的最优化，某种分配原则可能规定涉及这两方面的问题，也就是既设定惩罚量又设定惩罚方式。相反，如第七章第四节所述，惩罚原则所关注的却几乎全部在于数量方面——依据整体应负责任对违法者进行顺序排名。只要排名次序正确，采用什么惩罚方式去执行相对数量的惩罚对该原则没有影响。倘若一个月的州立监狱监禁与五个月的地方监狱周末监禁刑罚等效，那么即使应负责任较大的违法者获得缓刑，应负责任较

---

[414] 本节第 4 条主要区分了道义性惩罚原则与工具主义惩罚原则，只有后者才可应用上述原则结合的方法。此处第 5 条则区分惩罚原则与非惩罚原则。

轻者被判一个月监禁，前者执行6个月周末监禁的缓刑条件仍然符合应得惩罚原则。再者，倘若对商业违法者处以资产15%罚金的惩罚“力”与一周的监禁等效，那么在应负责任较大者被判处其资产25%的罚金，应负责任较轻者被判处一周监禁时，应得惩罚原则仍然得以实现。当然，关键在于应得惩罚的等效性需要合理设定。已经有些实证研究在对不同惩罚方式的相对严厉程度进行分析。[415]

有了等效性的评估，就可以构建一套可以独立决定惩罚量与惩罚方式的量刑体系。那些支配“数量”的原则可以对每个违法者裁定总的“惩罚单位”，继而，根据另一组“方式”原则，该单位会被配上某种具体的惩罚方式或综合的惩罚方式。只要在实践中能够有效地将数量与方式分离开来，就可以构建两种分别决定惩罚量与惩罚方式不同的混合分配原则。例如，在决定惩罚量时可以强调应得惩罚原则，而在决定惩罚方式时则可以忽略它。惩罚方式的选择也可以将传统的实用功效最大化，同时并不违背应得惩罚原则的规定，这是一种极具价值的、零损失而全赢的方法。

如第七章第二节第8部分所示，数量与方式问题的分离还有其他一些重要优势。例如，量刑不公主要在于数量方面的不公而非方式不公。因此，为避免法官的不公正行为，可以显著减少司法量刑在数量方面的自由裁量权，但同时在量刑方式上仍旧保持宽松的司法自由裁量权。某一违法者只要符合总的“惩罚单位”

---

[415] 参见 Harlow Darley 和 Robinson 著：《中级刑事裁决的严厉程度》（The Severity of Intermediate Penal Sanctions）见注释118，第71～85页（附惩罚等效图表）。一个实例的应用是 Paul H. Robinson 与宾夕法尼亚大学法学院刑法研究小组所做的“关于马尔代夫刑法典与量刑的最终报告”，2006年版第14页。可参考网址 http://www.law.upenn.edu/cf/faculty/phrobins/（UNDP 赞助项目）。

并且刑罚等效性设置合理，法官具体采取哪种方式实施惩罚并不重要，惩罚“力”的作用是相同的。

第二节 美国法律协会的“限制性报应主义”分配原则

自《示范刑法典》1962 年公布以来，美国法律协会首次通过了对该法典的一项修正：形成了对法典 1.02（2）部分中的分配原则新的规定，作为法官量刑实践中行使自由裁量权的基础。与对各个原则提出标准的“冗长陈述”但不能明确它们之间关系的 1962 年规定相比，该修正当然是一个进步。新的规定提供了一个真正的阐明性分配原则来更加明确地告诉决策者们应该用什么标准来指导自己作出判决。

新的规定将应得惩罚原则定为首选分配原则，但也允许遵循威慑、改造、使丧失犯罪能力、恢复能力和重返社会的原则，只要它们可行并且不与应得惩罚原则相冲突。

规定如下：

本法典中定义量刑的规定适用于所有量刑体系中的公职人员，量刑的一般目的如下：

（a）有关个人犯罪的量刑：

（i）根据犯罪严重程度、对被害人造成伤害大小及罪犯应负责任实施量刑；

（ii）在不违背（a）（i）规定且合理可行时，达到改造、一般威慑、使危险的犯罪人丧失犯罪能力、犯罪受害人及社区恢复，犯罪人重返法律容许的社区的效果；

(iii) 为达上述 (i)(ii) 目标，量刑不得重于必要性要求[416]。

也可以这样来概括新规定内容：在决定刑罚时，主要依据是违法者应负责任的大小（包括其行为严重程度），同时在满足下面两个前提条件的情况下，也可遵循改造、一般威慑、使危险的犯罪人丧失犯罪能力以及恢复能力、重返社会等传统原则：

(1) 这些传统原则的目标可以有效实现；

(2) 不得产生与应负责任大小排名相冲突的刑罚结果[417]。

规定起草者们设想在这一混合分配原则下，应得惩罚与传统的工具主义犯罪预防机制都会发生作用，即他们所定义的“限制性报应主义”。但在实践中，如果严格遵守美国法律协会对应得惩罚原则的规定的话，那么事实上将产生一种纯粹的应得惩罚分配的刑罚，而这也许既不会是起草者也不会是一条理性的政策所希望的结果。

一、效力要求

遵循非应得惩罚性原则的情况将十分有限。首先，如第三章第六部分所述，因为这些原则一般很难被有效的实现，所以按照第 (2)(a)(ii) 段中对可行性的要求，将排除对它们的应用。我们可以依次看一下传统的工具主义原则。

根据第五章的内容，人们所期待的改造的效力是有限的，美国法律协会的报告[418]也承认了这一点。第三章和第四章显示，人

---

[416] 美国法律协会著：《示范刑法典修正案》（2007 年 5 月 16 日起适用），第 1.02 (2) 节（“目的……”）。

[417] 规定同时要求量刑不得重于适用原则所要求的程度。而这原本就是按照违法者应负责任进行惩罚以及工具主义原则有效实现的本质要求。

[418] 美国法律协会：《示范刑法典：量刑报告》（Model Penal Code: Sentencing Report）129（April 11, 2003），第 28 ~ 31 页。

们对威慑效力的期望值也正在下降。犯罪嫌疑人无论是直接还是间接的一般都不知道法律规定——甚至是那些明显用来发挥威慑作用的规定。即使知道，他们所进行的成本与效益的分析（一种在威慑中唯一起作用的分析）——认为可能刑罚不会太严厉或者另外一些原因——也使他们最终采取了违反而不是服从的行为。即使他们知道规定而且成本与效益分析也使他们知道应该遵守规定，但出于一系列社会、特殊情况或生理的影响，使得他们一般不能或不肯用这些分析去指导有利于自己的行为。虽然上述三种情况都不会分别对威慑的效力构成至关重要的影响，但当三种情况累积起来时，威慑的效力就会大打折扣。

对于使危险之人丧失犯罪能力，毫无疑问会对预防犯罪有所作用。最起码监狱关押会阻止罪犯去侵犯监狱外的人群。因此，不同于改造和威慑，按照（2）(a)(ii）的规定，使丧失犯罪能力原则也许可以被适用。然而，与其他非惩罚性原则一样，它仍将因为占主导地位的惩罚原则而被排除使用，本节第三部分将对此进行论述。在讨论这个问题之前，我们来看美国法律协会的新混合原则存在的一个问题，这一问题是其试图将使丧失犯罪能力等其他犯罪控制的原则归入混合原则下而引发的。

二、消减刑法影响力的问题

如第六章所述，虽然使丧失犯罪能力的确可以发挥作用，但同时它也会引起重大的成本开销，包括有效犯罪预防的成本。这种本可以由更开放更明确的民事体系来进行的预防却由刑事司法体系来实施，既是一种效果不显著的、没必要的方法，同时也会有悖公正。用使丧失犯罪能力来作为一条分配刑事责任与刑罚的原则会与应得惩罚原则经常冲突，而这对于刑事司法体系的道德信誉和长远的犯罪预防效力来说都是不利的。

恢复能力与重返社会原则也存在同样的问题。第九章中讲到，“恢复性”过程，如量刑圈、受害人犯罪人调解、家庭团体会议等被证明在帮助受害人及受害团体“恢复”方面确实有所作用，而且在减少罪犯重犯方面发挥了最适度的作用。但“恢复能力”的行为也可能产生更多的未来犯罪，这要根据它们是被如何应用来决定。例如，其可能会背离社会对公正的共有直觉，从而降低刑法的道德信誉进而减弱其作为道德权威的影响力。

使丧失犯罪能力与“恢复能力”原则暴露了新混合原则的缺点——它没有考虑推动一个原则的成本，而这个成本极有可能会超出该原则的效益。美国法律协会的观点是，原则上将权利授予了一系列原则中的任意一个，前提是只要该原则在实现某一目标时是可行的，即便它产生的其他效力可能会严重增加未来犯罪。

法典分配原则的第二个缺陷在于它没能给予如何选择分配原则的指导——当众多分配原则中不止有一个原则满足“现实的成功可能性”的条件，但各原则的刑罚分配方法不同时，该如何从中选定某条原则。例如，使丧失犯罪能力和恢复能力都具有“现实的成功可能性”但一般来讲两者将产生不同的量刑，那么该遵循哪个呢？新规定没有给出答案，因此这基本上就给了量刑法官行使自由裁量权的空间，而在审理此类案件时，这将导致滥用权力与不公平现象出现的可能性。也就是说，较之旧规定虽然新的法典规定是种更加阐明化的混合法，但其仍将面对与旧规定相同的质疑，即在选择性分配原则间出现冲突时不能提供指导，以至于使不受约束的自由裁量权成为实践中的原则。

然而在实践中，上述缺陷的影响是有限的，因为在新规定中存在着另一个如下所述的更为严重的缺陷。

三、不存在范围与应得惩罚排序的要求

第二节第一部分中提到的对非应得惩罚性分配原则实际应用的限制与第二个更加严格的限制比起来，实际上是相形见绌了。法典新规定的起草者们设想：给予应得惩罚原则优先权并不会造成太大影响，因为他们认为该原则只是一条限定性原则——“限制性报应主义”——然而在实践中，应得惩罚原则在裁决分配上却十分具体且要求严格，根据美国法律协会的规定，它留给非应得惩罚性原则发挥作用的空间十分有限甚至完全没有。

“限制性报应主义”的原始倡导者以为，应得惩罚原则只会对刑罚提供一个不明确的限定[419]。也就是说，他们相信其只是一条限定性而非决定性原则。然而，第七章第二节第四部分已显示应得惩罚原则并非如此含糊。一条应得惩罚分配原则根据其合理的顺序要求将产生一个特定数量的刑罚而非一个范围。它要求应负较大责任者所受的刑罚大于应负责任较轻者。因为每种自由的民主一般会执行很有限范围的刑罚，所有案件也都有尺度不等的应负责任（无论从道义还是经验角度），所以几乎每个案件都会在惩罚等级中找到自己的位置。由此可知，对于非应得惩罚性原则，不会留有多少实质性的“范围”可以令其像美国法律协会起草者们想象的那样自由发挥。

以下特点与法典的运行有所关联：即使许多非应得惩罚性原则达到了所要求的有效性要求，它们也很少有机会被用到，因为大多时候它们会与应得惩罚原则相冲突。倘若没有发生冲突，即给出了与应得惩罚原则相同的裁决，这也相当于它并没有真正发

---

[419] 参见 Morris 著：《监禁的未来》（The Future of Imprisonment）见注释205，第75～76页。

挥作用。如前面章节中所讲[420]，非应得惩罚性原则只有在偏离了应得惩罚原则时才能发挥其犯罪控制的有效性（有效性超过应得惩罚原则的犯罪控制效果）。然而，法典却通过其明确的规定限制了这种偏离。

有些时候非惩罚性原则确实可以发挥作用。重要的是应得惩罚原则一般关注的是惩罚量而非方式。因此，一旦惩罚量确定以后，就可以考虑运用非应得惩罚性原则来决定采用什么方式实施特定量的惩罚。如果每个案例的特定情况能保证各分配原则有效的话，可以依照这些具体情况决定惩罚方式是否该强调某些原则，如使丧失犯罪能力或恢复能力，抑或改造、一般威慑（当然，一旦不只一条非应得惩罚性原则符合条件，但各原则所对应的惩罚方式不同时，仍旧会出现不能决定选取其中哪个的问题）。

如果不考虑惩罚方式这一方面，根据美国法律协会的分配原则，对责任和刑罚的分配将几乎完全采用应得惩罚原则，因为新规定禁止任何与其相冲突的原则。虽然这也是一种受欢迎的分配原则，但如第八章所述，刑事司法体系更愿意看到一些不采用此原则进行分配的案例。下一章将推荐一种与美国法律协会原则具有诸多相似之处的混合分配原则。该原则将从应得惩罚开始讲起——尤其是经验主义惩罚（美国法律协会原则从未明确其所指惩罚为哪种）——但它将努力避免美国法律协会原则中所存在的问题。

---

[420] 主要在第四章第二节关于威慑的第2、3部分中。

第十二章　正义的实用理论：以经验主义惩罚为核心的混合分配原则的建议

第十章对每一个分配原则的优缺点进行了总结。第十一章审视了如何在多个原则中进行优先选择或将多个原则相结合来提供一个原则的混合体。在这个基础上，人们构建的最好的混合体是什么样的？

尽管根据任何价值体系来为某些混合体辩解都很难，但接受不同的价值判断可以提出不同的混合体。第一节阐述了一个将所有因素都予以考虑的混合分配原则，该部分似乎描述了在目前证据基础之上最具有可辨性的原则。本章其他小节考量了这种混合原则对刑事司法改革的意义。

第一节　分配原则建议

建议的主要内容概括如下：

1. 经验主义惩罚的主要原则。制定刑事责任和刑罚规则以及审判自由裁量权的行使在社会范围内构建刑事司法体系的公正信誉。也就是说，根据来自公众正义直觉的原则所确定的某犯罪人相应的可谴责性来分配责任与刑罚，这些公众将要受到该法律——经验主义惩罚的控制。允许偏离经验主义惩罚的三种情况在下文中列出。

2. 难以察觉的偏离。如果偏离很小，则根本不会引人注意，并对刑事司法体系的道德信誉影响很小或没有影响，那么为了促进某个重要的社会利益、责任和刑罚的实现，可以偏离经验主义惩罚。

3. 偏向更加有效地控制犯罪。充分考虑了由故意不公或故意不实现正义而造成的体系公正性信誉被破坏的修复困难，责任和刑罚可以偏离经验主义惩罚，条件有两个：第一，偏离带来的犯罪控制利益和犯罪控制成本；第二，不可能有获得犯罪控制的非偏离手段。如果有一个以上的犯罪控制机会证明偏离是合理的，那么就应该根据犯罪控制效果最大的机会来分配和刑罚（规则制定机构，如量刑指南的起草者能接触到该偏离合理性，但是量刑法官个人谨慎地使用该合理性）。

4. 偏离以促进利益而不是犯罪控制。如果利益比丧失有效犯罪控制更重要，如果没有其他合理的非偏离手段来促进该利益，那么为了促进重要的社会利益，如公正、限制政府权力、隐私或妥当地配置政府职权等，责任和刑罚会偏离经验主义惩罚（这种偏离理由只能适用于规则制定机构）。

5. 惩罚方法。前面几段主要关注的是惩罚量而不是惩罚方法，所使用的惩罚方法应该是能最有效地避免未来犯罪的。只要刑罚方法或选择性方法的结合的惩罚力相当于上述段落需要的惩罚力，就允许量刑法官有自由裁量权来决定能使犯罪预防最优化的方法。

有关该建议的评价及解释：

一、经验主义的主要原则

经验主义惩罚似乎对于分配原则是一个有吸引力的中心，这部分原因是它在实现正义和减少犯罪这两个永远矛盾的目标之间提供了某种调和。就实现正义来说，人们可以认为经验主义惩罚可能会比其他工具主义分配原则在模仿道义上公正的责任和刑罚分配方面更像。至于减少犯罪，因经验主义惩罚具有利用社会影响和准则内化的巨大力量的能力，经验主义惩罚可能会具有相当长期的犯罪控制潜力。

另外，根据经验主义惩罚分配所科的刑罚提供了某种内在的威慑以及某种改造和使丧失犯罪能力的机会。如果这些可替代性机制可以被用做威慑原则，只有在它们偏离经验主义惩罚的情况下，它们才会提供比经验主义惩罚更好的犯罪控制，正是该偏离在公众的眼中实现非正义或没能实现正义，削弱了该体系的道德信誉进而削弱其犯罪控制效力，阻碍了犯罪控制而不是促进犯罪控制。换句话说，经验主义惩罚提供了最有效的起始点，以此计算犯罪控制成本和益处。

二、不易察觉的偏离

正如第七章第二节第四部分所阐明的，经验主义惩罚要求具体的惩罚量，而不是惩罚范围。如果自由民主允许有限的惩罚可能的连续统一体，如果有非专业人士可以区分可谴责性的大量不同案件，那么任何特定案件都要求特定的惩罚量，这不是因为犯罪和惩罚量之间有某种不可思议的关系，而是因为要求把特定惩罚量将某案件在大量有顺序的可区别案件中置于适当的位置。

但是，第二段承认，在经验主义惩罚作为分配原则的实际应用中，存在着“篡改的”范围。在该范围中，惩罚会改变，但人们却不会注意惩罚量使得某案件稍稍脱离原轨道。这种“不易察觉的偏离”出现的一部分原因是，如今的案件都是单个出现在公众面前，而不是集结公开，所以才使得案件之间的不一致不那么明显（对某些犯罪或犯罪人，可允许进行的“篡改”范围会比其他犯罪或犯罪人大）。

另外，“不易察觉的偏离”范围会随着人们对刑事司法体系的了解和期待的增加而减少，这是历史性的趋势。在结构方面，普通法规则的特殊创制要让位给在现代刑法典责任规则建制中严格的法制要求。最近，无拘无束的司法自由裁量权让位给量刑指南，更加透明地、可预测地和灵敏地走向正义是不可避免的。随着其进程的发展，“不易察觉的偏离”范围会缩小。

三、向更加有效的犯罪控制偏离

经验主义惩罚作为分配原则的合理性最终是工具主义理论。它会具有法律所共有的正义直觉，因为这样做会提高刑法的道德信誉，进而提高其犯罪控制效力。所提议的分配原则更加重视机会进行更加有效的犯罪控制，超出了经验主义惩罚原则的犯罪控制。第三段明确地认识到，在有很好的犯罪控制机会的情况下，通过允许某种与经验主义惩罚相偏离，一个体系会更加有效地进行犯罪控制的可能性。

当然，也许这种机会很少，改造和特殊威慑可以提供机会来预防现有单个犯罪人再次实施犯罪。但是，把焦点置于单个犯罪人身上会减少这种可能性，即两个原则中的一个会提供这种显著的增加以超过因与惩罚相偏离而带来的削弱体系道德信誉的不利作用。与该体系在故意实施非正义或不能实施正义的信誉成本相比，把焦点置于现有犯罪人身上，两个原则都只会呈现出从整体上来看不大的作用。虽然如此，一个精明的工具主义者不想阻止这种可能性（注意：这些机制仍然可以用于决定惩罚方法上，正如第五段所阐述的，并且会在第二段中提到的“不易察觉的偏离”的框架下运作）。

使危险之人丧失犯罪能力更有可能提供犯罪控制机会，因为通过拘留犯罪人而有效地预防未来犯罪。但这并不意味着这些机会常常使对经验主义惩罚的偏离合理化，除了削弱刑法道德信誉的问题之外，这种预防性拘留还面临着第三段提出的不同障碍。只有在通过非偏离手段不能达到犯罪控制的情况下，与经验主义惩罚的偏离才是正当的。在这种情况下，对危险之人采取民事预防性拘留可能是更加公平有效且是低成本的，民事拘留意味着使丧失犯罪能力不能使削弱刑事司法体系的道德信誉正当化。

一般威慑可能会对全部潜在犯罪人产生影响，更有可能是一个可替代分配原则提供机会使偏离应得惩罚正当化。这是因为，在一个案件中或在一小组案件中，偏离应得惩罚可能足以向一大群潜在的犯罪人发出有效的威慑信息。另外，第三章中提出的威慑作用的三个先决条件中的一个或一个以上条件很可能会错过破坏这种引人注目获益的可能性。虽然如此，也似乎可能存在这样的情况，先决条件得到满足，引人注意的获益成为可能。

但是应该小心的是，这种对威慑条件的满足其自身是不足以使对应得惩罚的偏离正当化的。如第三段所阐明的，一般威慑作用强到超过甚至是长期不利于刑事司法体系的道德信誉，这是由这种故意选择实现非正义或不去实现正义所导致的，只有在这种情况下，偏离才是正当的。如第八章第二节第五部分所述，甚至一个与公众正义直觉冲突的非常公开的案件（回顾那个非常公开的案件对于一般威慑来说是最有用的）可以对刑事司法体系具有严重的不利影响，因为故意偏离暴露了该体系缺乏充分实现正义的义务。这样，基于一般威慑之上的偏离惩罚的机会是有可能存在的，但可能性不像人们想象的那样频繁。

该建议表达了把这种偏离的合理性限制在规则制定机构那里的倾向。例如，量刑指南的起草者主张量刑法官个体要尽量少使用并谨慎使用。关键是这种偏离在削弱道德信誉方面具有系统性的影响，并且也不应该由法官个体来决定获益是否超过系统范围的成本。另外，如果出现了特殊机会并且所有的人都清楚平衡的结果是有利于偏离的，人们并不想阻止这个可能性。

四、为了促进利益而不是犯罪控制而偏离

尽管有关刑罚和刑罚理论的争论都倾向于集中在犯罪控制利益和实现正义上，但显然还存在着其他重要的社会利益。第四段承认这一点并举出几个例子。对社会重要的不是刑事司法过程的最终结果，而是达到这个结果的公正性。同样，自由民主非常重视限制政府权力侵犯公民生活。隐私利益本身就构成一个值得尊敬的社会利益。一个社会在政府中行使政府权力的机构中也有利益。例如，法制原则反映了我们对最民主的政府部门的倾向，即让立法部门倾向，而不是司法或行政部门来制定刑事责任和刑罚规则。

当然，事先准确地阐明哪些利益会实现正义以及其犯罪控制益处是一个巨大的工程。这是道德哲学、宪法理论和政治理论的重要组成部分。在此不是要对哪些辩论做些什么，而只是承认哪些辩论确实与刑事责任和刑罚的分配有关系。

存在对等的利益不一定就会使偏离经验主义惩罚正当化，但是要审视这种可能性。甚至强制性对等的利益也不一定就使偏离正当化。只有当不存在合理的非偏离手段使强制性利益能够有效地被促进，根据该建议非正义或没能实施正义才被正当化。更多有关论述见第二节和第三节。

该建议把偏离应得惩罚的合理性限制在规则制定者那里，如量刑指南的起草者。这不适用于单个量刑法官。可能的“利益而不是犯罪控制”的范围如此广泛，而且适用中的潜在损害和

不一致非常严重，以至于像第三段那样该建议只采用了一个固定的栏（bar）而不仅仅是一个属性（preference）。这样，由刑法典委员会和量刑指南委员会来糅合与有效犯罪控制相竞争的社会利益。每个案件的处理都要受由规则制定者做出的利益平衡来制约。

五、惩罚方法

当第四段把偏离应得惩罚的正当化将单个量刑法官排除在外时，第五段却朝着相反的方向前进，为他们创造了广阔的自由裁量权的理由。[421] 前四段中所描述的混合分配原则的要求主要是用来决定惩罚量的。第五段指出，惩罚方法应该是最有效地避免未来犯罪的。这样，法官就有宽泛的自由裁量权决定惩罚方法或方法的结合，并可以在大量的中间和非关押选择中进行选择，如罚金、矫治项目、周末关押、软禁、社区服务、恢复过程、密集关护（intensive probation）等其他促进社会和个人利益的措施，只要全部刑罚的总和的惩罚力相等于前面几段中分配规则所要求的即可。但是，在允许这种自由裁量权之前，该体系必须采纳一个刑罚对应表，该表根据公众认知的惩罚力程度把每一个惩罚方法进行评估，如第十一章的阐述。

六、建议的弱点

该建议最大的弱点就是它没有解决公众无视非公正的问题。它试图增加道义惩罚来检查经验主义惩罚以确认这种公众造成的

[421] 更加详细地解释，为什么应该依靠量刑法官来做某种类型的决定而不是其他决定的原因，参见 Robinson 和 Spellman 著：《量刑决定》（Sentencing Decisions），见注释1，第1124页。

道德错误，但是没有赋予道义惩罚这个作用，原因有二：第一，如第七章第二节第七部分所述，现代道德哲学的状态和方法，特别是其倾向于尊重哲学家共同的公正直觉，使其不能很好地履行其对公众直觉超验的道德检查；第二，可以依赖其履行该功能，道德哲学家之间的高度不一致，对很多基本问题的看法缺乏一致意见（甚至连像损害结果在评估责任时应该是重要的基本内容都没有统一意见），缺乏任何表面机制，通过该机制人们可以在几个相互矛盾的观点中进行可信的选择，这意味着在责任和刑罚的分配原则之中依赖道义惩罚会产生严重的实践问题。

问题的最佳解决办法，也是不可否认和令人不满意的解决办法，可能是传达存在问题的信号并敦促对公众及其领导人进行有关这种道德错误可能性的警醒调查，也许是鼓励他们咨询对这个问题已经深思熟虑的道德哲学家，来看这个学科是否可以对这个公开的辩论提供有益的见解。

第二节　偏离经验主义惩罚

第一节所提出的混合分配原则可能会像《示范刑法典》Section 1.02 中被使用的情况一样，引导法官行使自由裁量权解释刑法典的规定并对犯罪人作出判决。但是它对那些设计刑事司法体系、刑法典和量刑指南的人具有更加重要的意义。

根据该建议，很容易了解构建这个体系的基本准则：即采纳与公众认知一致的最能提升该体系实现正义信誉的规则，如第一段所述。更加复杂的任务是，根据第三段和第四段理出正当的与应得惩罚偏离。根据目前的体系，大量的规则和做法看起来是经常和有意地偏离经验主义惩罚。本节提供了一系列有关偏离原则及其共同正当性的说明。

仔细检查揭示出某些表面的应得惩罚偏离实际上是拒绝作为主要目标来实现正义而是在复杂的世界里进行实际的努力来实现正义，如以下第一部分所述。但是，其他偏离规则公然牺牲实现正义来促进另一个利益，这些原则在以下第二部分进行描述。根据建议的第三部分和第四部分，其他偏离规则将要求认真的检查。[422] 第三节将论述几类要求避免不合理应得惩罚偏离的体系改革。

一、促进复杂世界中的正义

采纳一些偏离应得惩罚的规则是出于恐惧，基于应得惩罚的规则会易于操纵和滥用，而最终产生的正义更少而不是更多。例如，法律一般会拒绝为法律的合理错误进行辩护。有些州拒绝精神病辩护或限制其在一些案子中使用，这种情况的范围要比公众所支持的范围要窄。对于州来说，在作出责任判断时忽视被告人的个人特点也是常见的，就像判断是挑衅还是过失，包括忽视个人在避免违法方面的无能力。

采纳一个偏离应得惩罚的规则的原因也可能是一个更多基于应得惩罚的规则会遇到证据方面的问题，这会减少责任和刑罚判决的可靠性。这样，采用时效（statutes of limitation）来避免陈旧证据的危险。在很难证实有罪性但却可能存在犯罪的案件中科以严格责任。排除刑讯逼供和无律师在场的指认以避免错误反控告（recrimination）。

最后，采纳一个偏离规则也许是因为在一个案件中没有实现

---

[422] 对于目前对惩罚的偏离及其正当性的一般回顾，参见 Robinson 和 Cahill 著：《无正义之法》（Law Without Justice），见注释 394，第 1 和 2 部分。

正义，却使得正义在其他很多案件中或更加重要的案件中实现。最值得注意的是，如果所获得的合作使由其他人实施的更加严重的犯罪成功受到指控，甚至对于非常严重的犯罪，辩诉交易和证人豁免也会获得批准。

必须承认的是，这些偏离规则有削弱刑事司法体系道德信誉的危险，并承认，如该建议所指出的，如果没有其他非偏离手段来实现目标那么就应该保持这些偏离规则。根据这个原则，很多这样的偏离原则都会消失。[423] 但是，这些表面偏离原则中的一部分会被保留，部分原因是通过解释为什么表面偏离在实践中在整体上实现更大的正义，该体系可以保护其实现正义的信誉。回顾第八章第二节第五部分，善意在树立信誉时起着重要作用。这样，通过这些表面偏离惩罚的规则，在这个复杂的世界里，该刑事司法体系正在试图最好地实现正义，这是有意义的。

二、牺牲正义以促进其他利益

在其他偏离应得惩罚的原则里，很明显，这种偏离并没有牺牲应得惩罚，而一般都是在追求其他被认为是重要的利益。对于读者来说，最为明显的例子是那些第三章到第六章中论述的原则，诸如分配刑事责任和刑罚以优化威慑、改造或使危险之人丧失犯罪能力，甚至是在这种分配与公众正义直觉相冲突的情况下，它们偏离了应得惩罚以促进传统的犯罪控制。

其他应得惩罚偏离都是以促进利益而非犯罪控制为理由被正当化。法制原则阻止对那些没有事先特别规定予以禁止的犯罪行为定罪（即使大部分人，包括犯罪人都认为该行为是被禁止的）。特别是在该禁止是一个正需要予以加强的情况下，这个

---

[423] 更详细的解释，参见 Robinson 和 Cahill 著：《无正义之法》，第 1 和 2 部分。

"根据规则生活"的义务的另一面是对免除一个违反重要禁止规定的人的责任犹豫不决。

其他偏离原则是用于控制警察和检察官的。即使证据的排除使一个明显有罪的犯罪人逃脱应得惩罚，排除规则也会禁止使用明显可靠的证据以阻止警察进行未经授权的搜查或扣押。迅速审判规则旨在阻止指控延迟，具有同样的作用。禁止"双重危险"用于限制通过重复指控而滥用指控，即使这意味着明显有罪的犯罪人将逃脱他应受的惩罚。同样，即使犯罪人是个寻找机会实施犯罪的职业罪犯，圈套辩护是用来进行辩护的。

还有其他偏离规则因与刑事司法或刑事司法体系的运作无关而被正当化。例如，外交或官方豁免的辩护都得到认可，以促进更大的国际利益和国家政府利益。这样，应得的惩罚的外交官可以免受刑罚，但是其豁免是为了促进国家间外交关系的有效建立。在独一无二的刑事定罪处罚权得到支持以推动禁止未成年人管理性违法的情况下，非刑事司法利益的发展也受到威胁。

尽管这些偏离规则中的每一个都具有某种合理性，但也有理由相信，每一个规则通过削弱刑事司法体系的道德信誉，都对刑事司法体系长期的控制犯罪能力造成一定的损失。如第三段和第四段所建议的，每一个规则都值得重新评价来决定，来自偏离规则的益处是否超过了法律道德信誉的成本，非偏离手段是否可以促进利益。第三节考量了几种由这种再评价所导致的改革。

第三节　避免偏离经验主义惩罚的策略

上文所描述的部分惩罚偏离可能会根据所提出的分配原则术语而被正当化，而其他则不会被正当化。本节提供该建议提出的几种改革的简单概况，既有刑事司法体系之内的也有体系之外的。[424]

一、刑事司法改革

某些偏离原则也许已经不再有效。例如，关于时效，曾经有过这样的时代，审判过程不能排除因为太陈旧而不可靠的证据。但现在现代审判程序给辩护律师足够的机会来暴露控方的证据的弱点，时效的需要似乎就不那么明显了。但是，从长远看，没有必要放弃这个规则。控方有举证责任提出排除合理怀疑的证据，检察官的证据的力量随着时间的推移降低了，因此检察官没有什么兴趣追究旧案。但是随着时代发展，包括犯罪侦查技术，如DNA分析等的进步，导致了在越来越多的情况下，虽然有非常可靠的证据，但是指控却因时效被阻止。

对于其他偏离原则，人们意识到它们的潜在成本，认为这些原则应该以某种形式被缩小或者以某种不偏离公众惩罚概念的形式达到其目的。例如，该体系应该通过将举证责任转到被告人身上来限制滥用和操纵的可能性，而不是拒绝因一个合理的法律错误而产生的错误免责，或者允许使用严格责任。同样，该体系可

[424] 更详细的分析，参见 Robinson 和 Cahill 著：《无正义之法》，at chs. 9 和 10。

以创建一个裁决制度以区别宽恕犯罪人行为的宣告无罪和谴责被告人行为却免去行为人责任的宣告无罪，而不是因恐惧宣告无罪会扰乱清晰的禁止而拒绝将免责辩护合法化。当然，该体系可以科以应受的惩罚量而选择了最能促进其他犯罪控制机制的惩罚方法，而不是为了威慑、改造或使丧失犯罪能力而科以与公众正义观点相矛盾的惩罚。

二、利用民事而非刑事过程

第三段和第四段提醒在目前利益可以通过非偏离手段有效达到的情况下，不要偏离惩罚。这有时意味着要依靠民事而不是刑事体系来促进处于危险状态的利益。例如，如果刑事司法体系对于管理性违法所科以的制裁只是罚金，那么对于这种案件，使用刑事司法体系没有什么收益，而是丧失了很多。通过在缺乏道德可谴责性行为的案件中使用刑事定罪，这种定罪淡化了刑事责任的可谴责作用。换句话说，使管理性违法负刑事责任削弱了刑事责任的最大特点——使受谴责——即这种管理性定罪所要利用的特点。

一个更加重要的改革可能是使用民事而非刑事方法来控制过于心急的警察，避免因警察的错误或为一个寻找犯罪机会的职业罪犯提供圈套而导致的可靠证据被排除的这种高成本的偏离。通过市民审查委员会对犯了错误的警察进行行政制裁或对权利受到侵害的市民进行快捷而实际的赔偿，或者两者都用，可以提供更加有效的手段来控制警察，这比我们目前的体系允许可谴责的犯罪人（或警察）逃脱惩罚要有效。

第六章第四节是另外一个这一类重要改革，主张不再以刑事司法体系作为预防性拘留机制并且把该功能转为公开的、明确的民事拘禁制度。目前的做法是有问题的，因为在预防性拘留危险的犯罪人时要将之伪装成对过去犯罪的应得的惩罚，其结果是削弱了刑事司法体系实现正义信誉并依赖既不公平也无效率的预防性拘留制度。

这里更重要的问题是，一旦明白了偏离经验主义惩罚具有犯罪控制代价，该体系就不应该允许这种偏离，除非它们明显地在促进犯罪控制或其他核心利益方面有更大的益处，而这些利益又不能通过非偏离手段得以实现。

第四节　刑法分配原则的限制

作为结束，该分配原则研究需要最后告诫读者：虽然刑法分配原则是重要的，但是在减少犯罪方面，它不是唯一的手段、甚至不是最有效率的手段。当一个社会在思考如何控制犯罪时，它应该明白除了使用刑法责任和刑罚规则之外，还有更多的手段来减少犯罪。

程序规则的变化或刑事司法资源的配置变化常常可以比使用责任和刑罚能更加有效地控制犯罪。也许更重要的是，刑事司法体系之外的措施比刑事司法改革更加能够控制犯罪。教育和培训、毒品治疗和创造就业机会等都具有很好的犯罪控制潜力。另外，也许非政府机构，如教堂、社会团体、大家庭以及社会改革运动等都像政府一样在减少犯罪方面具有潜力，甚至比政府更有潜力。这里要说的是，依赖刑事责任与刑罚的分配原则作为唯一的手段来控制犯罪的做法是错误的。

罗宾逊的部分书目

以下是罗宾逊所写与本书内容相关的文章，其全部书目可以在以下网址查阅：http：//ssrn. com/author =47441。

1. Competing Conceptions of Modern Desert：Vengeful, Deontological, and Empirical, 67 Cambridge Law Journal 145 - 175 (2008).

2. Concordance & Conflict in Intuitions of Justice, 91 Minnesota Law Review 1829 - 1893 (2007) (with Robert Kurzban).

3. Intuitions of Justice：Implications for Criminal Law and Justice Policy, 81 Southern California Law Review 1 - 67 (2007) (with John Darley).

4. Restorative Processes & Doing Justice, 3 University of St. Thomas Law Review 421 - 429 (2007).

5. The Role of Moral Philosophers in the Competition Between Philosophical and Empirical Desert, Symposium Issue, 48 William & Mary Law Review 1831 -1843 (2007).

6. How Psychology Has Changed the Punishment Theory Debate, in Current Legal Issues 2006：Law & Psychology 94 - 104 (B. BrooksGordon & M. Freeman, eds. , Oxford 2006).

7. Does Criminal Law Deter? A Behavioural Science Investigation, 24 Oxford Journal of Legal Studies 173 - 205 (2004) (with John Darley).

8. The A. L. I. 's Proposed Distributive Principle of "Limiting Re-

tributivism": Does It Mean In Practice Pure Desert? 7 Buffalo Criminal Law Review 3 - 15 (2004).

9. The Role of Deterrence in the Formulation of Criminal Law Rules: At Its Worst When Doing Its Best, 91 Georgetown Law Journal 949 - 1002 (2003) (with John Darley).

10. The Virtues of Restorative Processes, the Vices of Restorative Justice, in Symposium on Restorative Justice, 2003 Utah Law Review 375 - 388 (2003).

11. Why Do We Punish? Deterrence and Just Deserts as Motives for Punishment, 83 Journal of Personality and Social Psychology 284 - 299 (2002) (Robinson as coauthor after Kevin Carlsmith and John Darley).

12. Punishing Dangerousness: Cloaking Preventive Detention as Criminal Justice, 114 Harvard Law Review 1429 - 1455 (2001).

13. The Ex Ante Function of the Criminal Law, 35 Law and Society Review 165 - 189 (2001) (Robinson as coauthor after John Darley and Kevin Carlsmith).

14. Incapacitation and Just Deserts as Motives for Punishment, 24 Law and Human Behavior 659 - 683 (2000) (Robinson as coauthor after John Darley and Kevin Carlsmith).

15. Why Does the Criminal Law Care What the Lay Person Thinks is Just? Coercive vs. Normative Crime Control, 86 Virginia Law Review 1839 - 1869 (2000).

16. The Utility of Desert, 91 Northwestern University Law Review 453 - 499 (1997) (with John Darley).

17. The Criminal - Civil Distinction and the Utility of Desert, 76 Boston University Law Review 201 - 214 (1996).

18. The Severity of Intermediate Penal Sanctions: A Psychophysical Scaling Approach for Obtaining Community Perceptions, 11 Journal of Quantitative Criminology 71 – 95 (1995) (Robinson as coauthor after Robert E. Harlow and John M. Darley).

19. The CriminalCivil Distinction and Dangerous Blameless Offenders, 83 Journal of Criminal Law and Criminology 693 – 717 (1993).

20. Hybrid Principles for the Distribution of Criminal Sanctions, 82 Northwestern University Law Review 19 – 42 (1987).

致　谢

该项目历经了20余年，在此期间有很多人都激发了我对刑罚理论思考的灵感。在学术上，最需要感谢的是普林斯顿大学心理学教授John Darley。我和他合作写作的几篇文章为本书中的几个章节奠定了基础，尤其是第三章和第八章。这些章节中的很多思想都是我们合作的结晶。在此，还要感谢宾夕法尼亚大学法学院刑罚理论研讨课的学生们，他们的讨论使我产生了最初的想法并且对我更好地发展这些想法提出挑战。另外，要特别感谢宾夕法尼亚大学法学院2009级的Scott Kaplan，他对这本书的完成提供了大量的辅助性调研工作。最后，再次感谢我的爱人和最好的朋友Sarah McAlpine Robinson对我的大力支持。

保罗 H. 罗宾逊